攻坚战——以毫米计算的精确战争

　　什么是战争？要准确定义战争这个词并不是一件容易的事情，因为战争这个词非常抽象。从古至今，无数的军事家、战略家对于战争的概念和种类进行了多样的诠释。早在中国的春秋战国时代，军事家孙子在其著作《孙子兵法》里是这样定义战争的："兵者，国之大事，死生之地，存亡之道，不可不察也。"而素有"西方兵圣"之称的冯·克劳塞维茨在他最著名的军事著作《战争论》里说："战争是扩大了的搏斗，是迫使敌人服从我们意志的一种暴力行动"，"战争，无非是政治通过另一种手段的继续"。孙子和克劳塞维茨在各自的著作中，对于什么是战争以及战争与政治的联系，甚至于战术手段都进行了详细的论述。而克劳塞维茨根据18世纪战争及军队的特点，甚至对兵员的配置、行军等这样细节的问题也作了仔细的探讨。然而我们发现，军事家们更多的是从战争的意义及手段方面来论述的。对于战争本身而言，解释依然含混不清。

　　对于战争这个词，论及概念很难。然而说到具体形式，却反而变得通俗易懂。从茹毛饮血的原始社会到科技高速发展的现代社会，战争就一直存在，从未间断过。原始人之间会因为争夺食物而互相攻击，获胜的一方获得的不仅仅是食物，更是生存的机会。随着文明和物质的进化发展，群居的人们组成了部落，部落组成了联盟，联盟组成了国家。国家与国家之间在政治、经济利益发生冲突的时候，最直接的解决办法通常是付诸武力。获胜的那方除了得到既得的利益之外，很可能还获得了在周边区域甚至在世界的话语权。

　　对于普通人而言，战争的形式大概是这样的：两方的军队，一方占据着坚固的城楼和碉堡，修建了各种障碍和工事，等待着另一方军队的进攻。而另一方军队调集了大量的战斗人员逐步进行攻克，从而获得战斗的胜利。从古希腊时期的特洛伊战争，到近现代的第一次世界大战、第二次世界大战，这样的方式是我们看到的最为普遍的战争方式，也是最有效的战争方式。之所以有效，是因为这样的战争方式是以夺取战略目标和最大化耗损敌方的有生力量为原则的。通常意义上，我们将攻打敌人有坚固防御工事的阵地或是对敌人设防坚固的城市、堡垒、阵地、要塞的进攻叫做攻坚战。战略家、军事家通常会将占领某处要塞、某座城市，甚至于某座高地作为战役的目标。而军队的目的就是夺取目标，完成任务。其中，具有代表性的是第二次世界大战末期，苏联红军在苏德战场上进行的柏林战役。在经过了激烈巷战付出了惨重的代价之后，苏军在国会大厦与拼死顽抗的德军展开激烈攻坚战，最终赢得胜利，标志了法西斯德国的灭亡、苏德战争和欧洲战争的终结。

攻坚战的进行通常伴随着双方大量的伤亡，而进攻方之所以如此不顾一切，完全是因为所要夺取的要点意义重大，值得付出生命的代价。既然争夺对象如此重要，防御方自然也不会轻易拱手让人，因此通常攻坚战就成为了战争形式中最为激烈的典型。

无论是郊野攻坚战还是城市攻坚战，往往围绕着一条河流，一座堡垒都会进行你死我活的拼杀，可以说是真正做到了寸土必争。在攻坚战中一个要点被来回争夺几次是常见的情形，而因为双方全力投入，战斗往往会进入胶着局面，最后演变成更加惨烈的消耗战。古往今来攻坚战一直都是战争中不可缺少的部分，本书将详举各种典型攻坚战事例，既有进攻方的奇谋，也有防御方的坚守，但是任何攻坚战都会有一些共性。本书将从以下几个方面进行详细的探讨。

势均力敌的狭路相逢

攻坚战交战双方通常实力相差无几，如果进攻者太强，那么战役就会变成围剿战，而如果防御方实力雄厚，那么只不过是一场失败的进攻或者转化成反攻。既然实力相当，无论哪一方想取得胜利都不是一件简单的事情，除去战争过程中的战术表现，尤为重要的还有战前准备。

从对敌方弱点的捕捉，到战前对对手的迷惑，这些战前的准备在攻坚战中都成为了一门高超的"艺术"。这些战前准备工作变为一门"艺术"，其前提正是交战双方的势均力敌。这种态势使得交战双方的统帅不能出现任何布局上的失误。而对于自己优势的认识，也是至关重要的。

战争的实质就是发挥自己优势的同时限制住对方的优势，简而言之，就是限制与反限制。在势均力敌、狭路相逢的攻坚战中，对自我优势的发挥，对敌方优势的限制，就成为了决定战斗胜负的最为关键的因素。如斯大林格勒会战中，德军错误地选择在秋季发动攻势，对假若战争持续到冬季后的困难估计不足，造成了进入冬季后德军的全面被动，由此丧失了整个苏德战争中的主动权。

因而，攻坚战，这种势均力敌的战役，不仅表现了极为惨烈的战场拼杀，也体现在了双方统帅对战局的掌控及在限制与反限制中的调配能力的较量上。

不打无准备的仗

进攻方的对手可能是一座异常坚固的堡垒，或者是布防森严的城市，无论是怎

攻坚战

尖矛与利盾的较量
TOUGH FIGHTS

战典

『战典丛书』编写组◎编著

哈尔滨出版社
H.P.H
HARBIN PUBLISHING HOUSE

图书在版编目（CIP）数据

攻坚战：尖矛与利盾的较量 /《战典丛书》编写组
编著. — 哈尔滨：哈尔滨出版社，2017.4（2021.3重印）
（战典丛书：典藏版）
ISBN 978-7-5484-3122-0

Ⅰ. ①攻… Ⅱ. ①战… Ⅲ. ①攻坚战 – 战争史 – 世界
– 通俗读物 Ⅳ. ①E19-49

中国版本图书馆CIP数据核字（2017）第024952号

书　　名：攻坚战——尖矛与利盾的较量
GONGJIANZHAN——JIANMAO YU LIDUN DE JIAOLIANG

作　　者：《战典丛书》编写组　编著
责任编辑：陈春林　韩伟锋
责任审校：李　战
全案策划：品众文化
全案设计：琥珀视觉

出版发行：哈尔滨出版社（Harbin Publishing House）
社　　址：哈尔滨市香坊区泰山路82-9号　　邮编：150090
经　　销：全国新华书店
印　　刷：铭泰达印刷有限公司
网　　址：www.hrbcbs.com　　www.mifengniao.com
E－mail：hrbcbs@yeah.net
编辑版权热线：（0451）87900271　87900272
销售热线：（0451）87900202　87900203

开　　本：787mm×1092mm　1/16　印张：22　字数：300千字
版　　次：2017年4月第1版
印　　次：2021年3月第2次印刷
书　　号：ISBN 978-7-5484-3122-0
定　　价：49.80元

凡购本社图书发现印装错误，请与本社印制部联系调换。
服务热线：（0451）87900278

样的外在形式，既然是攻"坚"，就说明这肯定是一块难啃的硬骨头。在攻坚战中，一般进攻方的损失会大于守方，但冒昧强突只会带来不必要的伤亡扩大，对取得胜利没有任何推动作用。所以成熟的将领会在攻打目标之前作好一切准备。一项攻坚战计划的制订往往需要几个月甚至几年的时间。

"知己知彼，百战不殆。"这句话说的是在战役中情报获知的重要性，防守方究竟有多少工事，坚固程度如何，具体火力布置和兵力分配是怎样的，这些都是进攻方必须弄清楚的问题。只有充分估计过对方的坚固程度，才可能有针对性地安排己方人员，尽量减少自己的损失。

在了解到对方大致情况后，就可以开始着手准备弹药物资，同时后勤补给也必不可少。在攻坚过程中，漫长持久的战役不仅考验着士兵的素质，也考验着后勤服务线是否顺畅。莫斯科一役中德军之所以被打得狼狈不堪，就是没有充分考虑到莫斯科当时的环境和军队物资需求的缘故。

在进行人员调度、建立进攻战线时，进攻方同时还要注意己方情报的保密性。攻坚战的代价本来已经高昂，如果能够顺利进行突袭无疑可以减少自己的损失，所以进攻消息应该严格封锁，适时采用必要手段对敌方进行迷惑，"在战争中撒的谎不叫骗，叫计谋"，利用广播以及外交辞令，甚至故弄玄虚、声东击西，都是战场常用的招数。

序言

而讲到防守的一方，战前准备更加重要，防守方的主要目的首要是坚守阵地，其次是寻觅机会反攻。而只有保护好自己的安全，才能有机会反击对方。因此坚固厚实的防御工事是必须长期准备并且不断完善的。从进攻方行进路线上的障碍铺设，到堑壕掩体的挖掘、铁丝网与雷区分布，最后还有火力点的安排，都必须提前策划，精心到位，因为进攻方通常来得凶猛而突然，只有平时就作好稳妥准备并且时刻保持警惕，才能够在突袭之下保持镇定，守住阵地。

与进攻者情报搜集相对的是，防守方也要进行大量的前线侦察，在进攻方刚有动静之时就能利用真实情报判明对方的主要意图，在其主力进攻方向安排防御。

最锋利的矛遇上最坚硬的盾

一个卖兵器的工匠为自己造的长矛作宣传，说："我制作的矛是世界上最锋利的长矛，能刺穿任何盾的防护。"然后他又举起自己制作的盾牌，说道："我手里的盾是世界上最坚固的盾，能够抵御住任何长矛的攻击。"后世人总以此为笑柄去讥讽那些说话做事不严密的人。然而在历史和现实中，最好的矛与最好的盾之间的较量一直存在。在战争之中，攻坚战也许就是最好的矛与盾的关系的体现。攻坚战中守方建立自己的阵地，凭借要点反复与对方周旋，守方建立起了一套严密的防护体系来保障自己不被攻破，而攻方也在用自己最为精锐的力量去攻击守方。两方反复拉锯，最终一方击败了另一方取得胜利。

在这里，最为著名的应该是列日要塞攻坚战。为了对付德国的入侵，比利时政府斥巨资在国境东部的马斯河边修建了以列日城为核心的要塞防御体系。

列日城的地理位置正处在荷兰领土与亚丁森林的狭窄缺口处，扼守比利时境内的铁路交通枢纽。整个列日防御体系被认为是欧洲最坚固的要塞，可以说是一夫当关，万夫莫开。

德军日夜进攻列日，损兵无数，三天三夜却毫无进展。

8月12日，巨型攻城武器"大贝尔塔"终于到来。"大贝尔塔"巨炮长数十米，重达几百吨，口径足有420毫米，光是每颗炮弹也有一吨重，能够穿透坚硬的钢筋混凝土建筑，威力极其巨大，列日要塞终于以这样的方式被攻克。

为一砖一石而战

1363年4月，在古老的洪都城曾经发生了一场惊世的战斗，朱元璋手下的名将朱文正带领着城里的老幼妇孺，将陈友谅亲率的60万大军挡在洪都城外达85天，创造了古今防守战的胜利典范。

浩浩荡荡的60万大军，却对一座洪都城无可奈何，一代枭雄陈友谅就这么眼睁睁看着纨绔子弟朱文正将他的虎狼之师阻挡下来，而夙敌朱元璋则取走了似乎已属于他的天下。由此可见，攻坚战的成败对最后的胜利起着至关重要的作用。要进攻夺取胜利，就必须蚕食敌方的阵地，尤其是关键的地方更要不惜一切代价去争夺，所以，攻坚战其实就是在改变着胜负的天平。一场攻坚战的胜利，就是在战争的天平上增加了重要的砝码。

但越是险要的地方，对于对垒的双方来说就越是重要，攻击的一方需要倾尽全力，防守的一方同样会倾尽全力。所以，攻坚战可以称之为各类战争中最为精密的战斗，它的争夺并非是以阵地、城池来计算，而是以一砖一石来计算，攻坚战到最后必然演化为近身肉搏的白刃相交，或者是寸土必争的死战胶着。它不会出现野战那种一溃千里的事情，因为要隘往往是一方最后的据点，失去了据点，就有可能失去战争的主动权，就有可能失去赢得战争最后的希望。攻坚者需要决一死战的决心和毅力，而防守者则更需要破釜沉舟的勇气和意志。古今中外最著名的攻坚战，莫不都是流血漂橹、血流成河，第一次世界大战中的索姆河战役、抗日战争中的台儿庄战役、第二次世界大战中的列宁格勒保卫战……哪一座城市不是用死尸堆成，哪一条巷子里不都是满目疮痍？

结局总是最惨烈的

在占领城市、要塞、高地的过程中，由于对方组建了严密的纵深防御体系，担任攻坚的部队往往是寸土必争，前进一步甚至是需要付出沉重的代价。在第二次世界大战中，在世界的各个战场都出现了血腥残酷的攻坚战。攻守双方的伤亡之惨重难以想象。在亚洲战场，1944年5月中国远征军对日军发起了腾冲战役，官兵奋勇，血战三日，付出重大代价攻占来凤山，当时有言云："攻城战役，尺寸必争，处处激战，我敌肉搏，山川震眩，声动江河，势如雷电，尸填街巷，血满城垣。"可见腾冲战役之艰苦与惨烈。在巨大的牺牲下，沦陷了两年零四个月又四天的腾冲，重新回到了腾冲人手中。

而在苏德战场，几乎每一场攻坚战都是血战。简单举些例子来表明，基辅战役苏军损失约70万人，有66万人被俘，德军也损失10万余人。而长达900多天的列宁格勒保卫战中，60余万当地居民和苏联官兵献出了生命。而柏林战役，苏德双方的损失达到了70余万。斯大林格勒保卫战中，苏德双方的损失超过了200万人。

通过这些惊人的数字，我们可以看到战争的残酷性及其极端的血腥特质。而不幸的是，在人类几千年的历史中，这样的残酷和血腥却一次又一次地重复上演。而军事技术的变革和发展，无论为人类科技的发展作出了多么巨大的贡献，无论在多大程度上改善了人类的通信、交通等生活条件，无论在世界军事史上作为具有什么样的地位，其宗旨却仍然是用于战争。只有当停止了战争的时候，人类才会得到安宁。

最后的战争模式

战争到最后必然还是人与人的战争，不论是冷兵器时代，还是科技高速发展的现在，都无法改变一场战争的最终归宿。不管形形色色的战争机器怎样更新换代，战争的最后还是难逃攻城略地的固态，士兵总是要钻出那些钢筋铁皮的屏障，出现在最后的战场上，用血肉之躯去谱写战争的尾声。

攻坚战是所有战争发展到最后必然会出现的战争类型，不论是胜利的一方还是失败的一方，不论是进攻者还是突围者，都必须要面对攻坚的最后任务。当然，他们可能要攻取的是一座坚固的城池，或者是一道坚固的防线，但无论如何，没有攻坚战，战争都无法真正画上句号。

攻坚战的残酷和血腥几乎是不言而喻的，越是最后的壁垒就越是拥有无坚可摧的坚韧和刚强，不付出巨大的代价根本不可能突破。攻坚战也就成为了永恒不变的原始战争主题。战争的本质是抢夺而非毁灭，战争的实质发起者是人，所以，战争必然会发展到攻坚的环节，人与人的殊死搏斗也必然会发生。在美国老兵写下的第二次世界大战的记录里，他们认为日本兵是世界上最擅长攻坚战的，因为他们不怕死，总是抱着"玉碎"之心扑向战壕的敌人。那是最后的防线，既是肉体上的，也是精神上的，攻坚战既是肉体上最后的拼杀，也是精神上最后的燃烧。

人与人的对抗

攻坚战进行到最后，通常伴随着肉搏战和白刃战，士兵永远是攻坚战的主体，其在战争中的重要作用是不可忽视的。

在冷兵器时代，步兵和骑兵作为陆军最为常见的兵种成为了攻坚战中的主角，其中不乏步兵与骑兵的对阵。传统步兵的攻坚战非常普遍，在骑兵部队还没有成为中原军队的制式军队前，是由步兵以及战车主宰着战场。其中步兵作为全军的中坚力量和敌方的军队进行面对面的战斗，最大程度地消灭敌军，攻取城池。这里最具代表性的应该是战国时代的长平之战。这是中国历史上最早、规模最大的攻坚战。

然而在中国几千年的历史中，农耕文化与游牧文化两者延续到战争的形式通常是步兵与骑兵的战争。但历朝帝国也组建了非常专业的骑兵部队，其中还涌现出了许多著名的将领：汉代的卫青、霍去病，南北朝时期的陈庆之，隋唐时期的李世民，南宋时期的岳飞，明朝的常遇春等都是骑兵将领中的优秀代表。

中原骑兵虽然在更多时期担任的是策应、侦察、袭扰这样的辅助性任务，但是有时也会在攻坚战中扮演重要的角色。西汉时期的漠北之战就是一次成功的骑兵对抗骑兵的攻坚战。汉军作战指导明确，准备充分，以骑兵实施突击，步兵担任保障，分路进击，果敢深入，是在沙漠草原地区进行的一次成功作战，在中国战争史上具有重要地位。

在冷兵器时代中如此，而对于现代战争而言，陆军在攻坚战中所起到的作用同样是巨大的。任何战争，若是以对于区域的占领和控制为战略目标，那最终的执行者仍然是陆军。无论军事技术发展到多么先进的阶段，战争永远都是人与人的对抗，而非其他。

随着社会科技的发展，我们可以看到攻坚战一贯艰苦持久的特点也在持续，第一次海湾战争、后来所发生的阿富汗战争和美伊战争表明：攻坚战这一传统的作战方式在高科技条件下的战争中同样有效。2001年，美国等北约国家为了报复恐怖组织针对美国的9.11恐怖袭击，对阿富汗基地组织和塔利班政权发动了一场战争，将反恐的战火直接延伸到了阿富汗境内。北约军队以攻取阿富汗、消灭塔利班政权和基地组织为原则，利用强大的机动部队进行快速攻击，最终仍然以步兵攻坚的方式对阿富汗逐步完成了占领。而2003年的美伊战争同样如此，四国联军部队进入伊拉克境内，最终以攻坚战的方式在三个星期之内完成了对伊拉克全境的占领。攻坚战的重要性和必要性不言而喻。

序言

目录 contents

contents 目录

目录 contents

contents 目录

目录 contents

contents 目录

目录 contents

contents 目录

目录 contents

contents 目录

目录 contents

contents 目录

目录 contents

contents 目录

战典

THE CLASSIC WARS

尖矛与利盾的较量

THE CLASSIC WARS

攻坚战

第一章

袭取彭城
——骑兵突袭攻坚的范例

▲《孙子兵法》中有云，"兵贵神速"，其言显示了早在春秋战国时期的中国古人已经认识到了行军速度在给敌人实施突然打击方面的重要性。而在古代科技尚未获得充分发展的情况下，骑兵突袭就成了对对手实施突然打击的唯一方式。遍览世界战争史，骑兵突袭攻城成功的战例不在少数，在这些璀璨夺目的战例中，西楚霸王项羽运用骑兵突袭，一举夺回彭城，无疑是这些璀璨战例中最为引人注目的战例之一。项羽此战无论是在战前的规划、行军的速度、计划的保密，还是打击的突然强劲与持续上，都为后人所赞叹。

前奏：刘邦伐楚

秦朝末年，曾经以强大的武力和严刑峻法牢牢地掌控天下的秦帝国在农民起义的烽火中土崩瓦解，各路群雄纷乱，趁势都来争夺自己的天下。在这些乱世群英里面，勇冠三军的西楚霸王项羽一度成为群雄当之无愧的领袖，他一举灭了秦朝，掀翻了这个乱世，使得这残局更加七零八落。仗着灭秦之功，项羽将大秦王土分封天下，跟随他的忠勇和亲近他的将臣，都分得诸侯的名号。此时，在灭秦过程中也功不可没的另一位人物刘邦却远在巴蜀之地。汉高祖二年（公元前205年），刘邦在这个地方实在是待不下去了，环顾手下大军，下了出兵伐楚的决心。

之所以选这时出兵，是因为刘邦看到项羽正忙着率领大军在东边镇压齐国的动乱，士兵全都压在东线，后方零零散散十分空虚。刘邦立刻从项羽后方进攻，从最薄弱的楚兵尾巴开始迅速进攻。一路上因为楚军兵力松散，刘邦也没遇到什么抵抗直奔项羽的都城彭城。

汉高祖二年（公元前205年），时值春暖花开，刘邦率领五路诸侯，共56万人，浩浩荡荡向东开进。之所以能这么迅速集结起如此数量的军队，是因为当年刘邦在关中时就已经有了10万大军供他差遣，屈居巴蜀的时候他一方面整顿手中的士兵，一方面拉拢当地人，身边又有萧何、韩信这样能臣干将，所以在很短的时间内就增强了自己的军队实力。

刘邦一边挺进，一边部署好了进攻彭城的计划：兵分三路，他直接统率中路部队，从洛阳出发，直取彭城，阵中有张良、韩信等。北路军由从梁、鲁等地汇集而来的混杂兵群构成，在中途与中路军会合后协同攻击彭城。南路军由薛欧指挥，自关中出发，走南阳，攻下阳夏后，从东面进逼彭城。

要知道刘邦作这个决定也是有一定风险的，他把自己主力全部抽出，关中怎么办？关中此时并没有安稳，章邯等依旧是根顽刺，不拔不行。于是，刘邦把萧何留下镇守关中。如此一来就无后顾之忧，完全可以大摇大摆放心攻打彭城。

陷入困境：从未有过的危机

彭城对项羽的意义重大，不仅是都城，更是项羽的故土，早在刘邦定三秦的时候，项羽就隐隐预感到刘邦会东进。但此时他正忙着用兵攻打暴乱的齐国，后翼正被咬住死死不放，刘邦即使从后面打来了，想甩尾迎战也很困难。

于是项羽一方面任命郑昌为韩王，奔赴韩地阻挡刘邦的步伐，另外派陈平殿后，又设了一条防御线。大将龙且也被紧急派去阻截北路军，另外分出一支军队与刘邦南路军相抗。

但是分支的力量哪敌得过对方的大军？这些脆弱的抵御部队很快就全线告败，刘邦挺进的速度甚至没有因此而有所停滞，依旧气势汹汹地向楚地腹地推进。按此态势发展，不到几个月，楚国就会全部沦亡。

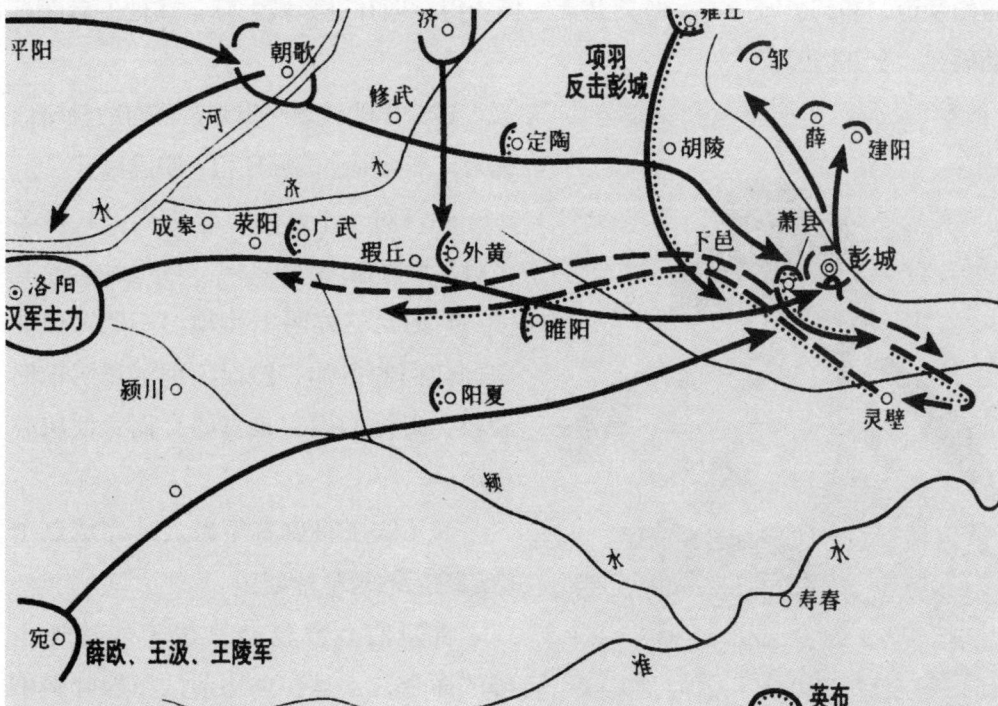

★楚汉彭城之战示意图

正在和齐国纠缠不清的项羽眉头紧皱，这位西楚霸王显然陷入了前所未有的危机中。摆在他面前的形势相当严峻，首先是两线作战，一边是顽劣的齐国，另一边又是张牙舞爪的强刘，顾得了头就顾不了尾，两头受制。其次即使他想集中兵力回师救楚，与刘邦的诸侯部队力量相差也太大了。并且楚地后方已经被刘邦的军队团团围住，如果就此孤军深入，除非速战速决，否则就像汹涌大海上的一叶扁舟，眨眼就被吞没。另外，即使现在率大军奔赴后方战场，路途如此遥远，长期奔波下来的士兵肯定疲惫不堪，以逸待劳的刘邦军队早就可以架起防御工事，可以很从容地消灭项羽的队伍。

再环望四周，能向自己伸出援手的同盟几乎都已经背信弃义，冷眼旁观，楚国此时就如同一颗危巢中的鸟卵，在狂风中已经滚到了坠落的边缘。

佯攻齐国：项羽的疯狂计划

项羽感到了双肩沉重，犹如太行、王屋二山齐齐压下，政治军事环境如此险恶，使得他只能剑走偏锋，兵行险招，制订出一个大胆的战略计划：各个将领依旧带领诸侯大军平定齐国，让刘邦不疑有它，而自己则亲自带领三万最强的精兵偷偷绕道，插到彭城后方，趁刘邦大军扬扬得意地开进彭城之际，在他们后面直插偷袭，全部捣毁！

★西楚霸王项羽画像

这个作战计划一出来，所有将领哑口无言，都被项羽的疯狂和大胆震慑了。

三万对五十六万！长途奔波！舟车劳顿！设局偷袭！

真的是这样吗？将领们不敢置信地望向他们的主帅，然而项羽沉重阴霾的脸色告诉他们确实是真的！而且他决心已定！

西楚霸王将以其不世之才完成这个空前绝后的冒险计划！

将领们心情复杂，也不能违逆主帅的命令，于是在东边前线依旧呼喝不止，带领士兵冲向齐国阵营。刘邦果然被这一招所迷惑，根据探子回报，项羽大军依旧与齐国酣战不止，没有撤退回防的迹象。

"打仗打得连自己的都城都不要了！"刘邦大为得意，看着霸王的都城，挥手就率领将士把这座没有多少防备力量的彭城给攻下来了。

关于项羽此后的行踪，历史很少交代，一说是项羽在刘邦刚踏进彭城半只脚的时候，断了他的后路，然后一举把前面的刘邦诸侯军给灭了。还有一说是四月的时候刘邦所有军队已经进城，把彭城堵得满满的，每天大摆宴席，把彭城值钱的宝贝和美女都抢光了，这个时候项羽才趁他们全部松懈，突然一天早晨杀了过来。

无论是哪种说法，项羽的准备都已经作好，只等待合适的时机了！

得意忘形：彭城中的刘邦

楚霸王已经披上了铠甲，拿起了自己的武器，等待着攻入彭城，重新建立起自己的霸业。江东子弟从来不会轻易认输，从当初的江东起兵，到今天几乎拥有整个天下，项羽经过了多少风风雨雨，自负的他怎么能允许自己败在市井无赖刘邦的手下？

虽然后世的史学家对项羽这"回光返照"般的果敢和勇猛啧啧称奇，但在这里不得不提到的是，项羽向来都是一个喜欢搏命以换取胜利的人，"置之死地而后生"确实是兵行险道赢得胜利的方式，但是这种作战方式如果在强弱对比十分悬殊时，执行起来是非常凶险的。另外，项羽这次作战很重要的一个条件是，在咸阳城"约法三章"的刘邦，在楚汉战争中非常难得地犯了好大喜功的毛病。而对于刘邦来说，他是很少会犯下这样致命的错误的，项羽或许并不知道，如果这一次他不能够取下刘邦的首级，那么，他将再也没有这样的机会可以取得天下。

正在项羽紧锣密鼓地筹划奇袭彭城时，刘邦有没有预测到项羽的计划？此时的刘邦又在做什么？《史记·项羽本纪》中载："四月，汉皆已入彭城，收其货宝美人，日置酒高会。"《汉书》中的记载与此基本类似："汉王皆以破彭城，收其财货美人，日置酒高会。"是的，史书已经提供了强有力的证据，刘邦正在犯着一个几乎要让他功败垂成的错误：他在带着他的手下们纵酒狂歌。他完全忘记，他的对手项羽是一头多么可怕的野兽，他也完全忘记，此时的天下还尚未在他的股掌之间。

张良、萧何、陈平在这个时候都没有能够劝服刘邦，根据后面发生的故事可以推测到，整个汉军几乎已经沉浸在胜利的喜悦里了，谁在这个时候还危言耸听，无疑有扰乱军心的嫌疑。当然，作为刘邦身边的核心智囊团，运筹帷幄的张良深知眼下这数十万大军不过是乌合之众，他总是为刘邦留一手的人，战争的结果，也证明了身边有一个这样优秀的智囊对于主帅有着多么重要的作用。是的，张良为刘邦准备了一支只有数十人的骑兵，他在听着宫廷里的笙歌时，也在心里默默祈祷，希望上天不会给他动用这些骑兵的机会。由此可以看出的是，项羽为攻袭彭城所做出的继续强力攻齐的假象完全迷惑了刘邦，使刘邦认定项羽以为后路已断，唯有攻下齐国才会回师彭城。加之彭城是楚国的国都，攻下彭城就等同于灭亡了楚国，而且彭城离刘邦老家仅仅两百里地，这次也算是衣锦还乡，大大可以荣耀一把。因而，刘邦及其幕僚并没有意识到项羽会奇袭彭城，他们那颗因为战争而绷紧的心，在此时史无前例地松懈了下来。

于是，项羽的机会来了。

刘邦一直认为项羽是一个勇猛有余而计谋不足的对手，项羽也确实在很多地方都表现出了这种缺陷，但是这次刘邦却判断错了，他没有料到项羽会出一个令他万万想不到的奇招。

★刘邦的重要谋士张良画像

千里奔袭：穿透汉军的中枢

项羽三万精锐骑兵日夜兼程，马不停蹄地绕到了彭城西南的萧县。此时刘邦大军已经尽数入城，正在烧杀抢掠、荒淫作乐。项羽见到这一幕，自然是更为愤怒。

项羽悄悄向自己的部队招一招手，伏下身子，等待黎明的到来。

之所以要选择这个时刻，实在不得不佩服项羽的老辣，汉军彻夜狂欢，早晨刚刚熟睡，身体和精神都是最疲惫的时候，如果此时发动突袭，那么刘邦大军能不能反应过来都是个问题，必定会引起大规模的混乱。

而接下去天色就渐渐明亮，敌乱我稳，项羽就可以清清楚楚看到敌军的具体情况，到时候随机应变，用最有效率的战术歼灭敌人。

史上众多偷袭都喜欢于深夜进行，这样不会让敌军察觉行踪，但是项羽不，项羽要的不止是造成刘邦军队的大乱，更要一举捣毁，彻底全歼。

偷袭当晚，项羽三万精兵吃饱喝足，马匹也饮水食草备战完毕，在后半夜车马齐动，向南进发。

而此时在萧县的刘邦守军十分松懈，并未发觉异常。

雄鸡打鸣三声已过，东方天色逐渐放亮，守卫的士兵懒洋洋地登上壁垒逐一检视，往东之间一片开阔的平原，没有半点人影，一扭头往西，顿时守兵的脸色刷白似纸：什么时候多了三万精兵？车、骑、步大军方阵齐整严实，犹如从天而降！

正当守军肝胆俱裂的时候，只见项羽高高站在战车上，带着满腹的怒气，将手中马鞭一挥："传我指令！从这儿给我杀向东边！不许后退！"

查明刘邦军队实情以后，项羽已经有了自己的战术准备：首先选择直接攻击刘邦中路，把指挥中枢给切断，这样另两路联军必定手忙脚乱，因为没有统一的指挥而形成混乱！将刘邦主力咬住不放，不管其他一路猛逼，一直驱赶到河流边，到时他们无路可逃，要么就是掉入河中淹死，要么就是自相残杀！这样就会把项羽军队遇到的抵抗弱化到最小的地步。

★彭城之战场景图

★汉高祖刘邦画像

事情正如项羽所预料的一样，刘邦联军遭此突袭，完全不明白发生了什么事。前一刻还欢欣鼓舞庆祝攻城胜利，下一刻就被围追堵截，东奔西走！从天堂掉落到地狱的士兵们盲目乱撞，因为指挥中枢已经被项羽切断，所以他们不但不知道现在的状况，更加不知道自己应该怎么办。无数士兵就像一群无头苍蝇，纷乱地在彭城打转。

联军的混乱正中项羽下怀。本来他还在担心自己兵微将寡，如果联军能稳住阵脚，一旦回过神来就完全有可能把项羽区区三万人马一口吃掉。这下好了，失去统一指挥的联军只顾仓皇四处逃窜，项羽则果断命令骑兵部队继续冲击已经乱作一团的联军，一直把他们逼到河边的绝境再大开杀戒。在楚国骑兵的轮番猛攻下，部分好不容易有了抵御念头的汉军也很快被击溃，军心涣散不堪，没有了丝毫锐气。刘邦主力在项羽的猛攻之下，也只能逐步后退。组织性和纪律性极强的项羽精兵面对一盘散沙似的联军，一口气就狠斩十余万人。惶恐不已的刘邦联军为了逃命拼命往南逃去，谁知再往南处还横着一条更加难以跨越的灵璧东滩河，万分危急之下，刘邦军队内部居然翻脸相向，自相残杀，光是被挤落水的就有十多万人，尸体层层相叠，甚至把河水都堵住了。

到此为止彭城战局已经形成相当明了的一面倒形势，项羽部队只需要跟着追赶，跟着赶杀就可以收拾残局。

损兵折将：刘邦兵败如山倒

话说当时刘邦一看大势已去，完全慌乱，顾不得反扑，带领一群残兵败将向南奔去。跑了没多久就全军傻眼，在他们面前横起了一条宽阔无边的滩河！对当地环境并不熟悉的汉军，这才发现自己走错了方向。

刘邦一咬牙，看着自己手下樊哙等一干猛将，身上都插满了项羽部队的箭羽，他二话不说带头把箭头拔下，勒住战马开始重新指挥大军。魏豹等大将果然深受鼓舞，重新拥有了勇气，试图使队伍齐整，回头攻敌。可惜项羽没有给他们这个机会，正当刘邦部队惊魂未定，稍稍恢复的时候，他率领勇猛的骑兵直冲而来。战马雄壮，战士们犹如身披乌黑战甲的死神，迅速消灭了汉军刚刚抬头的火苗。前面是凶神恶煞的项羽，后面是激流旋涡的濉河，汉军前有追兵后无退路，真真到了叫天天不应，叫地地不灵的境地，无数士兵就此被冲入滚滚急流中，活活淹死。

这河虽宽但不深，十几万士兵的尸体一填埋，水流也慢慢止住了，整条河居然被尸体堵住了！这是怎样一个惨烈的场景！但是刘邦没有心情感叹，他一看尸体已经铺出一条血路，便纵马踏尸往对岸逃去。

而此时，项羽已经带领追兵紧紧咬着刘邦追过来了。此时协同作战的楚国步兵也加快包抄的形势，前后左右即将被楚兵围满，不满足巴蜀之地的刘邦现在更为绝望。

就在他不得脱身，项羽即将砍下他的头颅时，意想不到的事情发生了。

忽然之间飞沙走石，黑云压顶，树林飞出无数惊鸟，狂风就此暴起，粗壮的大树被连根拔起，天昏地暗，吹得人眼睛都睁不开，整个战场好像浸入了疯狂搅动的墨汁里面。风暴的中心逐渐向楚军转移，刚刚还精整有序的楚军现在和汉军没什么区别，都乱作一团，刘邦趁机带了几十名随从逃走。

楚军被风暴困扰了一会儿之后，还是不甘心，继续追赶刘邦。刘邦的大臣夏侯婴在赶车途中遇到了正在乱兵中奔跑的刘邦的儿子女儿，便匆匆停车抱住他们，刘邦此时一看楚军就在身后，而再多两个孩子车子恐

★项羽塑像

怕就跑不快了,就将一双儿女抛下,吩咐快马加鞭前行,夏侯婴心中不忍,又停车抱孩子,但是刘邦还是坚持要抛弃他们。夏侯婴流着泪恳求:"大王,无论多么危急,这都是你的孩子啊!"刘邦犹豫再三,只能就此答应,马车疾驰,终于脱离了危险。但是刘邦的老婆吕后和其父亲却被项羽擒获。本来刘邦此次攻打彭城,一是为了消灭项羽这个眼中钉,二是为了迎接妻儿老小,却怎么也想不到,在此次战斗中,彭城得而复失,家小竟也被项羽擒获。

当时的刘邦连自己的亲生骨肉都想丢弃,可见他已经慌乱到了什么地步。刘邦的慌乱使他的军队陷入了群龙无首的境地,刘邦军队的建制彻底被打乱了。在项羽的持续强势攻击下,刘邦的56万大军几乎损失殆尽!

战典回响

楚霸王的功与罚

项羽是那个时代的骄子，是秦末诸侯中的盖世名将，后人将他奉为"英雄"的代名词之一。在后人的描述里，他豪气干云，又柔肠百转，可最终却悲情落幕。在项羽一生的战役中，以"巨鹿之战"最为著名，但就战争史而言，其实"彭城之战"的重要性更为明显。

千古未有的骑兵攻城

作为世界战争史中冷兵器时期的最大革命，骑兵的发展十分缓慢。我国在春秋之际就有骑兵的记录，但那时只是小规模用于载人，并没有任何利用骑兵作战的记录。骑兵真正跃上战场始于战国时期，当时骑兵还只是作为辅助兵种，安插在步兵两翼用以侦察和突袭骚扰以及断后追击等边角零碎活。

彭城之战则完全改变了骑兵在战场上的面貌，它是首次独立运用如此大规模的骑兵摧毁超大规模步兵的经典战役。项羽在东线齐国战场迅速脱身，要想攻打彭城，就必须依赖骑兵强大的机动能力，在彭城一役中，无论是骑兵冲散数倍于己的步兵并逼其落水，还是用骑兵追逐包抄刘邦残兵，都可以看出骑兵的运用达到了前所未有的地步！

自彭城之战以后，刘邦大受威胁，召集了大批旧秦骑兵重组成一支独立骑兵军团，由此可见项羽骑兵必定是用于与旧秦骑兵完全不同的编制用途，所以才促使刘邦如此大力发展骑兵。

彭城之战作为骑兵独立冲锋获胜的战役，对整个中国骑兵的历史都有着极为重大的意义，也为骑兵的发展提供了一个突破口。

战术上的大师，战略上的矮子

史书普遍认为刘邦长于巧计，战略远大，而项羽则过分鲁勇，只长战术，这些就是项羽最后会败在刘邦手下的最重要的原因。

从楚汉相争四年说起，当时刘邦入关，秦王子婴投降，一系列诸如鸿门宴、项羽分封、刘邦困于巴蜀等事例表明，当时刘邦力量弱小，完全不具备和项羽相抗的实力。而从刘邦暗度陈仓直到吞并三秦开始，羽翼逐渐丰满，才真正开始了与项羽的分庭抗礼。在战略上，刘邦延续了一开始就采用的联合游说、劝说拉拢式的做法，将各诸侯拢至麾下；而项羽依旧一人猛冲，以不屑一顾的姿态独自傲立，连自己原来的部下、现在的诸侯都没有花心思去交流，这才给了刘邦引得项羽旧部下叛变的机会。

彭城之战充分显示出项羽的确是个战术上的天才，从那以后刘邦便放弃了与项羽正面冲突的打算，而选择了荥阳和成皋作为暂且平衡的地点，这个策略运用得相当高明，荥阳和成皋一线为刘邦提供了充分的粮食补给，也成为了项羽不可逾越的一道障碍。

刘邦以极其坚强的毅力抵抗住了项羽的攻击，才有了后来垓下之战的机会。

杰出的战术能够让战略的推进更有效果，但是如果一上来战略就错误了，那么即使有再强大的临场军事才能也无济于事。

★ 沙场点兵 ★

人物：项羽

　　项羽名籍字羽，别称西楚霸王，是秦末时期著名军事家，中国古代战争史上"勇战"派的标志人物，也是中国古代军将领中实力最强的武将，更是后人所传诵的"力拔山兮气盖世"的万夫不当之勇的盖世豪杰。在大泽乡起义后，项羽自江东脱颖而出，力战郡守，据地崛起，召集了大量人马举兵抗秦。经巨鹿之战名声大振，率军直入关中，以五诸侯之力一举消灭暴秦，分封天下，威慑海内。项羽统治所有十八诸侯，颁布大令，号称霸王，实际掌握了皇帝的权力。五年之后，项羽兵败垓下，自刎乌江悲壮惨死。项羽是中国历史上的神话和传奇，是西方人眼里唯一能与迦太基名将汉尼拔相提并论的古代将领。

　　此役，勇猛异常的项羽再次用他"破釜沉舟"的英雄豪气力挽狂澜，率领三万铁骑力挫刘邦56万大军，其运用骑兵攻取城市的战法也开了战争史上的先河，其功绩无愧于"西楚霸王"的威名。

武器：骑兵

　　骑兵即指骑马作战的军队或士兵，既能乘马作战，也能下马徒步，通常在兵阵两侧担任包围追击和奔袭的任务，也常常参加正面的突袭。骑兵优势在于行动敏捷，较小受到地形与气候的影响。骑兵有组织而快速，能够快速地打击敌人，也能够迅速撤退，保存实力。

　　这场战争骑兵被项羽赋予了另外一种使命，攻城。骑兵被项羽创造性地使用，给刘邦以出其不意的打击，在扭转了不利战局的同时，也让骑兵在后人心中留下了深刻的印象，在后世的战争中骑兵不断地被当做制胜武器出现在战场上，成为冷兵器时期军队中不可缺少的配置。

战术：游击战

　　游击战，游指跑动，击指作战，游击战的要素是敌进我退，敌退我进，敌疲我打，敌逃我赶。游击战的关键是要合理谨慎选择作战地点，利用灵活的优势快速部署并分配兵力，选择效率最高的作战时机，一旦战斗结束，立刻迅速撤退。

　　一般游击战不是正规作战方式，而是主要以突袭为手段对敌人有生力量进行高效打击，分开作战。游击战具有极高的灵活性、主动性、流动性和速决性，方便以较少的人员实施损耗较少的打击。

　　在这场战役中，游击战的特点重点体现在项羽的出兵方式上，面对刘邦对自己后方的严重威胁，项羽没有明目张胆地大举回师回援，而是让自己的主力部队继续保持对齐国的进攻压力，使刘邦的探马误以为楚军还在全力进攻，迷惑了刘邦，而项羽则悄悄率领三万骑兵精锐绕到了刘邦的后方，以游击战的方式给刘邦以致命的打击并扭转了楚汉争霸中不利的战局。

尖矛与利盾的较量

THE CLASSIC WARS

攻坚战

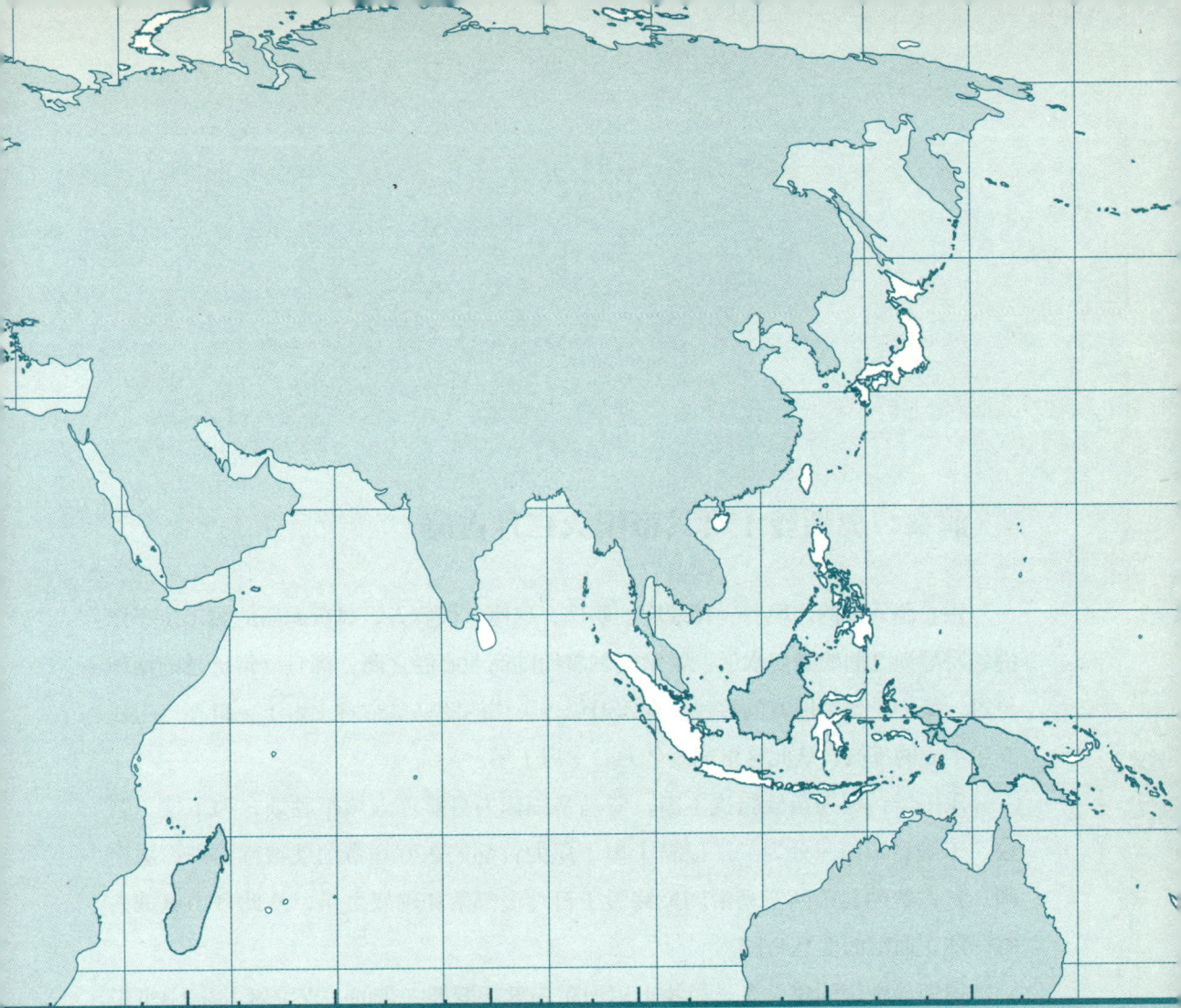

第二章

君士坦丁堡围攻战
——拜占庭的绝唱

　　▲面对一个坚固的要塞，假如想从外部攻破，必须有着极为强大并持续的火力。奥斯曼土耳其人在面对拜占庭首都君士坦丁堡时，他们即采用了强大火炮群持续攻击的战术，并且事实证明，这种战术的采用成为了他们攻破坚城获取胜利的最为重要的战术策略。奥斯曼土耳其军在君士坦丁堡围攻战中的战术运用，即对强大火炮群持续攻击战术的运用，也加快了冷兵器时代向热兵器时代过渡的步伐。

前奏：奥斯曼土耳其帝国灭亡拜占庭

古希腊靠海的边境有一颗璀璨的明珠，这座气候宜人、风景秀丽的城市位于黑海到爱琴海之间的紧要水道，紧紧扼制着海陆商业必经之路，拥有异常优越的地理位置，集中了各个地方的移民。在330年，英伟的罗马皇帝君士坦丁一世在这里建立了牢固的都城，从此这里便改名为君士坦丁堡。

395年，因为蛮族骚扰不断，罗马帝国因为身躯庞大烦不胜烦，为了便于管辖，干脆将帝国一分为二。以君士坦丁堡为首都的东罗马帝国就被称为拜占庭帝国。拜占庭的兄弟西罗马帝国最终毁于日耳曼部落和匈奴之手，从此拜占庭成为唯一纯正血统的罗马帝国。

奥斯曼帝国的建立者是游牧于里海东南部呼罗珊一带的一支突厥人。13世纪时，蒙古帝国开始向西扩张，他们被迫迁移。最初他们依附于塞尔柱突厥人建立的鲁姆苏丹国，在与拜占庭帝国相邻的萨卡利亚河畔得到一块封地。1242年，鲁姆苏丹国在西进的蒙古军队的冲击下土崩瓦解，这给这支突厥人提供了一个充分发展的机会，他们从此开始发展壮大，登上了历史舞台。1299年，部落酋长埃尔托格鲁尔死后，骁勇的枭雄奥斯曼（1259—1326）成为土耳其人的苏丹，他借部落崛起之势，宣布独立成纯伊斯兰教国家埃米尔国。这位苏丹看到紧邻自己的拜占庭，产生了浓厚的兴趣，试图用灭亡西罗马的方式也把拜占庭骚扰致死。

1301年，奥斯曼趁拜占庭刚遭受过十字军攻击的低迷时期迅速侵占了卑斯尼亚平原，进而咄咄相逼，一举控制了拜占庭的马尔马拉海峡，建立了奥斯曼帝国。好战的奥斯曼后裔依旧不肯放过元气一直没有恢复的拜占庭，频频出击，不是夺走一个镇，就是重创一座城。

拜占庭小亚细亚的领土就这样在不断的蚕食下一点一点全部丢失，奥斯曼的胃口更大了，它这次不满足于小规模的局部战争，而是直接指向了拜占庭的首都君士坦丁堡。为了达成这个目标，奥斯曼帝国的将军不惜横渡海峡，从占领加里波利半岛开始，一点一点切断君士坦丁堡与周围的所有联系。

"所有支持它，帮助它，给它粮食，通它血脉的，通通给我斩断！"奥斯曼帝国狂妄地叫嚣道。

依旧有为数众多的保加利亚人、波斯尼亚人、瓦拉几亚人甚至匈牙利人，纷纷赶来为拜占庭组成联军，对抗土耳其人的野蛮侵扰。但是在科索沃会战中，联军还是失败了，土耳其人的爪牙太过锋利，已经呈势不可当之势。哪怕以后拜占庭有再多的伙伴前来，都能被土耳其军铁骑通通消灭。

1451年，穆罕默德二世登上苏丹之位，他为此已经等待了很久，他喉头因为对君士坦丁堡血泪的热望而干渴，即位之后，迫不及待要将欲望实现，制订了攻取君士坦丁堡的计划。

1453年，土耳其人已经准备好享用他们保留已久的大餐，君士坦丁堡周围所有地区全都陷入一片黑暗，独留这座孤城苦苦支撑。10多万雄壮步骑兵以及300多条战舰将君士坦丁堡团团围住。君士坦丁堡北靠金角湾，金角湾对君士坦丁堡极为重要，它不仅拥有宽阔深长的港湾，而且有多处分支水道，千百年来南来北往的商船都是在这里停泊栖息，因为它的经济价值和弯曲通向城内的地理位置，被人们称做金角，是财富和丰收的象征。君士坦丁堡南邻马尔马拉海，沿岸密布城墙塔楼，城外环绕一条深而宽的护城河，虽然拥有绝佳的防御位置，但此时硕大却空旷的君士坦丁堡内，血肉已经尽数被土耳其吞噬殆尽，只剩一万守军！拜占庭帝国的最后一口气，终于到吐出的时候了！

两面包围：占领君士坦丁堡

4月的君士坦丁堡，如果没有敌兵黑压压的覆盖，那么一定是风光无限，歌舞升平。但是现实是奥斯曼土耳其的军队正在抓紧时间抢架浮桥，靠着匆忙铺就的模板强渡护城河，一到达河对岸的西城墙，土耳其士兵就架起云梯，飞快地往上爬。

但是城上守军也早有准备，他们往下倾倒热油，倾倒石子，万箭齐发，土耳其士兵惨叫连连，纷纷从墙头跌落下来。

而尖刀一般的土耳其军舰则看准了金角湾，一路猛冲之后，栽到了拜占庭军的铁锁阵里，就像扑上蛛网的昆虫，被牢牢缠住无法动弹。

穆罕默德二世气馁地发现他几路进攻都没有伤到拜占庭的皮毛，于是立刻决定出狠招，架设大批重炮瞄准君士坦丁堡最为薄弱的城墙段就轰，炮声如惊雷乍起，伴随着杂乱的号角声，上千人的大吼声，还有密集持续的敲锣打鼓声，就像一把重锤日夜不停地敲击着这座古老的城市。

在这样的轰炸下，城墙终于在两个星期后出现了几个缺口，土耳其人一看有洞可钻，大为振奋，如同潮水一样拥进缺口，然而他们进城还没迈开两步，拜占庭城墙塔楼便火炮大作，这批土耳其士兵就像自己奔向死亡，措手不及地倒下。

一时之间土耳其前锋大乱，整个君士坦丁堡回荡着摇铃声、锣鼓声、枪炮声和金属撞击声，还有士兵愤怒的喊杀声以及城内妇孺凄惨的哭声，到处硝烟弥漫，一片混乱。

面对这样的境况，穆罕默德二世非常恼怒，看来只是依靠强攻并不能达到最终的目的。5月穆罕默德二世找来君士坦丁堡郊区的热那亚人，甜言蜜语许下众多承诺，为了让这帮人安心，还稍微忍痛赠送了点金钱，希望热那亚人能让穆罕

★君士坦丁堡金角湾今景

默德二世的军队悄悄借道通过加拉太地区，瞒过拜占庭人潜进金角湾，以方便到时候对拜占庭实行水陆夹击。

热那亚人自然非常高兴，他们毫不客气地收下了金币，挥手予以放行。穆罕默德二世立刻发动了几千人在这块地区铺设涂了油的圆木滑道，在万籁俱寂的深夜偷偷把80艘轻便战船悄无声息地拖上了金角湾的海岸。

这样一来，连君士坦丁堡内部的金角湾也有了土耳其士兵，穆罕默德二世得意地说："就凭守军一万人，怎么能应付这两面作战的局面？"

土耳其人尽管小心翼翼，但还是被君士坦丁堡的守卫发现并且汇报了皇帝。君士坦丁大帝大惊失色，为了尽快阻止这一恶劣局面的形成，他火速派遣了军队连夜突袭。

但是皇帝的计划也走漏了风声，穆罕默德二世早就派了土耳其军在金角湾等候，将赶来的护城军队打了个一败涂地。

状况已经如此明显，连君士坦丁堡的将士们都失去了信心，他们劝说皇帝道："殿下，为了您的安全，我们建议您赶紧逃离这座危城！它时刻都要倾垮，坍塌到我们头上！"

将士们都是出于好心，他们已经打算将皇帝保护出城之后，在君士坦丁堡内战死报国。

而皇帝则缓缓站了起来，看着他的热土和军士，眼中含着热泪道："我跟你们一样，誓与此城共存亡！"

皇帝的决心如此悲壮，让全城所有人都为之一震。既然事情已经到了这个地步，那么每个人都作好了必死的准备，反而空前地具有了力量。土耳其人无休无止地进行着炮火猛攻，甚至分两次派出三万和五万大军极力攻打益发脆弱的城墙，但是越战越勇的拜占庭军毫不畏惧，每次都把土耳其人狠狠地打击了回去。

力抗强敌：突破海上封锁

不光是城内，外海的拜占庭海军也是勇猛无双，仅仅凭借二十余艘军舰就敢直冲土耳其军上百艘军舰组成的封锁线，突出求援。土耳其海军被狼狈冲垮，一边重新组织封锁，一边追击拜占庭海军，但是得到的却是拜占庭军舰越来越快的离开和不停回放的冷枪，土耳其海军只能眼睁睁看着拜占庭人扬长而去。这时支援君士坦丁堡的热那亚士兵也是争先恐后，一天四艘热那亚军舰，如同离弦之箭直冲土耳其链条加固的海军封锁线，一下子把土耳其看起来威风的军舰冲了个七零八落，热那亚士兵一路高呼着驶入了马尔马拉海峡，奋力向拜占庭海军继续开去。这时穆罕默德二世听闻，又惊又怒，立刻挥手让140艘战舰前往阻截，哪知热那亚士兵斗志正勇，土耳其拦截海军来得正好，纷纷被他们开出的猛烈炮火击沉。支援拜占庭海军的军舰缓缓驶入金角湾，热情地停靠在君士坦丁堡的码头，满载了军备和给养，使得守城军民掌声雷动，欢欣鼓舞。拜占庭人跟热那亚士兵一起庆祝，登上城墙高声欢呼，嘲笑土耳其海军的不堪一击，嘲笑穆罕默德二世的懦弱无能。

穆罕默德二世气得满脸通红，当场就想处罚自己那些无能的海军军官，但战争还在继续，还不是施行军法的时机，他只能按捺下来，细细思考下一步的方案。

四面强攻：所有的招一起使

穆罕默德二世不得不面对第一次攻城的失败，耻辱感却让他冷静了下来，他开始考虑到君士坦丁堡一战已经持续了这么久，补充的后备部队逐渐增多，人强马壮带来的后果是补给已经短缺，严重到只能支撑到月底。穆罕默德二世心里很明白，如果不在这之前把城攻下，那么到月底就只能自己灰溜溜地回去。

★穆默德二世进攻君士坦丁堡

他放眼一看，发现问题还是出在已经被轰开的城墙缺口上，无论他们怎么轰炸，顽强的拜占庭人都会迅速把缺口堵上，这样他们的大军都只能被挡在城外眼看着干着急。想通了这点以后，在5月18日的又一轮攻击中，穆罕默德二世命人推出了一个高高的样式怪异的工具，并把这个木质的高家伙架到城壕旁边，派人登上去直接往城内开炮。

谁知他还没来得及得意多久，拜占庭将军吉斯提尼就唤来士兵将一大桶火药滚入城壕，随后轻轻一点火，随着"轰"的一声，穆罕默德二世的心血之作就化成了一团灰烬。

如今无论是硬攻，还是钻研新方式，看起来拜占庭人都不吃这一套，穆罕默德二世还不甘心，既然高空作战不奏效，那么就想办法挖到地底下，采用坑道爆破的办法，使得城墙全部崩塌，如此一来谅拜占庭人再勇敢，也无济于事。穆罕默德二世为自己聪明的脑袋高兴得笑了起来，并立刻选定了卡里加里亚这个爆破地点，因为此处最为薄弱，只有一层较薄的城墙守护。于是土耳其人就发挥永不言败的精神开始认真努力地挖坑道、运土石，忙得不亦乐乎，可是还没等到他们炸开城墙，士兵已经前进不了了。坑道的环境恶劣，根本没有考虑通风，炸药在里面运输极为不安全，所以参加修建工事的士兵不是被灰尘呛死，就是被塌方埋死，或者因氧气不足活活闷死、被地下水灌进淹死，好不容易快爬到目的地的士兵，也因为一个不慎，全数被炸死。

所以穆罕默德二世虽然要尽小聪明，用尽小机关，但是没有一个起作用，看起来已经奄奄一息的君士坦丁堡，偏偏呈现出了一副越战越勇的势头。

潜入城内：水陆夹击计划

失败接踵而至，穆罕默德二世不得不停下战争，对自己的作战思路进行总结和思考，他觉得自己所用的时间和兵力已经过多，如果再消耗下去，恐怕对自己不利。穆罕默德二世于是向君士坦丁大帝提出和谈，但是却遭到了君士坦丁大帝的断然拒绝。

进退两难的穆罕默德二世在5月26日召集了所有将领，希望通过集体商议拿出一个可靠的作战方案来。会议进行得异常激烈，主张放弃君士坦丁堡、班师回朝的将领有理有据，而坚持战斗、主张围攻的将领也是理直气壮，双方吵得面红耳赤，局面僵持不下。

★奥斯曼军队攻破君士坦丁堡

穆罕默德二世本来是希望有一个明确的意见，现在却更加头疼了。

这时候查刚将军开口了，他说："一城不取，何以取天下！亚历山大都曾经以极少的兵力，攻下了全世界，而我们也不应该放弃任何希望，一鼓作气，成功就在眼前！"

接着他便开始了激情四射、鼓舞人心的演讲，很快那些本想回家的将领露出了惭愧的神色，会议当即通过继续围攻的决议，并且迅速敲定了从海陆两个方向同时全面进攻的计划。

这次陆军海军联手的具体行动计划是：首先采取全天持续不断的进攻，夜间也丝毫不会松懈，不停补充生力军，无论什么理由都不可以停止，这是为了逼迫君士坦丁堡守军日以继夜直到耗尽精力，到这时候再全面扑上，进行最后的强大火拼，一举拿下君士坦丁堡。而海军的任务也很艰巨，必须开动各种火力，牵制住拜占庭在海上的防御军舰，使得拜占庭海军无法抽身回城救援。

这样的计划需要士兵充足的精力和足够的装备，所以全军立刻筹措了几乎所有的资源，连云梯都准备了2 000架，而用来拉倒土墙上栅栏的铁钩甚至填充城壕的干草等更是应有尽有。

两天以后，准备齐全，穆罕默德二世亲自来到前线，缓缓巡视了这支精神焕发的攻城队伍。看到齐整的军容，成山的物资供给，他心中明白这是土耳其人对君士坦丁堡的最后一搏，凭着自己最后如此强大的实力，这场仗只许胜，不许败！

寡不敌众：奥斯曼人发起总攻

土耳其士兵在自己城下如此动静，君士坦丁堡的军民都知道最后的决战看来是不可避免了。28日天色已暗，圣索非亚教堂的广场烛光成海，基督徒们手握十字架，喃喃向着上帝祈祷，整个夜晚君士坦丁堡都沉浸在低沉哀伤的诵经声中，无人入睡。

清晨的阳光还未洒下，西线和金角湾处的几百门大炮同时轰鸣，炮弹随着风声而至，震颤着整座城市。君士坦丁堡的所有教堂一起鸣钟，洪亮的钟声伴随火炮的爆裂声响，就像是君士坦丁堡最后的哀鸣。

全城军民都知道殉城的时刻到了，丧钟为谁而鸣？为自己，为这座城，也为敌人！

土耳其军全面总攻，如潮水般拥来，万名狂热的、手持火枪的精锐土耳其士兵从破口处争先恐后地挤入。拜占庭军血染战衣，拼死防守，但是土耳其军闻到血味越发兴奋，近乎疯狂地开火残杀。外围城墙的君士坦丁堡人成排的尸体倒下了，土墙倒下了，栅栏倒下了，土耳其人已经如蚁群一样大规模蔓延进君士坦丁堡的内部。

君士坦丁堡的军民丝毫没有投降的准备，土耳其人也不给他们投降的机会，双方就此展开了激烈的巷战。老弱妇孺对着敌军扔出家中最强大的武器，刀子棍子怎么敌得过土耳其人手中的火炮？一个街区沦陷了，又一个街区变得死寂，亲眼目睹这一切的君士坦丁大帝已经悲恸得不能自已，但是他却丝毫没有畏缩，带着剩下的少数部将，一边高呼"与君士坦丁堡共存亡"一边冲向敌军。

皇帝的战死象征了拜占庭帝国的末日。土耳其军队已经彻底包围占有了这座城市，将士已经战死，洪亮的钟声也终于停歇，因为敲钟的人也已被屠杀，无数珍宝、无数财富、无数文物，都被抢劫、掠夺、毁灭！来自异族的征服者肆无忌惮地蹂躏着这座古老的城市，五万多名居民集体成为他们的奴隶。几十名幸存的工匠不顾生死攀上了圣索菲亚教堂的黄金圆顶，掏出他们的凿子拆除了巨大的十字架。基督教僧侣和居民痛心地看到十字架被抛到地面，摔得粉碎。而新的铁质月牙标志——伊斯兰教的标志，使得教堂再也不是教堂，它成了清真寺。

而君士坦丁堡也不再是君士坦丁堡，它现在叫做——伊斯坦布尔。

这座城被俘被杀的人太多，以致空虚无比，在接下的几年内，穆罕默德二世一直忙于不停充实移民进来，以再现往日的繁华。往日之盛不可追，犹如拜占庭帝国和君士坦丁堡。

战典回响

千年的拜占庭帝国至此覆灭

存在了一千多年的拜占庭帝国，有过兴盛时期雄霸一方的意气风发，也有过低落时期各族侵扰的无穷外患。但是如果说到拜占庭帝国的灭亡，就必须从它皇权王位长期不稳定说起。

从395年罗马帝国一分为二时算起，到土耳其人1453年攻陷君士坦丁堡，皇帝的宝座已经先后轮换了107位君主。这些君主死因各异，除了37人死在了床上，8人战死尚属正常，其他不是被迫退位就是暴毙，因为阴谋被毒死的有之，被闷死的有之，被绞死的、刺死的更是不在话下。

就在这些年里，宫廷内外，全国上下，大大小小总共发生过65次叛夺皇位的暴乱。当然最为致命的是1204年4月13日君士坦丁堡被十字军所攻占，十字军的统帅为了奖励自己的骑士们，竟公开下令部下可以在一周内在城中为所欲为。十字军还在拜占庭的领土上建立了拉丁帝国。西方的封建领主瓜分了拜占庭帝国的大片土地，并对其居民进行残酷压榨。拜占庭帝国仅剩巴尔干半岛一小部分土地和小亚细亚某些领土。

直到1261年，拜占庭帝国才收复君士坦丁堡。拜占庭复国之后，领土大为缩小，只包括小亚细亚西北角、色雷斯、马其顿、爱琴海北部的一些岛屿和伯罗奔尼撒的一些据点。君士坦丁堡的政权更无昔日之盛，它对各地区的控制已相当松弛。

一个帝国的兴亡，固然与强大的敌人不无关系，但究其根本来说，自身的积重难返也是非常重要的决定性因素。强大的拜占庭帝国当初何等意气风发，可如今面对土耳其人的进攻何其无奈。

纵观拜占庭的历史，因为帝国的强大，加上欧洲各国的实力衰弱，使得它并无太多外强侵犯，故而将大量精力消耗在了内乱上，混乱的宫廷斗争导致了帝国的衰败，正如"千里之堤溃于蚁穴"，就算是没有土耳其人的入侵，内部早已溃烂的拜占庭帝国也难逃分崩离析的命运。

也许这些能说明拜占庭帝国的力量为何如此孱弱，因为内忧外患极大地削弱了帝国的实力，这才是其灭亡的最重要的原因。当然，拜占庭帝国灭亡的直接原因还是蛮族土耳其人的大规模强势入侵。

土耳其的兴盛正处于拜占庭的衰落时期，历史总是这样按照规律无情地改朝换代。

★沙场点兵★

人物：穆罕默德二世

穆罕默德二世是奥斯曼土耳其帝国第七代苏丹，是一位典型的嗜好武力征服的帝王，被人称做"征服者"。穆罕默德二世生性多疑，暴躁易怒，性格残忍冷酷，同时却非常聪明，不仅精通外文，深谙杰出人物的生平，而且在诗词艺术方面也很有造诣，对于哲学与神学都有独到的见解，而且野心勃勃，拥有征服全世界的欲望。他在自己的30年统治期间亲率大军远征26次，几乎连年作战。

在军事上，从他征战欧洲二十余次的情况分析得出，他的统率能力尚属优良，惯常亲自带队作战，独断专行，一人发号施令，听不得任何反对意见。他精力过人，在行军打仗吃苦途中，还能混入部属中窃听议论。由他制订的作战计划周密而迅速，并且异常坚韧，从不轻易言败，一旦有击溃敌人的机会，绝对不会手下留情。战术上他对火炮情有独钟，是历史上第一个对炮兵了如指掌的统帅。

而率军攻克拜占庭帝国的首都则成为了他一生中的荣耀和巅峰。

武器：火炮

火炮是以火药为发射能源，将弹丸高速推出，实行爆破的口径在20毫米以上的长管射击武器。火炮种类繁多，通过不同弹药的配备，可以对海陆空三个范围的目标进行较大范围的破坏，可以摧毁防御工事及装甲目标，甚至能完成特种射击任务。

根据用途划分，火炮可以分为压制火炮、反坦克火炮、高射炮、航空机关炮、坦克炮、海岸炮和舰炮。而压制火炮又可以分为加农炮、迫击炮、榴弹炮和加农榴弹炮，甚至火箭炮；反坦克火炮也包括了无坐力炮和反坦克炮。根据弹道特性划分，可以分为加农炮、迫击炮和榴弹炮。按照运动方式划分，可以分为牵引火炮、自行火炮、骡马驮载火炮和骡马挽曳火炮。按照炮膛结构又可以分为线膛炮和滑膛炮。

在君士坦丁堡围攻战中，火炮的作用发挥到了极致，是当时运用火炮攻破坚城的一个范例。在围攻之初，尽管奥斯曼军队并未在用火炮炸开的缺口上取得突破，但是这些缺口在随后的全面进攻展开时，却成为了奥斯曼军队进入城内的主要路径，可以说开战初期的火炮攻势为之后的攻入城中打下了基础。而奥斯曼军队在金角湾的火炮攻势，不但完全摧毁了拜占庭军的防御工事，而且对拜占庭的防守战船形成了巨大的杀伤，使得拜占庭海军无力突破包围而未给守军带来支援。

在这次当时比较典型的要塞攻防战中，新式武器火炮的采用无疑是奥斯曼军队取得胜利的一个重要因素，也加速了冷兵器向热兵器转化的进程。

✦ 战术：水陆夹击

　　水陆夹击一般用于沿海城市的围攻战，针对对方海陆两军，分兵牵制，使敌人无法集中兵力，从而利用己方优势取得突破。

　　君士坦丁堡围攻战中，最初奥斯曼军队始终无法攻破外围防御，主要的原因即是拜占庭帝国的海军能够突破水上封锁为城内带来补给，这条补给线的存在也极大地鼓舞了城内军民的士气，使其认为己方可以取得守城战的胜利。而奥斯曼军队在反思初期攻击不利的教训后，在金角湾设立炮台，配合本方的水军，基本实现了对拜占庭帝国补给线的切断，使城内守军的有生力量不断被削弱，也使得城内物资紧缺，极大地打击了城内军民的士气，使得破城仅成为了时间问题。

战典

尖矛与利盾的较量

THE CLASSIC WARS

攻坚战

第三章

203高地攻坚战
——争夺旅顺口门户的钥匙

▲进入20世纪后，随着率先崛起的资本主义列强逐步步入帝国主义的发展阶段，其对资源的需求更大，因而进一步加强了对殖民地的扩张，这也使得列强之间的矛盾直接升级，日俄战争即是在此背景下爆发的。在此次战争中，旅顺因其地理位置、战略位置的重要，成为了日俄双方军事计划的重中之重，而在旅顺要塞的争夺战中，一处叫"猴石山"的高地，即203高地，因其位置的重要，成为了此次要塞攻坚战的重点，此高地争夺战的结局也成为了日俄战争的一个缩影。

前奏：日军对旅顺口第一次强攻失败

旅顺口区，西方旧称为亚瑟港，东临黄海、西濒渤海，风光美好。境内有举世闻名的天然不冻旅顺港，为京津海上门户到东北之间的一道天然屏障，也是北太平洋地区的重要海军基地。1898年，对这一战略要地强租已久的俄国投入巨资对旅顺口要塞进行全面整修，使之成为俄太平洋第一分舰队的主要基地。至1904年，基地内部已经驻泊各种舰艇和大量陆军。

日本在甲午战争后，按照《马关条约》规定，清政府把辽东地区割让给了日本，但是这对将中国东北看做自己势力范围的俄国形成了极大的威胁。因而，俄国一手策划了"三国干涉还辽"事件，迫使日本将辽东归还给了清政府。"三国干涉还辽"一事，对于日本来说，简直就是奇耻大辱。为了报仇雪恨，日本暗中厉兵秣马，征兵编队，企图从俄国人的手里重新夺回在中国东三省的统治特权。当然在这个企图的背后，也交会着美、英两国的利益集合，它们给予了日本大量支持。

有了英美支持的日本得意扬扬地挺直了腰杆，对俄国不宣而战。驻扎在旅顺口的俄国太平洋分舰队突然遭到了日军舰队的袭击，毫无防备的俄军犹如惊弓之鸟，一时间手忙脚乱。日本舰队此举拉开了震惊世界的日俄战争的序幕。

对俄国怀恨已久的日军像饿虎扑食一般对旅顺港口发起猛攻，但是俄国的军队远没有他们想象的那么脆弱。这时驻扎在旅顺口的军队，已经不再是清政府无力孱弱的守军。日军当年仅凭损失200多人的代价就换来了在辽东的统治特权，但是这一次，他们将难复当年的奇迹。

东乡平八郎指挥日舰先后八次对旅顺港发起猛攻，均受挫。日本海军多次采取"沉船堵口"战术，也均未奏效。看来就算有了英美两国撑腰，日本也终究是

★日俄战争时期的旅顺口

自身实力不足，难敌此时的俄国军队。气急败坏的日军便又重复起当年甲午战争的战术，在辽东半岛南部的貌子窝和金州登陆。

1904年5月30日，日第二集团军攻占大连后，便挥师北上，进攻旅顺口的任务由新组建的第三集团军（司令为乃木希典上将）担任。乃木希典调整了战斗策略。6月6日该集团军（4.8万人、火炮400门）在大连湾登陆后，迅即向旅顺侧后展开攻击，26日起开始进攻旅顺口外围老横山等战略要地。7月30日，日军攻占凤凰山，将俄军控制在要塞筑垒地域内。俄军急忙调兵遣将，力图扭转战局。当大批俄国援军源源不断地通过西伯利亚铁路进入中国东北时，实力雄厚的波罗的海舰队也从驻地起航，驶向远东。

在乃木希典的指挥下，日军居然在地面作战上取得了一些胜利，但却无法彻底歼灭辽东半岛北部的俄军主力，并且俄国远东舰队虽已无力出战，但却牵制着日本联合舰队的全部兵力，使其无法回国补充休整。一旦俄军波罗的海舰队到达，实力强大的俄国海军将会轻而易举地击败日本的联合舰队，从而切断日军与日本本土的联系。

日军现在只有一条出路，必须要攻克旅顺，把俄军远东舰队除掉才能有喘息的机会。所以趁俄军波罗的海舰队还没到来的时候，加紧补充休整联合舰队，以逸待劳，恭候远道而来的俄国海军。这个时候的旅顺就成了日俄双方目光所向的战场焦点。

旅顺口防御工事算得上是比较完整而坚固的。清朝政府北洋海军当初在修建这个军港时，就已经修筑好了13座海岸炮台，在旅顺后面的山上也修筑了17座堡垒和炮台。可见这个港口的战略重要性。可笑的是清政府做的这些事情没为自己捞到多少好处，反而为外国列强建设旅顺口作了个很好的铺垫。沙俄占领旅顺后，花费重金对旅顺口进行建设，将其打造成为一个包含水面舰艇在内的抗登陆作战能力极强的要塞，并且此要塞还拥有极强的应对陆上攻击的能力，这使得旅顺成为了一个拥有坚固防御体系的要塞。

虽然有了这样坚固的工事作为依托，但是此次战前的情况是，俄军虽然也打算哪怕是拥有长期自我独立作战的计划，但在防御上的问题还是不少。这就是俄军自己的不对了。且不说重炮屈指可数，而且陈旧不堪、射程过近，而且也没有储存足够的弹药，更别提粮食供给，这种尴尬的准备就成了日本能钻的空子。

久攻不下：四天恶战徒劳无功

一开始，日军也没好好利用这个空子。虽然乃木希典是一个浑身充满"武士道"精神的战争狂人，但他居然犯了轻敌的错误。8月19日，日军五万人对要塞发起第一次强攻。这一次他的两个儿子乃木胜典中尉和乃木保典少尉也跟来了。乃木希典过分低估了要塞的坚固程度，实行了肉弹战术，不惜代价地采用大伤亡的方式冲击俄军，但是俄军的抵抗也毫不逊色，双方厮杀得不分胜负，五天血战过去后，日军狼狈地在正面进攻中败下阵来，第一次作战就以16 000人的伤亡失败了。

要知道，当初中国军队驻守旅顺，几乎没怎么抵抗就全部溃散了。而这次乃木希典竟然采用了同以前类似的战术。作为一名军事指挥官，乃木的做法实在令人匪夷所思。日军中，上上下下都在议论纷纷。作为问路之投石，这次进攻伤亡惨重，毫无疑问，对旅顺口要塞想要进行直接强攻是绝对错误的，这已无须任何证明了。乃木希典的面子上真是挂不住了。这第一次强攻除了死了一大堆人，恐怕最有价值的，就是乃木希典总算是明白了面对强大的新

★围攻203高地的乃木希典

★集结准备进攻的日军

式防御工事，强攻只是徒增伤亡的道理。这位战术观点迂腐而性格固执的指挥官终于意识到，假如不改变战术思想，旅顺是很难按时拿下的。

乃木希典倒是给自己找了一个漂亮的借口：要完成这种包含很多未知数的任务时，如果不作适当的试探，恐怕就没有绝对的把握或者说确定的方向来对付敌人，所以说哪怕首战失利了，能够因此了解到对方要塞的实力以及究竟坚固到什么程度，也是值得的。

1904年9月19日正午，烈日当空。与日军对峙的俄军忍不住小声地咒骂起来。日军的第二次总攻在俄军百无聊赖的等待中终于到来了。

担任主攻的第一师兵分两翼攻击俄军西部防线。左翼攻击水师营，右翼攻击猴石山。红了眼的乃木希典下令以机枪督战，命令士兵只准前进，不得后退，否则一律就地击毙。

在以前的南山攻坚战中，日本人在最后时刻终于攻破防御薄弱的左翼，俄国人为了可笑的骑士精神，骄傲地把南山大炮顶盖全部掀去，于是就这样被日本的小炮阵队打成了哑巴骑士。

而此刻，乃木希典攻击旅顺的态度已经接近疯狂。自从南山阵地丢了人以后，俄国人哪里还在乎什么没有一点实质性用处的骑士精神，把所有大炮都加上了顶盖，更是大兴土木地在旅顺设置工事，几百门大炮并着重机枪、高压电网，让旅顺看起来坚不可摧。

截至24日，经过四天恶战，日军只是攻下水师营南堡垒几个小炮台，而主攻

★俄军在203高地上的防御工事

目标203高地却久攻不下。203高地即"猴石山"，因其形状类似于群猴相聚而得名，自山之东南可望到旅顺港口全景，因此战略位置十分重要。因而不论是俄军还是乃木希典率领的日军，都把坚守或夺取203高地看成了此次旅顺要塞攻坚战的关键。

在攻击连续受挫的情况下，战争狂人乃木希典也扛不住了，他心急如焚，病倒在床，无奈于9月22日下令停止进攻。这次总攻，日军死伤7 500人，俄军伤亡4 450人。

白刃格斗：无奈的敢死队

日军发动的第三次总攻目标指向了东线制高点——望台山和东鸡冠山，结果又是失败。还不甘心的乃木希典于1904年11月26日，第四次下达总攻击令，第四次失败！

在武士道的世界里，"失败"意味着一种莫大的耻辱，乃木希典不能容忍自己的军队失败和胆怯，他看到怎样的战术都无法奏效，终于下了最后的命令：白刃战。乃木希典要传达给自己士兵的信息只有一个，就是要让他们为了胜利不顾一切，哪怕是以命相搏。当乃木希典的命令传出，士兵们终于明白，指挥官对于战败之辱已经到了难以容忍的地步，他们必须为了捍卫日本军人的荣誉付出所有的一切。

日本军人觉得以生命去换取战争的胜利是理所当然的事情，帝国的荣耀和天皇的命令高于一切，于是，乃木希典一声令下，热血的日本士兵们纷纷沉默地从各自的编队里走了出来，他们目光如炬，视死如归。他们知道自己迈出的这一步意味着什么，意味着破釜沉舟，意味着背水一战，他们迈出了这一步，就已经注定没有退路。背负着对胜利的渴望和帝国的荣耀，三千名精壮士兵右臂缠上了白布，乃木希典将这些敢死队员分成了六个小队。

站在他们面前的乃木希典，脸上没有一丝表情，声音也是一片冷漠：不期生还，决死战斗，临阵逃脱，立斩不赦。

夜色开始扑向苍莽群山，在傍晚时分，炮兵发射出阵阵掩护炮弹，日军敢死队迅速出动，冲进了滚滚硝烟之中。到了深夜的时候，日军敢死队跨越战壕，在月光的辉映下冲入俄松树山第四堡垒。俄军探照灯在漆黑的夜里挥动着的光柱，像是美杜莎眼睛里的寒光。暴露在白光里的日本士兵，身体遭受到俄军机枪疯狂的扫射。外国的观战武官被吓傻了，一队队的手缠白布的日本士兵像是意识被控制了一般，默默地冲向铁与火构成的地狱，没有犹豫和退缩，往前是死，后退也是死，他们的眼睛里没有一点希望的光芒。一队队的日本人冲上，倒下，默默地循环着，死亡不断上演。这一刻，所有的炮火声、机枪声、喊杀声都成为了画面的背景音，只有血与火。硝烟无声的弥漫，生命不断粉碎肢解，压抑，却无声。

争夺至次日凌晨2时，敢死队死伤过半，"白襷队"的突击依然不能成功，余部撤回。

乃木希典的第三军在旅顺城下就这样麻木地攻击着，一天比一天死伤的人更多，但是旅顺的缺口却始终没有打开的迹象。白刃上阵的日本武士成为炮灰。乃木希典漠然地看着这一切，他的心里到底在想些什么，没有人能看出来。

得而复失：争夺老虎沟山

1904年11月27日，百般无奈的乃木希典只能向总部参谋长汇报情况。参谋长当即回电，下令立即转移阵地，攻克西线制高点203高地。于是第二天乃木希典带领着剩下的五万日军转头进攻203高地。从那一天起，日军280毫米的大炮喷射出11 000发炮弹直击山头，树木纷纷燃成焦木，山头甚至被削去了足足三米。乃木希典亲自来到前线监督，反复下令士兵不停冲向山顶，俄军也不甘示弱，多次发动反

★准备向203高地发起进攻的日本士兵

冲锋。这场僵持不下的战争一直持续到夜晚，日军总算夺取了在203高地东边的老虎沟山，但是还没等日军把战果焐热，俄军就在半夜进行攻击，夺回失地。

远在辽阳总部的日军总参谋长眼见情况并不理想，双方没有任何进展，心急如焚之下也亲自来到旅顺督战。后来干脆接过了指挥棒，直接参与战斗。已经完全疯狂的乃木希典此时架起了机枪，大声呼喝着士兵向前，任何敢退一步的士兵都会遭到乃木希典比敌人更无情的扫射。

这种漠视生命的无情手段让俄军简直不敢置信，而日军绝不反抗的服从性也让他们叹为观止。死亡对他们来说似乎是一件正常不过的小事，甚至连乃木希典的长子也成为了扑向前线变成肉末的士兵群中的一员。要知道乃木希典的小儿子早就已经在南山战死，根据日本军法如果有两个以上兄弟同时当兵，死亡一个以后另一个完全不需要上前线。

这个时候日军总部已经知道了俄国军舰队前来增援的消息，紧急会议之后总指挥部下达命令，第三集团军必须速战速决，尽早把旅顺拿下，为了实现这个目的，总部调拨18门大口径榴弹炮，还派遣了一个师填补损失的兵力。乃木希典身上的压力更重了，他此刻比任何人都渴求这场战争的胜利。

★日军的280毫米重型榴弹炮

乃木希典不在乎了，之前死了那么多人，这次小失败算什么？他当即下令不顾一切代价，一定要挨个把堡垒攻下。日军各师团立刻进入了紧张的坑道作业，整个山谷响着叮叮当当的凿石声，轰隆隆的爆破声，一堵堵墙被碎石块砌起，配送的大口径重榴弹炮被安排在了碾盘

★遭到炮击的203高地

沟旁边，到了28日凌晨的时候，日军工事已经粗具规模。5点刚过，日军炮火攻击就开始了，无数重弹犹如巨型铁锤，将203高地敲打得山崩地裂，土石俱飞。8点的时候，日军右翼突击小队在炮火的掩护下，钻入炮弹死角区，快速靠近203高地西南部的山脚，趁俄军被轰得还没回过神的时候发起突击，一下子就让守军溃败。

上午10点半，羊头洼附近的俄军开始了反击，野战火炮的攻势相当密集，虽然火力没有重榴弹炮猛烈，但还是打得日军只能退回原地。这样一来上午的交战成果就此被抵消，乃木希典气得拗断了手中的鞭子，不顾人马疲惫，下令下午继续冲锋。到了黄昏的时候，素以坚忍著称的日军终于得到了突破，203高地山顶西南的一边成为他们的阵地。

争抢钥匙：日军占领高地

203高地如此重要，俄军当然也深谙此事，它对于要塞和俄国舰队安全的意义重大。俄军眼看着日军攻上山头，慌忙组织起几队水兵接连发动反击，总算把拥上来的日本人轰了下去，高地周围的防御又恢复了刚开始的样子，看起来形势没有变化，但是俄军其实已经饱受骚扰，状态也开始下滑。

第二天，日军右翼的敢死队又来了，这支突击部队仿佛没有痛感和恐惧，行尸走肉一般只顾往山上扑。俄军大为惊恐，从来没有见过这么可怕的对手，他们甚至觉得对付的已经不能算是人类，俄军又惊又惧的子弹开始狂扫，有的俄军士

兵借着地势推动巨石，直接把攀爬的日军推下去，这个时候的203高地已经是一个不折不扣的绞肉机，而日本军人还在源源不断往绞肉机上输送。中弹身亡的，被巨石砸死的，尸体横落一地。

乃木希典面色依旧阴沉，他已经失去了两个儿子，而手下的士兵的冲击至今没有收到满意的效果，这种牺牲如果持续下去，己方的战斗力恐怕会消耗殆尽。考虑到这点之后，他立刻命令各部队停止进攻，开始再一轮的重炮轰击。他此刻知道人肉战术已经没有多大效用，既然如此，就让钢铁炮弹将高地夷为平地，哪怕俄军想再反击夺回也没用了。

作了这个决定之后，日军的18门重炮全部安上，这种射程长达7 900米，每颗炮弹五百斤的口径280毫米的重型榴弹炮可以说是当时战场上的炮中之霸，发射后产生一种似火车鸣笛的呼啸声，震人心魄，破坏威力极大，被称为"火车弹"。18门重炮齐鸣，犹如18列怒气冲冲的火车齐齐拉笛，不仅气势让人震撼，破坏的威力更是不可小觑。

就这样连续三天的炮击，让这个高地仿佛散了架子，俄军阵地破坏得面目全非，之前坚固的掩体战壕以及火力点全部化为一片废墟，更糟糕的是连通信设备也被炸毁，联络顿时中断。光是一天就有近两千人伤亡，因为人员耗尽，就连军医院的医务人员都要上阵作战，呻吟着的伤兵一时得不到照顾，满地都是残肢和鲜血。乃木希典见到这种情况大为欣喜，心想果然还是直接猛轰比较有效，但当时日军的炮弹是有限的，如果持续轰炸无疑将加重己方的战争负担。于是在12月5日早上，乃木希典再次下令步兵冲锋。

8点多的时候，日军又一次发动了冲击。战场的惨烈让人不忍听闻，蜂拥而上的日军保持一直以来的不怕死不怕痛的精神疯狂上爬，而对战场上的死尸和伤兵根本连看都不看，直接践踏而过。此时重炮已经不起作用，一不小心还会伤到自己人，白刃战成了最直接最有效的方式。到10点钟的时候，日军已经冲过203高地西南山顶，继续抢夺东北部分。

快要弹尽粮绝的俄军靠着仅剩的兵力作着顽强的抵抗。日军的刺刀插入俄军身体，骨头生生折断，俄军忍痛掐住日军的脖子，日军又干脆张口就咬，血淋淋的耳朵被撕下……每一寸土地都几度易手，俄军毕竟经过了九天的苦战，早就已经没有多少实力，而日军完全不在乎牺牲的态度也实在让人胆寒，最终俄军只能带领少数还有胳膊有腿的士兵迅速撤离。到了12月6日早上，日军终于占领了203高地。

连续厮杀：保卫旅顺口要塞

出战不利的乃木希典终于看到了胜利的曙光，他深知要想取得胜利就必须要不择手段，所以他根本没有把遍野的尸骸看在眼里，他的血液里充满了武士道的精神，从不怜悯那些死于战争的人。乃木希典深信正是因为武士道的冷血，才会赢得一场又一场的战争。在日本军界，像乃木希典这样的思想迅速蔓延，所以日本军人就算是战败，也要采取"玉碎"的方式而不是等待投降。

203高地的失守使得旅顺的西面已经布满日军，到15日凌晨，日军开始进行下一步的计划了，那就是向旅顺东线推进。残忍的乃木希典这一次向他的士兵们下达了死命令，那就是为了胜利，可以不惜使用任何一种手段。于是一路日军在夺取堡垒和坑道时，为了逼俄军从地下现身，居然将大量油烟通入坑道，利用散发出的毒气来逼迫敌人。毒气浓烈地弥漫在俄军工事间，俄军士兵不是被逼得逃出受死，就是直接在洞内丧生。为了歼灭通道更深处的俄军，日军又在坑道中埋设大量炸药，进行高密度爆破，在阵阵巨响中，俄军的防御工事土崩瓦解。

俄军在此时根本无法控制日军注入坑道内的毒气，从而不得不放弃阵地，进行大范围的撤退。来自冰天雪地的俄罗斯人，万不曾料到，他们在东方战场上会遭遇到如此恐怖的敌人，而之前多次与日本敢死队作战的俄军士兵，在心理上对于日军也感到些许忌惮，他们深信自己所面对的是一群战争怪物，而不是肉眼凡胎的人类。17日，日军又在俄军坑道埋设炸药，进行爆破，迫使俄军不得不退出堡垒。12月31日，日军对松树山堡垒实行最后的攻击，进攻前先进行大爆破，炸得堡垒塌陷，逼得俄军无处藏身，只好举起白旗向日军投降。

1905年1月1日8时，日军第三集团军开始炮击旅顺市街区，很多无辜的平民死于战火之中。乃木希典听着远处轰然的巨响，慢条斯理地等待着时间一分一秒过去，胜利已经是在眼前了，如果敌人长久不投降，他甚至想到让炮兵直接将旅顺城从地图上抹掉。"那样的话，反倒省了很多事情。"即将赢得胜利的喜悦在他心中蔓延，他甚至在想着可以通过杀掉一些俘虏来庆祝这次来之不易的胜利。两个小时过后，旅顺俄军司令部房顶上挂起了白旗。沙俄旅顺要塞司令斯特塞尔命令参谋长雷斯用英文起草了一封致日本第三集团军司令乃木希典的信，信中请求就要塞投降问题举行谈判。第二天，日俄双方互派全权代表签署了《旅顺开城规约》，日俄旅顺争夺战以沙俄战败投降而告终。

战典回响

冲锋与反冲锋的直接对话

203高地攻坚战持续之久、争夺之激烈在当时的战场上称得上首屈一指，这场日俄之间的冲锋与反冲锋之战充满了紧张惊险的情节。纵观整个的203高地攻坚战，就是冲锋与反冲锋之间的比拼，而后来漫长的攻坚战历史也揭示了这一真理，即便是在现代化战争中，攻坚战也势必会演化为冲锋与反冲锋、攻坚与反攻坚之间的拉锯战。

这场战斗的序幕一拉开就是一片混乱，日本军舰的突袭让俄军顿时方寸大乱，当时江面烽烟四起，所有俄军军舰完全摸不清敌人的方向，甚至开始胡乱发射误击己军。这次日本的冲锋打了一个胜利的开头，俄军三艘主力舰队损失惨重，对本想采取进攻姿态的俄军来说打击极大。而在随后的高地争夺战中，更是上演了一场场你方唱罢我登场的好戏，日军一次次用肉弹战术冲锋，被俄军一次次打下来，俄军发动的反冲锋，又夺回了好几块失地，这种拉锯战相当于极其高速的大量消耗，双方很快就被折磨得缺兵少粮。

在这种悲壮惨烈的战争中，日军和俄军的勇猛都是不难想象的，崇尚武士道精神的日本军人，和拥有哥萨克的剽悍性格的俄国人，性格里面都有其民族尚武传统，这种针尖对麦芒的民族精神一旦碰撞，就形成了让人咂舌的冲锋与反冲锋之战。

作为最残酷的战争形式，攻坚战需要交战双方付出的就是血与意志，因为守方知道，一旦将防守的阵地让出就意味着失败，而攻方如果无法攻破守方的阵地则意味着失败。在对于高地的攻坚战中攻守之势是最容易转换的，所以任何一方既是攻坚的一方，也是反攻坚的一方，必须要随时作好角色的转变。在夺取203高地的过程中，日军与俄军都是在进行着这种攻坚双方的较量，但无论这场战役多么精彩，都难以磨灭日俄作为侵略者的嘴脸，他们在别人的土地上为了自身的侵略目的所进行的战争，终将会被钉在历史的耻辱柱上。

而203高地攻坚战日军的获胜，直接的结果即是日军实现了对旅顺的完全占领，而这也使得俄军舰队的绕大半个地球驰援的举动，失去了之前预想的战略意义。旅顺的失陷也使远道而来的俄国海军失去了可以凭借的军港，这也成为了"对马海战"俄军失利的一个重要因素，成就了日本东乡平八郎"东方纳尔逊"的美誉。

★ 沙场点兵 ★

人物：乃木希典

乃木希典1849年在日本东京出生，是长洲武士乃木希次第三个儿子，作为日军陆军上将，他坚决贯彻对外扩张侵略的政策。1868年他参加了戊辰战争，之后便开始了频繁的战争生涯，凭借他在西南战争中坚毅的表现，乃木希典一路由少将升到旅长，从德国留学归国之后，分别担任过名古屋第五旅以及甲午战争中日本第二集团军第一旅的旅长。在侵华过程里，他带领手下陆续侵占中国东北各地，积极策划了一系列血腥屠杀，是旅顺惨案的始作俑者。

乃木希典为人冷漠无情，嗜血残忍，手段极其毒辣，多次在战争中采用大量伤亡的肉弹战术进行强攻，这种漠视生命的做法为他打造了"战争狂魔"的可怕名号。在旅顺一役中，乃木希典用机枪压阵，疯狂驱使日军以身体为武器进攻要塞，使得战场成为让人惊骇的人间地狱，乃木希典的两个儿子也相继死于沙场，但是这个信奉日本武士道精神的将军还没有停下屠戮的脚步，第二年依旧指挥了奉天之战。日军战败后，乃木希典听闻明治天皇病逝的消息，携妻一同剖腹，成为日本人的精神偶像。乃木希典在战争中战术运用迂腐，观点僵硬，刻板严苛，谨遵传统作战方式，死后遗作《乃木希典日记》详细记录了这位日本将军的一生。

武器：重型榴弹炮

在旅顺要塞的争夺战中，日军的胜利与其能在火力上占据压倒性优势密不可分，其中重型榴弹炮的运用，是不容忽视的。这种射程长达7 900米，每颗炮弹五百斤的280毫米重型榴弹炮，日军总共使用了18门。在203高地争夺中，正是这种重型榴弹炮的使用，彻底击垮了俄军的防御工事，让203高地成为了一片废墟。并且，重型榴弹炮的持续轰炸也彻底击垮了守军的信心，对其形成了巨大的震慑，也为后来的步兵冲击成功创造了有利的条件。

战术：大规模轰炸后组织冲锋

冲锋采用步兵和坦克，对着近距离内的敌人发动猛烈的进攻，利用迅速地行动、进行火力拼杀、近身格斗、钢甲碾压等手段消灭敌军有生力量。冲锋一般是进攻战斗中最为紧张激烈的阶段，往往决定着是否能歼灭敌人，夺取战场。

随着武器和战术的发展，冲锋的方式也在不断地变化着。白刃格斗是冷兵器时代及火器时代的冲锋方式，而火力和白刃格斗相结合的冲击是18世纪的冲锋方式，经过第一次世界大战，冲击方式发展成在航空兵、炮兵支援下的步、坦协同冲击。第二次世界大战后，冲锋的方式更是多种多样：有预先占领冲锋阵地、经简短准备后发起的冲锋，有在行进期间通过强大火力支援发起的冲锋等。

冲锋取得胜利需要众多因素，其中必须要求作战军队具有集体的坚强意志和拼搏精神，同时姍熟的军事技巧和良好的战术动作也不可缺少。在整个冲锋期间，士兵必须紧密合作，听从指挥，在航空或者地面炮火准备过后，冲过缺口狠打既定目标，以敌军步兵为主要对象，连同装甲战斗车与固定火力点一同击毁。其次冲锋的时机也必须经过慎重选择，对于仓促防备的敌军以及夜间防守薄弱的状况，发动冲锋突袭甚至可以避免火力准备取得奇效。

日军旅顺要塞攻坚战的胜利，其关键点在于203高地的夺取，而在此高地夺取的战斗中，乃木希典先后组织敢死队，妄图运用人海战术，都没有奏效。其后的战斗中，乃木希典在运用18门重型榴弹炮持续轰炸后，利用俄军在轰炸后的混乱状态再用步兵冲锋，反而收到了奇效，一举夺取了至关重要的203高地。可见在此次要塞攻坚战中，强大火力的拥有与顽强的战斗精神的结合，即大规模轰炸后疯狂的步兵冲锋，是日军获胜的关键。

尖矛与利盾的较量

THE CLASSIC WARS

攻坚战

战典

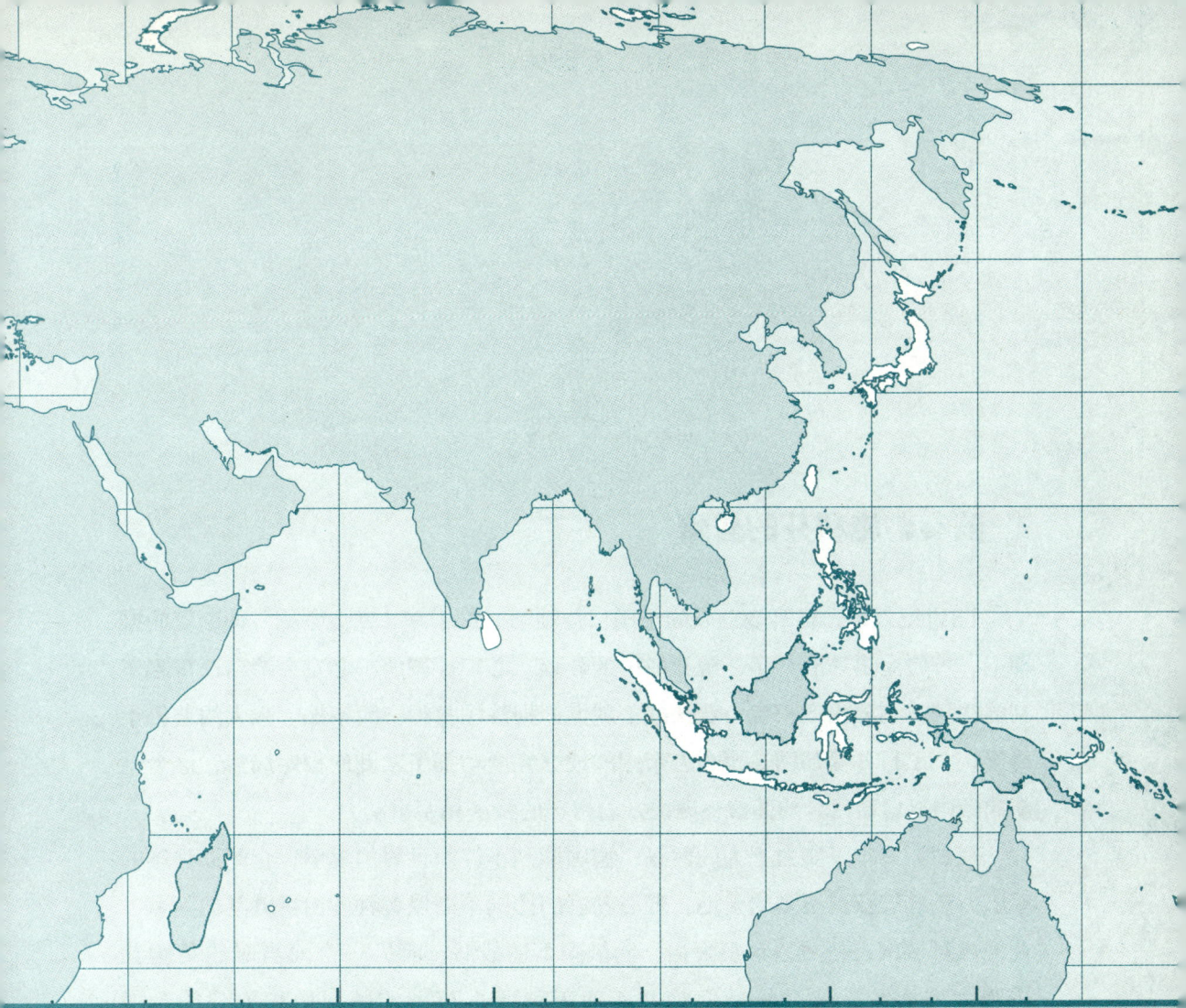

第四章

列日要塞攻坚战
——德国重炮的火力

　　▲随着火炮技术的发展，要塞的坚固程度也在逐渐地增强。比利时列日要塞即是在现代战争中针对日渐增强的火炮技术而在有利地理位置建立的一个坚固的要塞，其体系之严密、位置之优越都使其成为了一处极难被攻陷的要塞。然而，在第一次世界大战之初，德军在面对此处要塞时，在经历了几次进攻的失败后，采用了一种今人看来十分"简单粗暴"的战术，将此要塞化为了一堆废墟，而德军执行此种"简单粗暴"战术的保障与前提即是采用"大贝尔塔"巨炮。

前奏：施利芬的战略

13世纪以来，日耳曼分裂的小国日益骚动，终于在"铁血宰相"俾斯麦的推动下，普鲁士迅速展开了一统众散国的计划。心知德国统一必定会给自己带来不利的法国，刚要出面干扰，普法战争就彻底把法国打得一蹶不振。强大的普鲁士终于统一了日耳曼邦国，德意志帝国的成立完全动摇了欧洲的稳定局势，这个全新的帝国以日新月异的面貌飞速提升着自己的经济和军事实力。

等到羽翼丰满实力强大的时候，德国抑制不住对世界的渴望，企图靠强硬的军事力量继续获得更多的土地。野心勃勃的德国不断以各种理由挑衅其他国家，首先以对俄国进行战争动员为由，向俄国下达战书，而另一方面当时的英国凭借强大的海军，耀武扬威之势并不亚于德国，英国的殖民地和繁荣的金融贸易也让德国十分嫉妒，受到刺激的德国开始扩张自己的海军，甚至插手进殖民地争夺，和英国势同水火。德国还不满足，德国人早已经对法国垂涎三尺，曾经辉煌的法兰西帝国暂且中落，流光溢彩的巴黎成为欧洲列强觊觎的目标。德国莫名向法国提出了所谓"中立"条件，法国还未来得及反应，德国便悍然以法国拒绝条件为借口，把法国也拉入了战局。

于是明争暗斗的欧洲列强干脆就把彼此的矛盾摆上台面，德国与奥匈帝

★俾斯麦画像

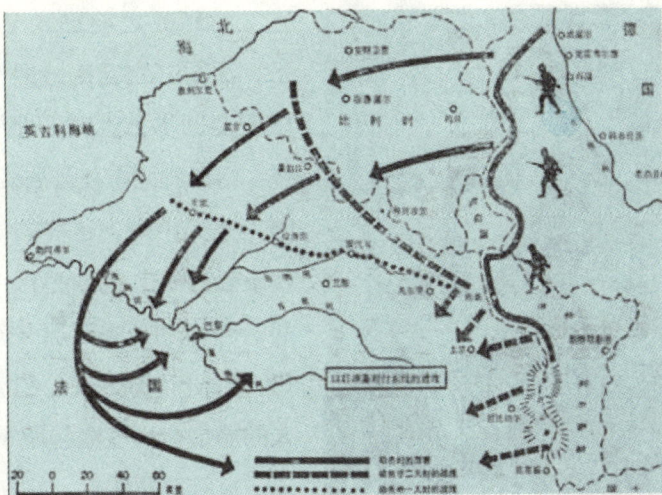

★施利芬和他制定的对法国作战备忘录

国、意大利等一干利益勾结的国家组成了"同盟国"，而英、法、俄等同仇敌忾的则组成了"协约国"，针锋相对誓不罢休。

1914年7月28日，奥匈帝国向塞尔维亚宣战，第一次世界大战就此爆发。

德国人的计划相当周密，早在19世纪末就有了早晚一战的打算。当时考虑到德国处于中欧，法国和俄国把它夹在中间，左右皆是强敌，对德国非常不利。所以前总参谋长施利芬就一手炮制了一系列精密的战争计划，在退役前他已经预见了德国很快会陷入同时对付两线交战的局面，当时法国军力虽说不能称霸欧洲，但是40万的兵力是何等强盛，而冰雪皑皑的极寒俄国，要顺利拿下恐怕不太可能，同时迎战的话绝无胜算，而虽然当时俄军的战略装备都比较落后，但是如此巨大的纵深势必会影响到军队的会合转移，所以这段漫长的时间正好用来攻打法国，尽快拿下，这样就能把全部精力都集中在俄国身上。所以他制订了这样的计划：集中强大火力到西线趁着比利时、卢森堡与荷兰的防线空虚，从侧翼包围法军，务必要速战速决，一击即中。等到拿下法国，再挥师东去，和俄国开战也不迟。

施利芬没等到这个计划实施就去世了，接替他的是年轻的小毛奇。

德国现任总参谋长小毛奇曾经在普法战争中服役于第七集团军，生性阴郁多疑，是一名狂热的军国主义者。战争一爆发，小毛奇一开始便按照施利芬的计划，集中了共78个师的力量火速运送到西线，而俄国仅仅派遣了九个师进行监视。以梅斯为轴心，铺分两翼，和施利芬的计划一致，借道比利时、卢森堡与荷兰，再突破法国北部边境。

施利芬之前已经全面考虑清楚，一旦要开战了，法军必定会派遣大量部队聚集在德法边境上，以便要回本来就属于他们的土地——阿尔萨斯和洛林。这两座城市在普法战争中被无情割让，让众多法国人怒火中烧，这样的话，紧邻卢森堡的西部边境就不会有多少士兵把守，如果从法国的北方分别向西部、西南部开去，那么就能对法军形成后面包抄之势，到时候历史就会倒流到普法战争那一天，法国人的恐慌会再度激起德军狰狞的快感。整个计划42天，只能提前结束，千万不能延误。

★德军参谋长小毛奇画像

小毛奇虽然一开始完全按照前总参谋长的部署来做，但是很快就有了自己的疑虑，毕竟死去的老参谋长并不能考虑到如今的局势。经过深入研究以后，他得出了该计划完全实施的话基本没有可行性的结论，但是他自己也想不出有其他什么办法，于是就对着这详细的计划进行一步步修改。

首先他改变了右边侧的行军路线，避开中立的荷兰，他可不想在分秒必争的关键战争阶段使自己多出一个不弱的对手，这样右翼部队也就不必派遣那么多人，省去了打仗的麻烦。

至于非借道不可的比利时，小毛奇丝毫不以为意，认为比利时人必定会识时务，不加抵抗就放他们过去。

这一来就削弱了德军的右翼力量，小毛奇完全忘记了施利芬生前竭力提醒的不能放松右翼的警告，志得意满地准备按照自己"改良"的计划来进行了。

这里还有值得玩味的一件事，1914年才爆发的第一次世界大战，德国却在九年前就有了施利芬计划，德国的狼子野心可见一斑。当初这个名垂战争史的庞大计划出台时，德皇就瞪大了眼睛，相当重视。

"施利芬！你这个计划真是未雨绸缪啊！"一番论证补充考察之后，万无一失的方案到了小毛奇手里却换了模样。

攻占维塞：西线的战争正式展开

1914年8月3日，德国正式向法国宣战。对方还未回应，德军就以迅雷不及掩耳之势迅速扑向比利时。时间表必须严格执行，所有部队都要以最快的行军速度和铁路运输速度赶在法国热身之前到达。

但是如果不把列日拿下，那么想要用武力震慑比利时，借此通过是不可能的。列日在马斯河与乌尔特河汇流之处，北边是德军不予考虑的荷兰的边界，南边是郁郁葱葱的阿登森林，德军如果攻克列日，就会在这遮天蔽日的树林的掩护下直取法国咽喉。列日是座杰出的军事堡垒，花了25年时间才完工，装有装甲炮塔，由三角形小山状的钢筋混凝土铸成，冷峻驻扎在横跨马斯河的一个高耸的斜坡上。在列日要塞的周边，12座铁质暗光的威力炮台稳稳架住，围起了一块直径约16公里的战场。这样的设计使得德军大炮隆隆而至，也只能削伤它的皮毛。

列日每座炮台周围都有10米深而干燥的沟渠，配备了强光照射灯，为防备夜间奇袭作好了准备。比利时军队借助这个防守工事，观望着德军的动向，一有情况就派出机动部队，相当灵活牢固。

列日高悬在横跨马斯河的一个斜坡上，处于居高临下、易守难攻的位置。对于它自身另一边呈扇形展开的德军铁路通道能一览无余。

再看比利时的防守军队，当时比利时王国不多的兵力几乎全军出发，勒芒将军率领从未打过仗的四万士兵前来迎战。这位主帅面对强敌一方面是忧心忡忡，另一方面又十分焦急。他明白这一场战役完全是冲着法国而来，那么既然比利时这条道路如此重要，法国应该也会派出援军前来助阵。

勒芒将军虽然很有勇气，但是却不太了解法军当时顽固的统帅霞飞将军，法军正在他的带领下一门心思猛攻阿尔萨斯和洛林，根本顾不上列日要塞。

这正中了德军的下怀，完全落入了施利芬计划中，列日要塞只有勒芒将军孤军奋战，援军是不可能奇迹般出现的。

当时带领德军的艾米赫将军一见法国果然没有前来，勒芒四万士兵看起来孤立无援，心中大喜，觉得统帅的计

★比利时小城列日

划进行得如此顺利，那这比利时军队也就不要再费什么神了，不如早早劝降，彼此行个方便。

当即德军使者就前往要塞喜气洋洋地找勒芒将军劝降。

使者抑制不住征服者的沾沾自喜，说道："将军，只要你们放下武器让我们借个道，我们绝对不会伤害你们。"

哪知迎接使者的却是勒芒一张比铁还硬的冷面孔："比利时是中立国，本来并不应该受到战争侵扰，什么时候有投降这种说法？你们还是尽快退兵，好歹也遵守下国际公约吧！"

使者悻悻地威胁道："将军如此不好说话，那我们就未免要不客气了，你们大好乡村即将毁于炮火，难道将军不心疼吗？"

勒芒将军斩钉截铁地回答："国王有令，坚守要塞！请回吧！"

收到这个消息的德军大吃一惊，既意外又恼怒，当即放火开始烧村，到处打冷枪杀害军民。准备好好用战争折磨下这个不肯低头的小国。

1914年8月4日，清晨的露水还未蒸发，德国部队接近了马斯河上的维塞，发现桥已经在前期猛烈的炮火中炸毁。西岸正聚集着为数不少的比利时士兵。这时候艾米赫将军先想到了声东击西这一招，他让手下的两个骑兵师往南疾驰，在差不多五公里的地方勒马停住，开始做出涉水过河的动作。

正在维塞的比利时士兵一看这架势，生怕骑兵过来以后，与德军还在原地的六个步兵旅一起对他们进行围攻。为了保险起见，他们决定向列日方向先行撤退，这样维塞就被德军轻易取下了。

发起突击：强渡马斯河

按计划布置的德军西线前锋，共有十万余人，浩荡人群中还夹带着200门威猛的大炮。司令官艾米赫一声令下，德军如同一阵黑色旋风直冲马斯河，一到河畔就飞速搭建舟桥准备强行渡河。

按照小毛奇的估计，作为一个建国83年却从未打过仗的国家，比利时一向中立。他们力求安全，十分鄙夷军国主义。到1910年为止，这个爱好和平的国家连个军队总参谋部都没有，怎么可能战胜来势汹汹的德国？但是比利时的军队虽然数量有限，但是比利时人天生作战骁勇，抵抗相当积极，正当德军干着木工活准备临时就着桥过河的时候，列日要塞的炮台突然猛烈开火，机枪成片扫射，炮弹也不断开花。猝不及防的德军不是被炸飞上天就是跌落下水，死的死伤的伤，冲得猛也损失得多。艾米赫没料到比利时军如此大规模的抵抗，顿时就被激怒了。他立刻下令德军一边继续前进，一边紧急调来200门大炮也向列日要塞还以颜色。

顿时双方炮弹你来我往，硝烟腾空，隆隆声震得大地发颤。但是有着坚固堡垒的比利时守军显然占着优势，德军强悍的子弹打到炮台顶盖上只留下一道淡淡的白痕，守军躲在里面相当安全。而德军完全就是用肉身在抵御，因为聪明的比利时守军早就测算好所有地形，对德军野战阵地了如指掌，炮兵标尺计算得不差毫厘，炮炮不落空，德军的损失相当惨重。太阳东升西落，时间分秒过去，德军就靠着人墙战术艰难地往前推进，也亏得比利时毕竟军备不足，再怎么精准也没办法一下子把德军消灭。黄昏时刻德军北面已经靠着大量的牺牲肉垫勉强渡过了马斯河，而南面和中部还在河中央僵持，进一步被打退大半步，德军火力再猛也对比利时军形成不了多大伤害，因此8月4日过去，尽管付出了这么大的代价，德军还是没有将马斯河攻克。

艾米赫的心情焦躁到了难以忍受的地步，整个白天虽然付出了惨重的代价却进展甚微，换成任何冷静持重的将领恐怕都会失去以往的沉稳，更何况是特别爱冲动的艾米赫，他发誓一定要尽快拿下列日要塞，不顾德军刚刚拼杀一天此时疲惫不堪，仍然下令连夜偷袭。他琢磨着比利时军队战争经验不足，应该在夜间毫无防备，而且当晚又开始刮风下雨，艾米赫自以为成竹在胸，比利时人的军队今夜必不设防。

在风雨和黑暗中德军悄悄地往比利时炮台摸去。哪知还没接近，突然亮起数道刺目雪亮的灯光，一下子把四周照了个亮如白昼。还在潜伏偷偷行动的德军顿时就全部暴露在空空的旷野中，一时都呆住了。还没等他们反应过来是怎么回事，比利时炮台又喷射出愤怒的火

★列日要塞上的大炮

焰，炮弹毫不客气地飞到他们身边，人群顿时变成了个巨大的活靶子。比利时人对着德军展开猛烈射击，德军随即就在比利时人的炮火下四散溃逃，连本来在边上负责机动的比利时步兵都不失时机地冲了上来，对着德军一顿穷追猛打，原本准备偷袭的德军没有得到预想的胜利，反而死伤惨重。

坚守堑壕：为捍卫炮台而战

饱受打击的艾米赫这回终于相信比利时人并不是想象中那么弱小。他经历过这一系列的损失才愿意正视这个严峻的问题。第二天他调整了原先的方针，开始集中兵力进行分步打击。第一个目标是马斯河东岸四座炮台。德军集中全部炮火，倾泻到一小块区域，这四座炮台就好像被炮弹织成的网罩住了，一下没了动静。

紧接着德军步兵进行冲锋，没想到尽管德军野战大炮还算威武，但是面对的可是钢浇铁铸的列日要塞，所以比利时炮台还是不受影响，伸出了致命的炮管全面开火。进攻的德军又一次纷纷倒下，死伤众多。

艾米赫心中简直愤怒到了极点，他挥着手拼命驱使士兵往前进攻："冲！都给我冲！不计代价冲锋！"德军一向谨从军令，即使知道面对死亡也毫不迟疑，前仆后继地一批批冲上前，又一批批被炸翻。但是人海战术还是起了作用，尽管死伤大半，还是有少数漏网之鱼。

侥幸躲过炮网的部分德军冲入了火力死角，大炮因为身长和角度限制，无法对准他们进行攻击。德军眼看就要进入要塞，但是就在这个时候，大炮台地下密密麻麻的小孔捅出了闪亮的机枪，冒着炽热的火舌灼烧这帮敢死冲锋的德军。又是整整一天对德军的大屠杀，尸体成山堆积，鲜血淤积在弹坑里不停被溅起。

艾米赫已经被失败刺激得心智大乱，不顾德军疲惫至极，依旧发出夜晚再次偷袭的命令。但是和4日夜晚一样，偷袭不但没有成功，反而又折损了一大批军力。

就这样三天三夜，重复着冲锋与屠杀，再冲锋与再屠杀。劈头盖脸的比利时炮火，死不胜数的德军士兵，这就是三天全部的收获。

当小毛奇收到这个消息的时候，心中着实吃了一惊，整个西线的德军行动已经就此被延迟，如果再拖下去后果不堪设想。小毛奇当即增派第二集团军鲁登道夫上校率兵上前增援，除了名将精兵，小毛奇还为脆弱的列日德军们准备了一项秘密武器。总参谋部已经拨下了一种巨型的无坚不摧的攻城利器，正加紧往列日运送。

8月6日下午，鲁登道夫已经匆匆赶到前线，还没来得及休整就开始指挥部队进攻。增加了三个师的德军总算恢复了点神气，依旧以不要命的精神往比利时的炮火上扑去。这个时候鲁登道夫才亲临这片残酷的战场，才看到己方士兵如此惨烈的牺牲，才看到成片的精壮上前却化成了狼藉遍地的残肢。他看到了比利时牢固异常的堡垒，也看到了比利时猛烈非凡的炮火，鲁登道夫心中一惊，也终于明白了自己面临的是怎样一个艰难的状况。

★攻打列日要塞的德军前线指挥官鲁登道夫

寡不敌众：不得已的撤退

鲁登道夫虽然有些吃惊，但还是冷静果断，他立刻调整了当前的部署，一方面还是保持着进攻的势头，一方面又一次派遣信使前去招降，这一次的招降不光有着如能就此结束战斗也好的打算，更加是为了探明比利时的军力以及给勒芒施加压力。此时勒芒也是强弩之末，当他发现德军又往列日输送了大量兵力，而比利时守军尽管损伤甚小，但也仅仅有一个师的阵容而已，勒芒凄然发现孤立无援的境地恐怕是撑不了多久了。即使如此，他还是严词拒绝投降，相反更加扎实地稳固了自己的防守。

鲁登道夫听到这个状况，心中已经有了大致的计划，他就一心等待总参谋部运送来的秘密武器。

很快，8月6日，一种巨型武器迅速运到。看外观已经声势唬人，这个巨大的飞艇呈椭圆形，由粗大的钢条支撑，蒙上了相当厚实坚韧的布面，又充足氢气，使得飞艇升空。飞艇内部可容两万立方米，下端有一个大型驾驶室，能够装载足够的弹药和人员武器。飞艇缓缓升空，又以一定的速度悬浮飞行，按照鲁登道夫的命令飞到了列日城上空。这个奇形怪状的飞行器引起了居民的好奇心，民众纷纷奔

★飞临列日上空的德国飞艇

走相告，拥挤在街头仰头张望。飞艇上的士兵立刻大力开火，炸弹和机枪扫射使得城内一片硝烟，居民顿时大惊失色，知道危险来临，满城你奔我跑鸡飞狗跳，一片混乱。鲁登道夫并不想大开杀戒，指挥飞艇绕城一圈就缓缓返回，扔下的13个炸弹总共炸死九个平民，但鲁登道夫要做的并不是大规模轰炸，而是通过炮火震慑敌军，瓦解对方的士气。鲁登道夫预计这样一来，本来就快坚持不住的守军必定会大受动摇。果不其然，城内人心惶惶，士兵也心烦意乱。勒芒心知列日城气数已尽，平民受到的伤害更是让他痛心不已，他立刻下令军队撤退，一路退到城后方的炮台，把整座列日城空出来以求德军通过，不再滥杀无辜。

8月7日，德军顺顺当当踏过了无人防守的列日城，但是列日后方的12座炮台依旧在作着最后的抵抗，以宁为玉碎不为瓦全的姿态死死抵挡住德军的进一步挺进。

鲁登道夫也不着急，他招呼军队就地休息，既不冲锋也不开火，他还在等。

飞艇已经来了，他还在等什么呢？

猛烈轰击：开辟进攻法国的道路

他等的是总参谋部派来的另一种武器，前面的飞艇只是前菜，后到的决定性攻城巨炮才是重头戏。这种炮长数十米、几百吨重的庞然大物叫做"大贝尔塔"。"大贝尔塔"于12日大费周章地来到列日，此炮极为沉重，光是配备的炮弹，每颗要一吨重。这一切都是为了穿透最为坚固的钢筋混凝土结构建筑而准备的。为了运送"大贝尔塔"，德军先用火车，再铺设公路，用大量马匹一路负重驮来。这种威力巨大的火炮全德国也仅有五门，而为了攻克列日，小毛奇慷慨地送来了四门，由此也可以看出，总参谋长也对列日拖延西线计划感到万分焦急。

鲁登道夫苦等的决定性武器到了，他当即决定利用"大贝尔塔"攻击比利时坚固的炮台。8月12日下午，"大贝尔塔"终于出现在敌军面前，施展它让人为之胆寒的惊人威力。

只见平时沉稳有素的炮手这回异常紧张，小心翼翼填好沉甸甸的炮弹，又远远退回到离是"大贝尔塔"三百米外的战壕里面，更为夸张的是还塞上了耳朵。炮手的准备当然有他的道理，点火之后，丝丝的引信迅速延伸，天地突然一震，炮声几乎震破了所有人的耳朵，一颗巨大的炮弹飞速蹿起，直升到了3 000米的空中，接着又以势不可当的速度坠下，重重砸在比利时炮台之前。地面此时已经不是小坑，而是完完全全砸出一个大洞，宽和深的程度堪比一个小池塘。沙尘碎石被砸得四面激射，这种让人惊心动魄的威力就是"大贝尔塔"带来的。当时不光是比利时守军已经吓得目瞪口呆，就连这边的德军都震惊不已。

随着这破天的一声响，"大贝尔塔"开始连连发威，由空中飞艇的侦察员校正目标，炮弹离比利时炮台越来越接近，终于到第八枚的时候，砸个正着。平素坚不可摧的炮台顶盖就像草扎的一样坍塌，炮弹即时爆裂，坑道被炸得粉碎，守军也来不及逃跑就化成了肉泥。

另外三门"大贝尔塔"也跃跃欲试，作为主要攻击目标的比利时最坚固的弗莱龙炮台被轮番轰炸，没两下就变成了一团粉碎，钢筋、水泥、尸体、枪支都变成模糊不清的瘪瘪的一片，空中只映着大炮冲天而起的红光。

看到弗莱龙已成瓦砾废墟，德国步兵一哄而上，找不到任何活着的守军，顺利就将其攻占。

★攻陷列日要塞的"大贝尔塔"巨炮

第二天，"大贝尔塔"四炮群还是所向无敌地重复了昨日辉煌的战绩，比利时又有两座炮台被毁。但是即使见到了巨炮势不可当的威力，也明白完全没有抵抗实力的其他炮台，勒芒依旧不肯投降，在他死心一搏的激励下，比利时人坚持抵抗。鲁登道夫也不再花劝降的力气，只需要每天让四门大炮挨个轰炸，沿着马斯河一路扫平，走到哪儿轰到哪儿，战场上隆隆的炮声盖过了一切，各个炮台相继失守，都变成了一摊被熔化的钢水。

16日，之前12座炮台已经牺牲了11座，剩下勒芒守卫的隆森炮台。鲁登道夫喟然一叹，尽管胜券在握，但还是好声好气希望勒芒放下武器，能减少一些冲突最好。勒芒的臭脾气再次不客气地回敬了他。于是鲁登道夫只能下令"大贝尔塔"四炮群开火，这次不是轮流上，而是集体攻击。

顿时炮台就被大火包围，炮台内最后的弹药也被引着，接连不断的爆炸声四起，不用巨炮多打几发，隆森炮台已经从内部爆开，里面的东西被喷出老远，焦黑糊烂的尸体和设备残片以及被掀开的顶盖散落一地，惨不忍睹。而勒芒居然大难不死，只是被震昏在地上。

德军搜寻到他的时候也大大感到不可思议，惊异地将他送到艾米赫面前。

勒芒交出军刀，依旧不服软地说："之所以被你们俘虏是因为我失去了知觉，我并不是自愿！"

面对让自己咬牙切齿的敌人，艾米赫却由衷敬佩他军人的这股硬气和尽忠职守的勇敢，他把军刀还给了勒芒，郑重说道："你并没有失去军人的荣誉，这把军刀依旧是你的。"

战典回响

炮兵和步兵的协同作战

炮兵和步兵的协同作战能够使得己方控制有序，紧密配合，提升实力。炮兵与步兵协同作战通常包括这几步：第一步步兵先行侦察，接着寻求支援，第二步在规定的时间里面，步兵按照演习中撤退方式迅速撤离所在区域，炮兵接替对这个区域进行火力打击。第三步炮兵根据步兵反馈的资料对敌人重要据点进行集中火力攻击。一般都是步兵侦察人员提供该据点的坐标，然后炮兵计算出具体方位与范围，随后正式攻打。

在列日要塞攻坚战中，德国名将鲁登道夫将步兵与炮兵之间的配合作战发挥到了一种极致。比利时人虽然勇猛，列日要塞虽然坚固，但是防守到最后，也终究难以阻挡最凶猛的进攻。而且比利时人不论是在武器还是在战术思想上，都非常落后，事实证明，只有勇气是无法赢得战争的。战争是精密和感性之间的双重碰撞，只拥有血性是不能赢得战争的，战争显然比别的东西都更加残酷和现实。

战争推动了武器的革新和进步，随着机动性强的大杀伤力火炮的出现，陆地战争逐渐进入了新的时代。火炮代替枪械成为了战争中更为重要的武器，但即便是炮火的机动性再强、火力再猛，面对机动性强的步兵总是要差很多，如果太过依赖炮火，反而会给敌人充分的时间进行冲锋。在攻坚战中，同样不能忽略对于机动性的控制和把握。冲动的艾米赫无疑犯下了这样的错误，他过于在意自己是"攻坚"的一方，过于依赖炮火的攻击，而没有及时对步兵的攻坚方法作出调整。

等到鲁登道夫接手战场，他在提高炮火威力的同时，也积极使用步兵对要塞展开强攻。而且在鲁登道夫的手里，炮火的作用更加宽泛和多样化，他不会像艾米赫那样以为用炮火将敌人的阵地荡平，就能够完成攻坚，而是只用炮火打击比利时人最为关键的地方，另外通过炮火对敌人形成震慑作用，可以说是既在肉体和实质上击溃比利时人，也击溃了比利时人的血性。本来就在武器和战术上与德军存在非常大差距的比利时人，一旦失去了他们赖以作战的精神动力，他们的溃败就只是时间问题了。

不过，就战略上来看，虽然比利时人最终溃败，却为协约国赢得了时间。根据施利芬的计划，德军应该在8月2日占领卢森堡，两日后马不停蹄经过德国和比利时的边界，一举攻下维塞和列日，越过比利时。但是德军却遭到了在列日驻守的比利时军队的激烈反抗，这打破了德军固定的时间表，并且在列日损伤了德军二万五千人，使得德军在此牢牢停滞三天，给了法军准备和喘息的机会，并且使得英军迅速赶过来与之会合。尽管列日要塞的炮台不断沦陷，最终不能抵挡德国人踏上法国的脚步，但是这一番阻滞为协约国集结军队提供了宝贵的时间，使得德国一举击溃的如意算盘遭遇不顺，并且最后惨败。

★ 沙场点兵 ★

人物：鲁登道夫

埃里希·鲁登道夫出生于1865年一个没落地主家庭。在幼年时即进入军事学校学习，并入伍参军成为一名少尉。

世界第一次大战爆发后，鲁登道夫在德军围攻比利时列日要塞失利的情况下赶往前线，接过了指挥权。在及时详细分析敌情之后，鲁登道夫利用巨型大炮轰开比利时炮台的缺口，使得列日要塞一战反败为胜。为了表彰他在这场战役中的关键作用，德皇直接任命鲁登道夫成为第八集团军的参谋长。

接下来的战役中鲁登道夫取得了一系列的胜利，由他率领的第三集团军成为常胜之师。1916年，由于凡尔登会战德军的惨痛失败，使得兴登堡取代了法尔肯海因的总参谋长职位，而鲁登道夫也一举晋升为副总参谋长。

武器：榴弹炮

榴弹炮身管较一般火炮而言较短，弹道弯曲，口径较大，杀伤力也较为猛烈，常用于打击隐蔽目标如山后目标。榴弹炮有据可查需要从15世纪的意大利和德国使用的一种短身管大射角弯弹道的滑膛炮说起，在16世纪的下半叶出现了爆炸弹，两者的结合使得榴弹炮的名称在17世纪正式叫响。根据机动方式，榴弹炮可以分为牵引式和自行式，自行式榴弹炮主要包括了前苏联使用的74式122毫米自行榴弹炮等。因为榴弹炮的弹道比较弯曲，所以使得弹丸的落地角度很大，单片可以平铺射向四面八方。各种不同弹药配合使用威力更加强大。

德军"大贝尔塔"巨炮即是榴弹炮的一种，德军的这种榴弹炮虽然精度较差，却在其占据绝对优势的列日要塞攻坚战中，发挥了重大的作用，成为了德军击溃比利时军队的混凝土堡垒的利器。

战术：轰击

与日军攻取旅顺要塞203高地相似而又有不同，鲁登道夫的战术更加简单，更加粗暴，即纯粹倚重巨炮。而德国"大贝尔塔"巨炮则使鲁登道夫的战术具备了可行性。"大贝尔塔"巨炮虽然精度较差，但是在己方占据攻势的前提下，鲁登道夫运用巨炮攻击对方由钢筋混凝土组成的一般炮火难以撼动的要塞，不但行之有效，亦使自己军队减少了伤亡，积蓄了更多的有生力量，为之后和英法军队的交战作好了准备。

尖矛与利盾的较量

THE CLASSIC WARS

攻坚战

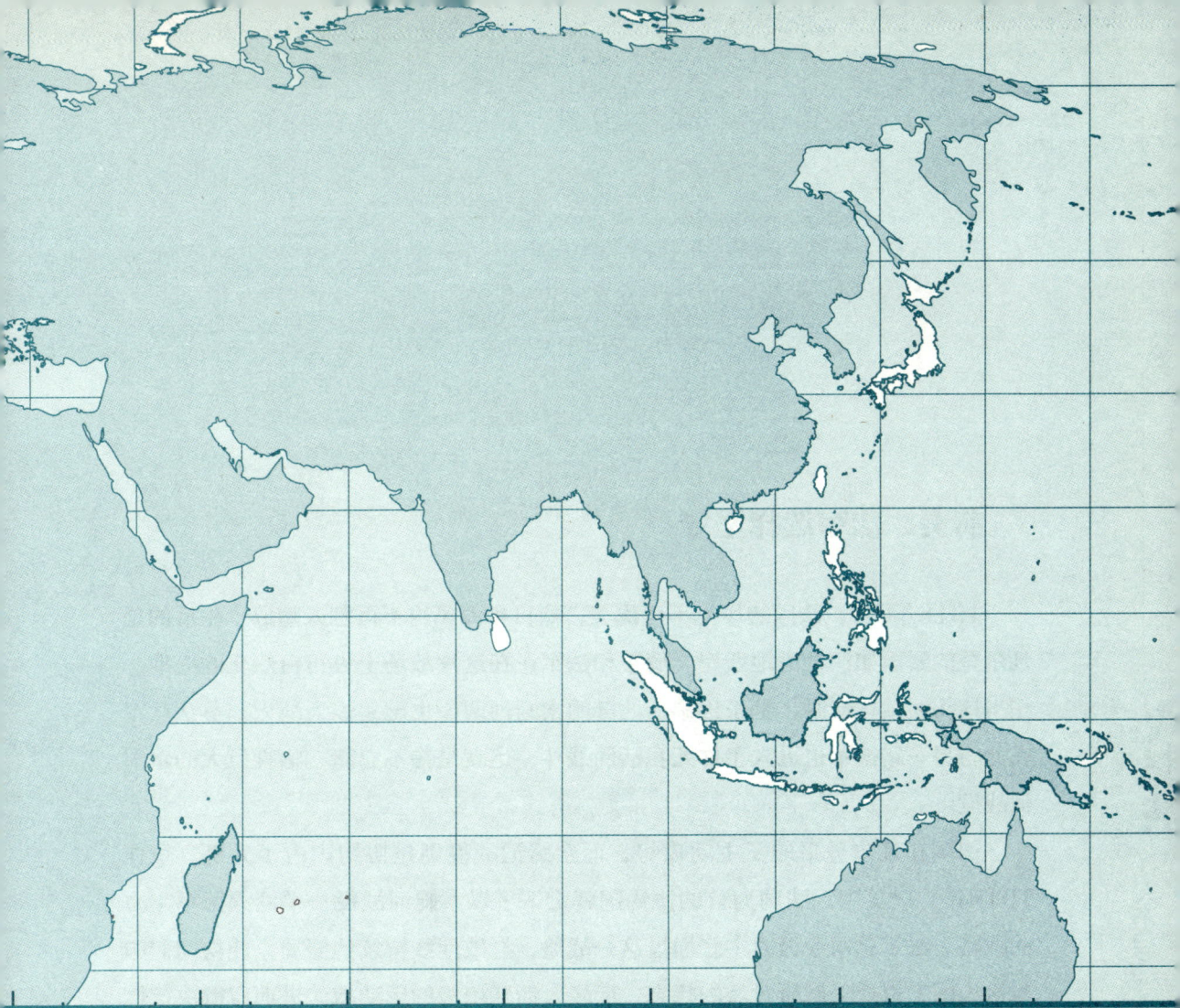

第五章

索姆河攻坚战
——第一次世界大战规模最大的攻坚战

▲在人类战争史上，第一次世界大战的西线战场无疑是伤亡最大、投入最多的战场之一。而在西线战场上的索姆河等战役无疑又是西线战场上规模最大、伤亡最多的战役。在此次战役中，双方战术理念的运用、限制与反限制的斗智斗勇、新式武器如坦克的采用等等，都使本次战役在战争史上成为备受关注的一场攻坚战。然而在本次战役中，英法和敌对方德国皆付出了极大的代价，然而却都没有达到预期的目的。

前奏：法军选择坚守

1916年7月，法国的风光不再优美，烈日和海风也不再惹人陶醉，相反的是凡尔登的暴雨如注，满地残尸。德军和法军正在这片战场上进行白热化的血战，正当这头激战正酣时，处于巴黎西北部的索姆河两岸也燃起惊天战火，英法联军在此与另一路德军也进入了你死我活的战斗，这就是惨不忍睹、牺牲巨大的索姆河战役。

德国在凡尔登采取了主动攻势，而索姆河战役则是协约国占了先机。早在1916年，以英国、法国为首的协约国就定下了以索姆河战役一举消灭德军主力的战略。法军总司令极力主张通过这一战略，打破西线持续的僵局，使得同盟国与协约国不再处于两雄对峙的状态，而转入活跃积极的运动战，进而取得决定性的胜利。当时他就满口答应在索姆河这一战协约国主要兵力由法国军队来承担。

只是事出突然，德军的速度远远超出英法两军的意料，他们也不满足于僵持的局面，也制订了突破的计划，只是他们选择的地点在凡尔登。丝毫没有准备的法军措手不及，只能从屯聚在索姆河附近的兵力抽调了主力前去迎战。凡尔登战线大量的损耗使得索姆河的军力急速下降，完全达不到英法两军的预期。

霞飞与英国总指挥海格见到情势不对，紧急修改了原有的意见。本来两国雄心勃勃，决心以绵密的军力长线铺开，地毯式碾压德军。然而现在的形势使得原先的70公里突破正面只能缩减为40公里，几乎短了一半。包围圈空出了一大截，参战兵力也大幅删减，由64个师减少到了39个。这里面主要减少的是法国军力，最后的阵容几乎由英军一力承担，原本的配角临危受命，艰难负起重任。英军第三第四军团共25个师参战，法军第六集团军14个步兵师辅佐左右，他们的对手是德军第四、第六集团军。由英国远征军和它的附属国加拿大远征军作为中央正面进攻主力，法军分为两个梯队从侧面突破，进行战术包围和掩护英军。

之所以在这种情况下，霞飞与海格两人不惜变更计划甚至牺牲一些优势来继续推行索姆河战役计划，主要是因为协约国已经将赌注压在了这一场打破西线僵局的战役上。另外此时凡尔登战役中法军正在血流成河，法国几乎全部的士兵都已经将生命倾注在那个战场上，如果不在别的地方牵制德军的力量，恐怕法军就会全军覆没了。所以两位统帅思虑再三，毅然坚持了索姆河反攻战役，把那边的德军一步步打回老家去。

只是正如德军低估了法国、比利时等军队的抵御一样，英法两军也没有考虑到德国人抵抗的顽强，一场规模空前的消耗战就这样展开了。

调兵遣将：大战一触即发

在索姆河防线的最前沿，驻扎着德国第二集团军。西线战局已经僵持许久，索姆河一带一直风平浪静，这两年来德军却并没有闲着，相反勤奋的德国人利用这个充裕的时间把防御大大增强。他们熟悉了这一带所有的地形，把高低起伏都了然于胸，然后制定出一套完整甚至完美的防御体系。这套体系包括三个阵地：深约1 000米的第一阵地包括了三条又宽又深的堑壕以及密密麻麻又整齐有序的支撑点、交通壕和混凝土掩部。在第一阵地身后三公里，有一块较为纤细但是同样深宽的第二阵地，包括了两条与前面一致的堑壕。第三阵地身后再三公里，又是一条极为保险的第三阵地，从前到后这套堑壕阵地纵深约有八公里。防守厚度让人咂舌。

除此以外，德军相当灵活地考虑了战争中可能有的所有状况，底下坑道网纵横交错，所有出入口都隐藏在只有他们知道的

★索姆河战役中的德军阵地

★战壕中的协约国士兵

★索姆河战役中冲锋中的法国士兵

偏僻地带。由低到高挖成了一个地下堡垒，能清楚观察到英法联军的一举一动。

在这个工事里，有厨房、医院、仓库，储备了相当丰富的食物和弹药补给。充电设施和备用电源以及照明设施都十分完好。当时电灯可是平民都没见过的奢侈品，而德军的通道里面电灯明亮地照耀着所有方向。

整个地下工事埋藏在厚厚的石灰岩下，铁桩和铁丝网等阻碍密密缠绕，这些障碍、地下室、掩体和通道，都是德国人不遗余力打造出来的世界上最坚固与完备的成果。隔着一条索姆河，英法联军在战役计划确定下来的前期，就秘密潜伏下来，进行长达五个多月的战役准备。虽然他们也想方设法，群策群力，但是毕竟时间仓促，打造的进攻阵地尽管也可以说是坚固非常，但是细节与计划方面都有不当之处，比如处于缺水无人之处、地形不利进攻等等。但是英法联军并不因为战争工事有所欠缺而气馁，依旧积极进行周密详尽的准备。与德国人守敌局限不同，英法两军因为处于攻方，所以工事修建在后方没有限制，他们将500公里长的铁路一路铺设到前线，为了更好更方便运输，索性还修建了六个机场以及飞机停靠的150个混凝土场地。堑壕、交通、壕掩体及仓库等他们也一个都不少，因为前文提过的缺水问题，英法联军甚至就地挖出2 000口小井，解决了水源问题。而其他的物资准备他们也毫不逊色，火力弹药配备达到了第一次世界大战开战以来的最高级。

除了硬件准备到位，英军和法军也在战前接受了加急的野战训练，针对德军惯用的防御招数而演练突击的各种办法。特别是两军采用了在炮火的掩护下步兵逐步攻击的协调作战方式。各个师旅团都拿到了当时最为先进的榴弹炮等轻武器。为了保证索姆河战役的成功，英法联军这次可谓是不惜血本，无论是人数还是火力配备，都超出德军两倍还多。

离进攻时间还有半个月了，英法两军都摩拳擦掌，在暗地里准备就绪。在最后的15天里，他们根据协同作战的要求，作了严格的三个阶段划分。每天加紧操练，反复演习。霞飞骑着他的高头大马巡视这块秘密基地，见到整齐划一、训练有素的两军士兵和成山的军火准备，心里面相当满意，他估计以这样的准备，两军一定能够顺利拿下德军阵地，迅速地解决这场战役。

他想得太过简单了，就在英法两军秣马厉兵的时候，德国人的望远镜早就捕捉了他们的每一个动作，他们什么时候构筑了进攻工事，什么时候开始战争演练，甚至当两军部队以为神不知鬼不觉缓缓向德军阵地移动的时候，德军都一清二楚。甚至连他们打算什么时候进攻德军都提前获知，立刻展开了迎战准备。所以这边是踌躇满志准备一举拿下的英法联军，对岸是紧张备战充满警惕的德国集团军，都在等待着索姆河战役的开始。

炮火漫天：大战拉开帷幕

1916年6月24日，清晨还沉浸在宁静的雾气中，突然索姆河两岸炮声大作，呼啸而至的炮弹四面开花，英法联军长期隐蔽在树丛中的、山岩后的、隧道里的士兵纷纷冒出了头，漫山遍野突然就出现了两军的身影。炮弹似暴雨一样砸向德军的防御基地，激起浓密的硝烟。火海蔓延，整个地壳剧烈震动。德军掩体的碎片和铁丝网铁桩等障碍物被连根拔起，空中飞舞着各种铁块。而德军阵地上空，也飞来一片战斗机，它们激烈地吞吐着火舌，盘旋着投下一串串炸弹，时而低空俯射，时而拉高给后方炮兵指示坐标，德军防御基地表面一片狼藉，片甲不留。炮弹和引起的震荡已经消灭了地面所有的有生力量。而实际上德军的大部分军力早就料到了这样的攻击，他们提前钻入了地下工事，那些厚重坚固的外壳安全抵挡了猛烈的炮火。而在德军的潜望镜里，英法联军耀武扬威的动向也显示得一清二楚。

英法联军这样激烈的炮轰持续了一个星期，他们知道肯定有德军进入了地下的

★索姆河战役中英军的炮兵阵地

防御堡垒，但是他们同时也认为在这样长时间、高密度、不断发射化学炮弹、花样出新的炮火下，即使再深的防御也会被炸出一个大洞，没有人能够幸免。

6月30日的晚上，德军的阵地在持续大火燃烧下泛出灼热的红光，连沙土都被熔化成了晶莹的釉色。炮弹的轰炸陡然加快，比之前更加迅疾，爆炸的闪光在天空绽开，使得群星也黯然失色，这样夺目耀眼壮丽的景象使得准备大面积进攻的英法联军士兵都停住了脚步，爬出堑壕，看着这夏日夜空的奇景惊叹不已。

回头再看德军阵地，炮火已经逐渐平息，火焰烟雾笼盖的满目疮痍已经暴露出来，密密麻麻的铁丝网早就变得七零八落，突出在外黑黢黢的掩体基本被炸光，德军最为宽阔的第一阵地已经被夷为平地，德军的观察设备和通信设备，也变成了一片焦黑的面目不清的破烂。

如流星般灿烂的炮火轰炸持续了整晚，到天快破晓的时候，爆炸声逐渐稀疏，天边出现一道白线，而最后一枚炮弹也落地开花。四周沉静，雾霭辉映着逐渐明媚的阳光。但是德军和英法联军双方心里都很明白，这样的宁静意味着马上即将开始的殊死拼杀。

7时30分左右，英军阵地尖锐的哨声直冲云霄，一大片英军战士高呼着口号漫出战壕，冲向德军阵地。与此同时，炮火声也再度隆隆响起，以飞溅的火光掩护着步兵的前进，德军还未来得及冒出头，就被密集的弹雨打了回去。德军士兵全部把身体躲藏在坑道口后面，准备等炮火稍歇就冲出去占领阵地。

当英法联军的炮火稍微减弱的时候，德军立刻像离巢的蜂群，扑到前线，他们边冲锋边迅速架好机枪，挖好掩体，根据居高临下的地势牢牢对准战场，准备进行实时射击。

英军开始以缓慢的速度靠近，他们身上背负着沉重的子弹和各种设备，分成了几个拨次进行攻击。他们肩并肩齐步前进，以长线横列的方式举着步枪逼近德军正面战壕。

以为德军不会有所准备的英军显然失算了，他们刚刚靠近，德军战壕就射出大片密集的炮火，躲在高高的掩体后面的德军无情地发射了无数死神的子弹，就像镰刀收割麦子一样，成片的英军还没来得及反应就应声而倒，部队被拦腰斩断。

没有料到德军早有准备的英军，在第一天收获了惨烈的教训，六万多人的性命在顷刻间化为乌有，英军好像被切断了最强而有力的臂膀，疼痛而流血不止。这是英军战争史上最为黑暗和悲惨的一天。

在第一轮进攻中，索姆河以北的主要防线被英军第四集团军勉强占领，但是另外三个军却伤亡惨重，集体败退。而索姆河的南方，法军因为避开了德国军队的主力扫射，进展颇为顺利，法军势如破竹的炮火在德军中杀出一条血路，步兵迅捷有力的进攻就像一把尖刀插向了猝不及防的德军，短短两个小时法军第二集团军就把德军的第一阵地攻下。

第二天，浓浓的血腥味和焦煳味还未散去，海格痛惜的心情无以言表，面对目前左翼已经被突破的情况，他不得不将整个作战计划进行修改。

主攻方向既然已经失利，只能让尚且强壮的右翼第四集团军负责正面的进攻，同时抽调两支军队的力量形成左翼的预备队，这部分缺口的损失再也难以挽回，只能用最少的兵力进行最基础的防御，只要不放德军冲破这部分战线就好。同时把攻击战线更加缩短，相当于

★协约国军队的战壕

把一把长剑变为一把匕首，刀刃加厚了以求速战速决。接下来的两天战斗依旧激烈，奋勇当先的英军和德军拼得你死我活，在血流成河的战场上战成一团。人数和军备占优势的英军占领了部分防线附近的村庄，进行着艰难的推进。

惨烈争夺：英法联军苦苦支撑

与此相反的是法军战场，因为从侧面进攻，选择的地段又极为刁钻，德军在这部分基本没有多少抵抗能力，也没有想到还会横插进法军进行这么有力的破坏。7月3日，一路挥师向前的法国第六集团军发动突击，德军尽管拼死抵抗，但是无奈事前准备不足，法军几乎是以屠杀的形式对着德军进行砍杀，德国第17军阵地失守，退回二线。此后不甘心的第17军凭着残余力量试图反扑，把尚未战死的士兵甚至伤兵通通集结，包扎着伤口也进行了多次反击。可是这条战线的法军实在是太强大了，他们的反击非但没有成功，更加激起了法军的斗志。德军第17军剩下的兵力也几乎全军覆没，再也没有了反抗的力量。德军统帅部一看第17军已经消耗殆尽，为了避免更大的损失，立刻撤回了为数不多的残兵，调来第二军的预备队接替他们进行下一步的防御。

因为第17军仓皇败退，来不及迎来接替的第二军预备队，导致暂时出现了空白的阶段。法军瞅准这个机会，立刻出动，趁着德军这个无人把守的时刻攻占了巴尔勒等阵地和支撑点。

★赶往索姆河前线的英国军队

愈战愈勇的法军想乘胜追击，一举渡过索姆河，进一步扩大战果。但是法军第六集团军的司令法约尔却下达了停止的命令。

他的顾虑是因为之前的北方集团军总司令福煦将军曾经叮嘱过，如果夺取了新的阵地，不应该贸然前进，而是要进一步巩固该地区，等到有了能接替战斗的第二梯队，后方攻击得到保障了才能够进行下一步的行动。法约尔是个教条主义的将军，他觉得既然总司令这么下令，就应该照做，结果就僵硬地下达了停战的命令。士气大勇的法军正要加大攻势，却戛然而止只能撤回，于是休整、等待、补充，宝贵的两天两夜就这么过去了。

战场上的机会稍纵即逝，这条道理只有身经百战、勇于担当的将领才能够明白。可惜法约尔不是，德军见到这种情况禁不住心中大喜，他们趁这个时机已经发觉了自己在这条战线上的薄弱准备，立刻进行了全面补充。德军统帅部调来五个精锐师堵住了这个稍微后退的缺口，第17军已经完全撤离，新的雄壮威武的部队填补了这个空隙。法军这个错误的决定，使得以后即使付出更大的代价也很难再夺回这次战机。

7月5日，法军好不容易整歇完毕，人马粮草充足，总算可以再次进攻，谁知他们不但没有找到败退的残部，反而迎来了雄赳赳气昂昂的新的生力军。抵抗比之前的第17军有过之而无不及，力量更是壮大了一倍。法军叫苦不迭，只能再次陷入血战，双方重复了之前的血肉相搏，惨痛伤亡，而战争的进程却丝毫没有被推动。法军并没能够按计划前进，而德军为了防守也是精疲力竭。同时法军内部也开始抱怨司令官的决策，正是因为他教条的进攻理论使得法军处处受限，束手教条，主动性与灵活性都大受限制。

同时在北边战场，投入巨大的英国第四集团军连续攻击昼夜不歇，与德军主力纠缠搏杀，损失也以空前的规模大增，仅仅10天不到，10万士兵已经命丧沙场，之前的血腥味还未散去，新的尸体就覆盖了他们的尸骸。

英法联军苦苦攻击，而德军统帅部也是焦头烂额，英法联军如此巨大的攻击规模使得德军胆战心惊，如果仅仅是为了牵制他们在凡尔登战场的军力，完全不需要使出这么绝杀的气势，德军意识到英法联军的目的远远不止牵制，恐怕索姆河一旦战败，德意志的前途也会轰然毁灭。现在要做的就是以硬碰硬，增加更多的兵力和英法联军比消耗。

德国第二集团军增强战斗力扑上前线，步兵师和重炮连都在原先的基础上再抽调一倍，飞机也嗡嗡轰鸣着赶来增援。

7月9日，伤痕累累的英法联军再度重整旗鼓，发动攻击。但是此时德军已经不再是当初的一支分队，力量的填补使得索姆河战场上的德军堪比凡尔登，成为另一支主力。英法联军失去的士兵并没有得到有效的填补，之前所占优势已经全部失去，以兵力而言，反而德军成了联军的一倍还多，占据压倒性优势。

英法士兵勇猛不减当初，依旧以冲锋陷阵不怕牺牲的精神跃出战壕，迎接枪林弹雨。但是强敌当前，双方一时不分胜负，战争你来我往，陷入胶着状态。

这个时候情势对英法联军可谓相当严峻，英军与法军的战斗指挥出现分歧，双方不同的作战风格、不同的战术方针使得部队步调混乱。英军已经损失惨重，为了能在正面突击中不再作无谓的消耗，要求法军对英军主力战场进行增援，在索姆河北线进行有力突破，但是法军指挥官却完全无视英军的请求，只看到自己的军队在南线战况还算顺利，所以继续指挥法军往南推进，远离战场中心。

双方的意见分歧和内部矛盾使得战斗进程大大减慢，时间已经过去了半个月，原本准备迅速拿下德军的计划显然已经破产。

坦克登场：轰鸣的钢铁怪兽

此时在战场上，所有的战壕以及铁桩铁丝网等地面暴露物体已经全数铲平，地上坑洼不平，遍地尸体，腐烂和新鲜的血味混在一起，臭得令人窒息。每一公里的争夺都要牺牲足以覆盖土地的士兵。双方的战役已经变成了恶性的兵力武器竞赛。正当双方艰难拔河的时候，天空黑云滚滚惊雷阵阵，倾盆大雨轰然而下，地上水花四溅一片泥泞，连日如此的大雨和弥漫的大雾使得炮兵无法定位，重炮也无法挪动。而这时也传来了德军为了应付索姆河战役而逐步从凡尔登战场撤离的消息，英军司令海格忧心忡忡地望了一眼天色，找来法军商议："如今我们人力和物力都算占尽优势，现在既然凡尔登的压力已经减轻，那么法军应该跟英军保持一致，努力拖住德军的步伐，采用小规模进攻来继续消耗德军。相信这样下去德军早晚会吃不消，到9月的时候我们就一举大规模摧垮他们！"法军因为收回了凡尔登战场上的部分兵力，争辩了一通后，也只好答应了这项计划。

从这时起，就连英国

★在索姆河战役中坦克首次登上了历史舞台

★冲锋中的英国军队

法国也不断开始调兵遣将，补充人马。整个炎热的8月都泡在了汗水和血水中，英法联军分散兵力全面出击，宁愿不停损耗自己的人力也要换来德军的同步消耗，直到把德军磨到薄弱然后突破。而德军并不示弱，借助第二阵地、第三阵地依旧算得上坚固的掩体甚至英法联军留下的巨大弹坑作为掩护，发挥自己机枪的优势进行大火力扫射。英法联军的分散攻击以及消耗战术并未奏效，两败俱伤的局面倒是维持了下来。已经两个多月过去，30万英法联军战士的亡魂换来了仅仅几公里的推进，而德军也好不到哪儿去，20万的总数虽然少于联军，但是孤军奋战的德军没有盟军，还是十分狼狈。

英法联军见到久攻不下，心中也是万分焦急，反复思考之下，他们发现最大的阻力来自于德国人的武器，在进攻中联军经常受到机枪、速射炮等大规模杀伤性武器的截断，德国人除了广泛配备这种武器，还不停铺设铁丝网挖出堑壕，这种防御性极强的手段阻止了士兵的飞跃进攻和步兵的拼杀，使得联军只能一味用强大的火炮猛攻而无法突破。因此急需一种既能挡住密集机枪扫射又能碾压战壕与铁丝网，甚至还配备强大突破火力的武器。

早在上一年，英国人就在处心积虑研究这种武器，而现在的战场也正在呼唤它。

9月15日的清晨，索姆河畔依旧潮湿朦胧，大雾混合着硝烟遮住了人们的视线。疲惫至极又警惕万分的德国士兵屏息凝神躲在战壕里，时刻准备着迎接联军的进攻。

猛烈的炮火果然来了，德军知道这只是今天战争的前奏而已，他们熟练地等到炮火暂歇就爬出堑壕，带上己方神勇的机枪，准备随着冲锋的步兵扫射。每天都是这样，冲锋的英法士兵仿佛不知死活一样天天扑上，尸体叠着尸体，层层叠叠堵在了德军的机枪前。

但是步兵还没来，德军等了一会儿也没听到熟悉的冲锋脚步声，相反的倒是传来一阵奇怪的隆隆声。在英军的方向驶过来十几个小黑点，这黑点的大小绝对超过了人体，而且越来越大，夹杂着金属撞击的声响越来越近。很快德军就看清了这些黑点是一个个巨大的黑铁外壳的钢铁堡垒，看起来没有任何开口处，也不知是什么原理让它移动，更不知道它的作用是什么。

德军惊慌失措，眼看迅速移动的大怪物就要冲到面前，德军立刻将机枪对准它们，开始习惯性的猛烈扫射，奇怪的是平时连石壁都能射穿的子弹对这个大铁块却毫无用处，要么就是飞溅着火花弹射而回，要么就是只留下浅浅的擦伤似的凹痕。

地面被这些巨大的钢铁堡垒碾压得隆隆颤动，毫发无伤的钢铁怪兽丝毫没有停顿地开来。无论是泥淖的弹坑，还是凸起的掩体，甚至紧实缠绕的铁丝网和深窄的堑壕，这些怪兽都毫无困难地一一碾压而过。它们驶过工事，驶过兵队，并且上部架设的机枪以及火炮也开始愤怒地射出炙热的火舌。德军一下子被冲击得七零八落，无数士兵被轧死，被射死，甚至被旁带的坍塌压死。坚强如铁的德军士兵面对这前所未见的大怪兽也崩溃了，他们深深恐惧起这个未知的利器，纷纷扔下武器转身就逃。

这种所向无敌、折射着死亡光芒的钢铁堡垒，就是之后的陆战霸王——坦克。

气候恶化：不甘心的撤退

然而别看坦克威风八面，因为是第一次使用，意外状况也是接连不断。溃逃中的德军不知道的是，由于第一次投入的坦克没有经过测试，机械性能较差，也没有专门训练过的坦克手进行操作，原先英军共投入了49辆坦克，然而从集结地点开到前线时，光是机械故障中途停止的就有17辆，等到正式冲击，又有五辆大家伙因为过分笨重而陷入泥沼爬不出来，一路上又有九辆坦克咔咔发出怪响，因为机件的损坏退出战斗。所以最后实际派上用场的就是德军所看到的18辆怪物。

虽然数量减少了，威力还是那样惊人，18辆完好无损的坦克分成了两队，在步兵的引导下急速前进，一队负责突破，另一队负责火力压制。

坦克的出场果然直接扭转了战局，之前几个月的争夺在这种怪物面前看来不必费吹灰之力，短短五个小时英军主力就已经往前迅速推进了四五公里，这在前几天几乎是不可想象的。这些坦克的威力已经远远超过了几万人的牺牲和千万吨炮弹的耗费。德军四下散逃，英军几乎没受到像样的抵抗，在坦克的威势下大摇大摆地占领了德军大批阵地并拥有了他们遗留的各种武器。

但是因为18辆坦克数量还是太少，尽管收获颇丰，使得英军声势大振，但是也还不能彻底从正面突破德军防线，因为除了这些坦克所到之处，其他地方并没有任何进展。

一天下来这些坦克也损坏大半，只能退出战斗。

事到如今，已经付出了足够的代价，英法联军已经下定决心破釜沉舟进行全面总攻。9月25日，索姆河北面的总攻开始。英军又调来新的坦克助战，但是因为德军经过上次教训后及时总结出了对战经验，对坦克已经是一回生二回熟，看到也不再惊慌，而是利用小口径火炮和投掷手榴弹进一步爆破这个钢壳怪物。因此这回坦克的上阵并没有收到意想的效果，而是损兵折将，匆匆撤回。

两军再怎么下定决心也是对如此牢固的德军防御无计可施。只能继续进行之前的消耗战，整整又是一个月的浴血战争过去了。盛夏已经过去，深秋即将来临，燥热潮湿的暴雨天气变成了冷雾沉沉的凄厉寒风天气。

★索姆河泥泞的阵地

冬天已经不远，看情况这一仗要从春暖花开一直打到冰天雪地，但是英法联军统帅力求速战速决的心意还是没有改变，他们想方设法逼德军从防御状态变为交战，但是运动战的预期一再落空。

出动更多兵力，集中力量实行重点攻击，甚至第三次出动坦克，英法联军使出了各种招数也毫无作用。德国知道一旦出动必定就是挨打的地位，所以死活坚守着战壕进行最低限度的防御，双方精疲力竭，局势就在时间的流逝中一直僵持着。

10月不可避免地到来，天气越发恶劣，和夏天的炎热暴雨不同，冬雨的倾盆而下更是种巨大的折磨，地面全部变成沼泽，士兵冻得哆嗦，坦克深陷弹坑，火药受潮变成哑弹。双方都已经是强弩之末，在这样的瑟瑟寒意中犹如树枝最后一片叶子伶仃飘摇。

而这样的叶子在11月终于被狂暴的寒风吹走，双方物资全部告罄，这场战争再也没有人力物力可供继续。11月中旬，索姆河战役就在这样无声的疲惫喘息中结束了。

这几个月的战斗使得双方损失惊人，负责进攻主力的英军惨重牺牲42万士兵，法国也牺牲了20多万生命，而被狠狠压制的德国更是被打得体无完肤，65万德军从此再也不能回到家乡，鲜血永远洒在了异国的土地上。

战典回响

第一次世界大战的拐点

1916年对于第一次世界大战来说，有着举足轻重的影响，而在第一次世界大战的诸多战役中，索姆河战役更是凭其不可替换的战略意义而被后世的学者们多次提起。索姆河战役其实并没有改变协约国战略防守的态势，但是却为其随后的反攻吹响了号角，战略的转折点就如同是历史中的暗示和伏笔，不会像战役中的拐点那么显而易见。索姆河战役的意义是深远的，并不是当时的一枪一炮、一兵一卒可以展现出来的。

在索姆河战役中，协约国一方本来处在防守的位置上，是受制于德军的，但是通过在索姆河畔对德军的攻击，逐步拿回了战争的主动权，而索姆河战役再一次印证了"最好的防守就是进攻"这句至理名言。在与德军的对垒过程中，协约国军队并没有一味防守，以防守消耗对方的战斗力和精神力，从而得到"不战而胜"的结果。相反，为了能够击败德军，协约国军队出动了多种武器，甚至拿出了当时尚未成熟的坦克。

对于世界战争史来说，索姆河战役的意义不言而喻，坦克在这场战役中有史以来第一次出现。而索姆河战役就此改变了陆战的历史，从此以后，坦克逐渐成为战场上的主角，成为了"陆战霸王"。另外一方面，僵硬教条的战术以及犬牙交错的堑壕阵地使得两个战役中的阵地都迟迟无法突破，成为了世界战争史上有名的消耗战双生子。尤其是索姆河战役，双方投入的人力物力都达到了惊人的地步，花费巨大代价才得到微小的收获。

持续四个月之久的索姆河战役因为与凡尔登战役事发时间相近，使得两个战役相互牵制，德军与英法联军的力量在两个战场上按此消彼长的原则进行配置。在凡尔登战役中，作为进攻一方的德军因为被索姆河战役牵制住兵力因此未能取得战役胜利；而索姆河战役中，英法联军作为进攻方，也出于同样的原因没有完成自己的进攻目的。

★沙场点兵★

人物：海格

索姆河战役中的英国远征军总司令海格爵士，全名为圣道格拉斯·海格。海格爵士拥有丰富的战斗经验，于1914年升为中将，同时出任英国远征军第一军的军长。他先后在蒙斯战役和伊普尔战役中功勋卓著，受到嘉奖。第一次世界大战爆发后，他于1915年12月率领英国远征军，以总司令的身份参加指挥凡尔登与索姆河战役。他顶着巨大的压力指挥镇定，于1918年帮助协约国取得了众多胜利，荣获了英国政府的嘉奖。

武器：坦克

在索姆河战役中出现并且大展神威的坦克始于1915年，英国的恩斯特·斯文顿中校与戴利·琼斯中校鉴于战场实际需要，受法国海军装甲部队的启发，打算制造出一种在陆地上所向披靡的新式武器。但是当他们向英国陆军部提出这一设想时，被陆军部一口回绝。如果仅仅是这样，一代霸王坦克就从此夭折无缘面世了，幸亏当时正担任英国海军大臣的丘吉尔听闻了这个计划，当即表示赞赏，愿意大力支持。丘吉尔深谋远虑并且当机立断，偷偷自行组织成立了这种武器的研究小组，通过自己的小金库为这项研究提供资金。丘吉尔希望在这两人的指导下，小组能够发明出他梦寐以求的陆地战舰，从而一举攻克堑壕战这个难题。

1915年8月，世界上第一辆坦克出世了，这个家伙既不威武也不雄壮，相反只是巨大笨拙，但是它已经拥有了作为坦克的所有关键特征，成为世界武器发展史上的一座丰碑。出于保密的需要，英方将其称为坦克。

而在索姆河战役中，英军未经丘吉尔同意便贸然使用坦克，虽然助长了声势，但实际上并没有取得决定性的战果，相反使得英国这一秘密致命武器暴露在世界眼前。这一消息使得丘吉尔气急败坏，大发雷霆。

战术：以攻代守

进攻和防守的关系相当紧密，作为战争中最基本的两种作战形态，两者不仅相互联系，甚至可以相互转化。在整体防守的情况下局部进攻是一种有效的防御手段。

防守一方通常离兵源与补给场所较近，能够依靠资源优势，但是防守只是一种消极作战方式，积极发动进攻不仅可以削弱敌人的进攻力量，而且可以不用被动地损耗大量人力物力。

进攻是最好的防守，这句话中的"进攻"首先是处于"防守"的大前提下，具体来说就是灵活有效地发挥主动性，避开敌方主力部队，不失时机引导敌方失误从而消灭敌军有生力量，同时扩大己方的占领土地。

在索姆河战役中双方的僵持导致了大量士兵的死亡，这是战争双方谁都承受不起的巨大损失，英法联军在这个时候率先出招，秘密武器坦克被推上战场，大大改观了英法联军的进攻状况，英法联军的防守压力瞬间减轻，这是以攻代守战术的典型运用。

尖矛与利盾的较量

THE CLASSIC WARS

攻坚战

战典

THE CLASSIC WARS

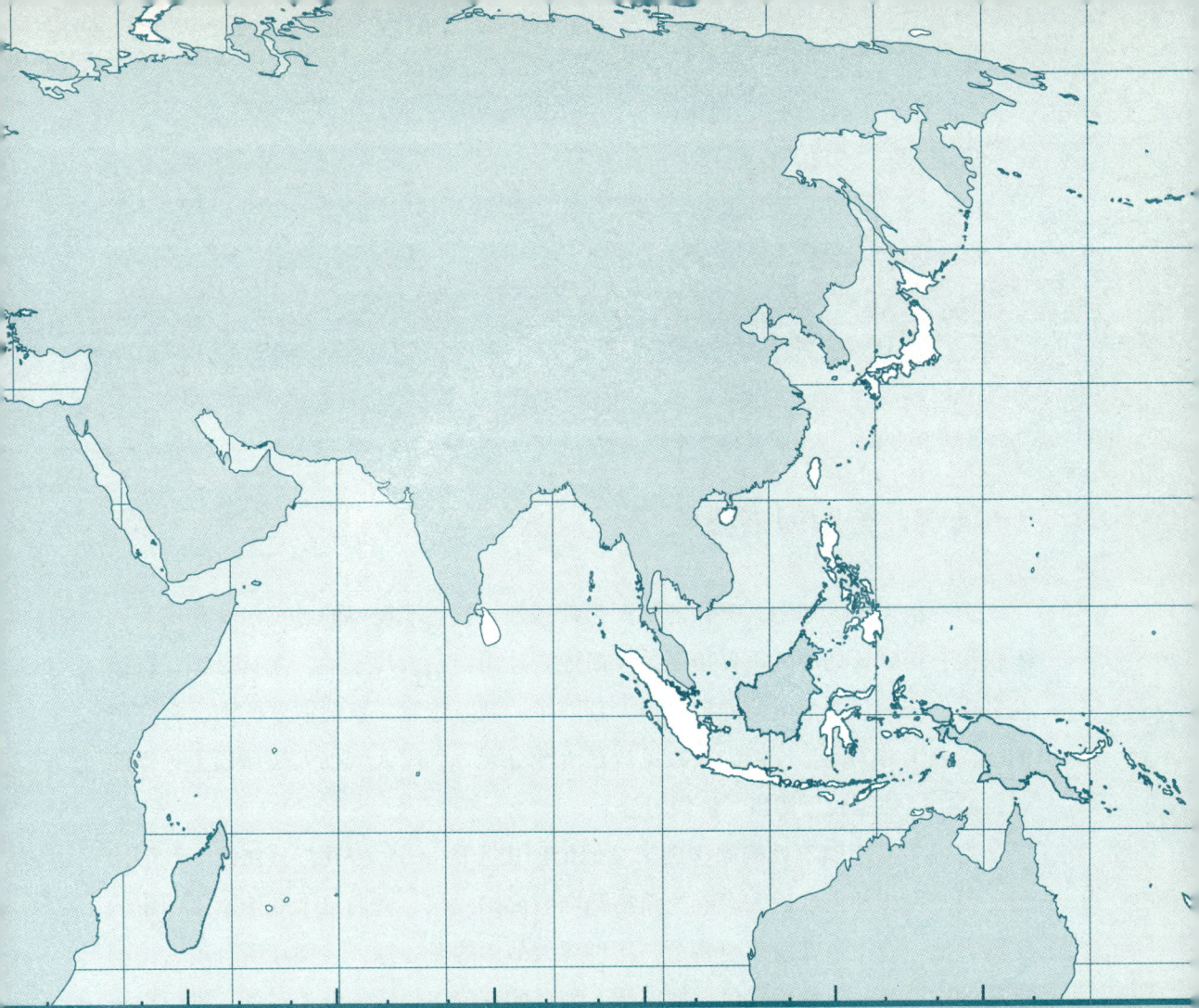

第六章

"波兰走廊"攻坚战
——德国"闪电"初露峥嵘

　　▲虽然"兵贵神速"早已被军事学家所认同，但是军队能快到什么程度，用怎样的手段加快行军的速度，又如何运用速度优势给敌人造成致命打击，这一系列问题在古德里安这里迎刃而解。第二次世界大战之初，德军即用最先进科技生产出的行进速度获得极大提升的坦克，组成坦克师，从而赋予了坦克大规模单独活动的能力。同时，德军以强大的空中打击能力辅助之，由此构建起了"闪电战"的军事理念。"波兰走廊"攻坚战中，德军即在多军种协同作战的前提下，充分利用了坦克机动性强的特点，转瞬间吞没了他们觊觎已久的猎物——波兰。

前奏：德军闪击波兰

第一次世界大战中，猖狂的德国狼狈战败，签订了耻辱的《凡尔赛和约》，不仅没有得到计划中的世界蛋糕，反而还要让出自己大片土地。尤其是但泽被波兰划去，成为了一个所谓的自由市，开辟了"波兰走廊"直通波罗的海，将完整的德国领土分为两半。德国人眼见自己土地分裂，异国人大摇大摆从领土穿堂而过，心中自然是咬牙切齿、痛恨万分。

军国主义阴魂不死的德国迎来了他们历史上的一个大人物。1933年1月30日，对全世界都造成巨大影响的希特勒夺取德国政权，成为这个战伤累累国家的主帅，他一登上台就发誓要将第一次世界大战中的耻辱抹去，要让所有割去德国土地的国家都付出惨重代价。他以让人惊异的速度飞快地恢复了军备，进行进一步精细调整，就在几年间，德国已经恢复了元气，从第一次世界大战中挨打的过街老鼠变成了欧洲最强大的军事帝国。

而毫不知情的波兰还没有意识到危险即将到来，国家政权集中在一群庸庸碌碌、头脑僵化的上校手中。他们丝毫没有

★《凡尔赛和约》签字仪式

明白现在的情况已经不再太平，欧洲大陆已经再一次风起云涌，形势比之前更加错综复杂，身边的德国已经重新崛起，开始露出恶魔复苏的征兆。奥地利被吞并，捷克斯洛伐克惨遭蹂躏，这些国家的警示还不能提醒波兰这群鼠目寸光的领导者，他们只是贪得无厌地追求着蝇头小利，只想趁着德国杀戮的机会揩一把油，哪知大限已至，他们的"波兰走廊"早就是德国人的眼中钉肉中刺，而波兰也是德国小试牛刀之后第一个正式开刀的对象。

噩梦终于到来了，德国毫不客气地对波兰提出收回但泽的要求，"波兰走廊"更是必须马上铲除。措手不及的波兰领导们方寸大乱，他们这才意识到大祸临头，看完了热闹，好戏轮到自己上演了。而再睁眼一看，捷克斯洛伐克被攻克之后回归的德军已经从三面包围了波兰，兵强马壮的德国人磨刀霍霍、杀气腾腾。波兰领导们占惯了便宜，哪里肯吃这个亏。正好这个时候英法联军再度携手，这两个强国也见到了昔日的秃鹫重展羽翼滑翔在欧洲上空的阴影，作好了再度开战的准备。德国人3月15日提出的要求，被波兰领导拖着一直没有答应，等到英法联军在31日答应会对波兰进行军事协助，波兰领导这才相信会对波兰很安全，于是就一口回绝了德国的要求。

希特勒冷笑一声，对波兰的进攻计划他从一坐上军事统帅的宝座时就已经形成。第一次世界大战中战败给英国法国，对他而言仅仅是为国家失败而羞耻，而对于趁机瓜分的波兰才是刻骨的仇恨。更何况波兰地理位置特殊，紧邻德国和苏联两大强国，拥有相当重要的战略地位。

而虽然波兰领导软弱无能，但是因为军事实力还是有着相当规模，如果欧洲英法联军再度笼络，一旦他们联手，到时候德国状况会更加艰难。所以如果把波兰攻占了，不仅能一举拥有他们的储备，而且把德国不利的地理位置推前，随时可以准备袭击苏联。

所以对波兰提出种种要求已经显然是个挑衅，根本没打算他们能够一口答应。至于波兰所指望的英法援助，希特勒根本就不忌惮，他直接告诉将领们说："早在慕尼黑会议上，我已经跟这两个国家的领导人见过面，他们气量狭小，根本不是做大事的人！就为了一个毫不相干的波兰，他们是绝对不会来找我们自寻死路的！"

而今既然波兰如此天真，拒绝德国的要求，那么希特勒也正好准备动手。即日希特勒就下达了一份"白色方案"，这道命令层层加密，不是核心人物不会知道里面有多么惊骇的阴谋。

命令很简单，却很犀利，要求在8月底9月初的时候以突袭的方式攻入波兰，时间定死不可更改。"付出一切努力，作好所有准备，发动巨大袭击！"

德军统帅部收到指令之后，立刻作好了全盘计划：以快速的行军兵团和空军结合，闪电般直捣波兰腹地，一举占领波兰南部工业区，接着将被冲散的各个波兰军团逐个击破，用半个月的时间就可以消灭他们所有的军事力量。

1939年8月31日的晚上，一个再平常不过的日子，却关系着日后亿万人的腥风血雨，就在这一天，希特勒命令德国党卫军秘密部队穿上了波兰军装，进入自己国家边境格莱维茨广播大楼，自导自演了一场惊天大戏。伪装成波兰军的党卫人员先是在播音器前开了几枪，接着又用波兰语发表声明，说："波兰人民！对德国开战的时候到了！"戏演到这里还没有结束，党卫军拖出了一批穿着波兰军服的德国罪犯，击毙后宣称这是德国军队被攻击后自卫造成的。

接下来就是希特勒的声明了，他装模作样地愤怒道："波兰人已经侵入德国！为了保卫德意志，我们将以牙还牙，以血还血！"

这句话点燃了第二次世界大战的引信，德国人嗜血的热望已经急不可耐，露出了他们狰狞的獠牙。

于是德军62个师共近90万人的部队迅速集结，庞大的部队中还有2800辆新研制的坦克，空中盘旋的是两千架最为精锐的战斗机。无数门火炮纵贯全线，从南北两条路线进发。

陆军一级上将，久经沙场的龙德施泰特指挥着南路集团军，直冲西里西亚地区波军主力而去，陆军一级上将博克则统率北路军挥剑斩向"波兰走廊"，把这部分的波军也刮个干干净净，两支军队各自完成任务后统统迂回前往华沙，进行最后的总攻。

突破防线：机械化军队大进军

德军进攻趋势已经这么明显，波兰总部再怎么无动于衷也得有所准备，事实上这群上校还制订了同样有代号，称做"西方计划"的对战方案。里面详详细细规定好，趁德军还没有调来主力的时候，波兰军队先行发起进攻，往北占领东普鲁士，这样北方就没有什么后患了，而其他方向就加紧防守，阻止德军进一步深入就可以了，等到英法联军赶来在西线开火，德军受到如此夹击，必定会一败涂地。

波兰一边打算着一边也派出了自己的部队。波兰不愧也是军事强国之一，60多万人携带了近900辆轻型坦克，以及近千架飞机和众多火炮，分成七个集团军，按计划往北部和西部分别部署，还留了一支集团军作为预备。

这时候德国情况有变，因为担心跟波兰交手时苏联也来插一脚，这样两线作战德军很可能吃不消，于是8月23日找到苏联先签订了《苏德互不侵犯条约》，允诺苏联在自己得到波兰后，必定分出

★1939年9月1日拂晓，德军从三个方向向波兰发起全线进攻。

一块进贡。苏联满口答应之后，希特勒正要信心满满地下令攻击，但是就在攻击令下达不久，又紧急发出了召回令。原来英国居然答应跟波兰签订互助协议，声明一定会出自己的一份力。而意大利看风使舵，拒绝跟德军合作一起卷入大战。因此德国的外交部长十分担心，如此局势相当不稳，贸然进攻恐怕会引来敌人的疯狂反扑，于是就劝希特勒再等等，仔细分析后再下决定。

但是复仇心切的希特勒怎么能等？他按捺了几天，到了31日再也忍不住，哪怕英国法国会前来干涉也要铲除波兰这个心腹之患。希特勒立刻下达了第一号作战指令，德军必须在9月1日凌晨立刻出击。他斩钉截铁地指示道："我的士兵，我的部队，你们必须有钢铁一样的意志，开始进攻就不要停下，如果一有停顿，将会为这个暂歇付出惨重的代价！不管多么残忍的手段只要有效，就立刻使用！为了胜利不能有任何顾虑！"

于是当天天刚蒙蒙亮，德军轰炸机黑压压一片雷鸣起飞，波兰境内的部队的仓库以及交通设施都成了这些空中飞鹰的目标。仅仅过了几分钟，战争

★进攻波兰的德军坦克

史上最大规模的空中袭击就降临到波兰人的头上。密密麻麻的炮弹投下，火焰升腾，炸弹所到之处尽数毁灭，声响震天，损失惊人。而这轮攻势还没结束，成千上万的德国步兵从三面冲了过来，而几乎是同一时刻，德军以前装成友好访问派来的战舰也突然扯下了友善的面具，猛然开炮。

原本想抢先的波军哪知道德国人来得这么快，还正带着飞机坦克准备慢慢摸去进攻，突然就遭遇了这样的轰炸，500架第一线战斗机就这样完全被轰成了碎片，而其他军备包括火炮甚至交通路线也统统截断摧毁，连指挥中心都被炸个正着。部队一下子就蒙了，士兵混乱地奔逃，而德军呼啸而来的装甲部队以及摩托化部队趁机赶杀，波军都没来得及反应，几个主要地段已经被突破，完全没有还手之力。

这一拨战火硝烟未定，上午10点的时候，希特勒登上高高的主席台，向着国会大声宣布，德意志部队已经正式向波兰开火，战争全面爆发。他激情昂扬地宣告道："此时此刻，我仅是一名荣誉在身、为国尽忠的军人！这身军服离开我的时刻，要么是我国胜利的时刻，要么就是我战亡的时刻！"充满煽动性的演说引来了底下军国主义狂热者的阵阵欢呼，德军欢欣鼓舞，对战争充满了渴望。

面对来势凶猛的德军，波兰人心惶惶，他们的驻英国大使立刻找到英国政府，说明遭受德国空袭的情况。英国人当时并不想展开战争，就在一年前首相张伯伦还在欧洲会议上表明了尽力避免欧洲战争的愿望，当时希特勒并没有提出反对，张伯伦回国后还对他的内阁说："和平是必然的，就在今天早上我还跟德国的希特勒签署了和平文件，不用担心。"但是开战来得这么迅速，英国反复询问德国是否真的做出如此动作，得到的却是肯定的回答。狐疑的英国如今接到了官方证实，英王坐不住了，找到首相组织议会进行讨论。

议会气氛凝重，每个人都对德国如此悍然的又一次挑衅行动感到惊讶，但是他们还是认为问题出在纳粹头目身上，跟德国人民没有关系，如果要开战，那么目标应该直指这些贼心不死的军国主义分子。

作出开战决定后，丘吉尔马上加入了英国内阁，国王穿上军装，撤离了首都所有妇幼，整个军队进入了备战状态，每个军人都为自己能够再度为国效力而感到光荣。

面对波兰的苦苦求援，英国人终于作出表态，9月3日，英国向德国发出了警告，要求德国必须马上停战，否则德国接下来的对手就是英国。当希特勒接到这份电报时，发觉英国人可能是来真的了，这和他预料的可不太一样，情势一下子变得棘手起来。当时他什么话也没说，也没下达指示，只是坐着一动不动。倒是他的参谋戈林宽慰道："如果我们最后输了，上帝也会原谅我们的做法。"

雪上加霜的是法国人也作出了一致的表态，强敌一下子可能多了两个，一直到了英法所给出的最后期限，德国还是没有任何回应，于是英法两国也怒不可遏地对德宣战。第二次世界大战终于按捺不住它蠢蠢欲动的魔爪，就此爆发了。

德军我行我素地继续往波兰挺进，此时波兰的主要防线已经被攻破，于是每天德军的行进速度提高到了50~60公里，像迅速蔓延的细菌一样啃噬着波兰的土地。南北两路集团军依旧按照原先的部署，分头扑向"波兰走廊"和波军主力。

浩浩荡荡的80万精兵以及如此先进的装甲部队和摩托化纵队，是人类战争史上第一次如此大规模的机械化行军。组织如此伟大进军的正是德国装甲兵的元老古德里安，他终于在希特勒的授意下完成了自己的装甲兵梦想，以钢盔战士实现将来的辉煌战绩。

完成合围：蓄势待发的闪电

德国装甲军队的威力可不是一般二般，第19装甲军属于北路集团军，内含一个装甲师和两个摩托化机械总队还有一个强大的步兵师。这支队伍作为北路先锋，先行冲破了波兰边境，直接挺进到了维斯瓦河一线，和南路集团军会合，把"波兰走廊"牢牢围了起来。

★德军装甲部队入侵波兰

★德国机械化部队入侵波兰

围歼战开始了，素有骑士精神的波兰军手持长矛大盾，骑着高头大马在德军中左右突围。当时德国派出装甲坦克的时候，波兰军队不以为意，以为外部厚厚的铠甲不过是用锡板做成用来唬人的，他们被堂吉诃德理想冲昏了脑袋，直接拿着马刀和长矛就冲向坦克。德军坦克兵们大吃一惊，没想到波兰军队居然是这个反应，面对冲过来的步兵军队完全没有准备。但是坦克兵完全不用担心，波兰人根本不了解德军的坦克是怎样的怪物，当这些钢铁怪兽开动履带，发出恐怖的声响，并且扫射出机枪和坦克炮时，糊涂的骑士们被纷纷碾压和击毙，战场上爆炸声四起，很快盖过了纷乱的马蹄声。战刀被折断，士兵被射倒，即使如此，波兰士兵依旧异常勇敢，在知道了自己面临的是怎样一个恐怖的对手的时候，他们依旧冲锋陷阵，不畏牺牲地继续拥上。但是光凭勇敢是没有用的，要知道可是骑兵对坦克！长矛对机枪！波兰步兵师根本没对德军起到任何威胁，甚至波兰炮兵团都被坦克跟在后面紧紧撵上，全团歼灭。

军备落后的波兰人和德军的实力相差太悬殊了，到9月4日，德军死亡150人的代价就消灭了波兰集团军的三个师和一个骑兵旅。取得了这样的好成绩，连希特勒也欣喜地来前线视察。古德里安当即汇报道："波兰人的勇敢不可小看，但是我们凭借着坦克的威力，根本没有受到多少损失。"接着古德里安对关于坦克师的运用阐述了自己的理念，得到了希特勒的赏识。

波兰人昂扬的斗志还不肯停歇，素来好勇逞强的波兰将领根本不屑构筑任何防御工事，崇信反击是最好的防御，哪怕手中没有先进的装备，他们坚信凭借士兵的勇猛就能反攻成功，把机械化的德国军队打回老家。于是完全没有任何防御工事可言的波兰对德军的坦克部队来说简直如入无人之境，想从哪个方向突袭就往哪个方向开，根本不必担心会出现堑壕或者堡垒，因为波兰全境一

★古德里安在前线指挥德军坦克作战

马平川，唯一可见的就是密密麻麻只等着挨宰的波兰士兵。德波这次战役的情势已经很明显，落后就要挨打，被合围的波兰军队只有被屠杀的命运。

震惊世界：第一个吃"螃蟹"的波兰人

德国军队似乎砍瓜切菜一般将波兰军队消灭掉了，消息一经传出，整个世界都被震惊了。人们形容日耳曼军队如同一道划过东欧天空的闪电，劈开了波兰人的铜墙铁壁。波兰军队并不是那么脆弱，波兰人骁勇善战，在17世纪曾经拥有世界上首屈一指的骑兵，他们以飞翼作为制胜的武器，加上他们自身的英勇和无畏，哪怕是在东欧所向披靡的哥萨克人也不得不躲避他们的锋芒。

正是被称为"东欧铁军"的波兰人，在日耳曼战车面前如此的不堪一击，希特勒用实战告诉世界，他的军队是何其强大，他的"闪电战"是何其恐怖。当然，"闪电战"确实恐怖，德国军人的战斗素养确实出色，除去这些原因，还有最为重要的因素，可怜的波兰人在对付"闪电战"方面是毫无经验的，哪怕是在人类战争史上，波兰也是第一个体会"闪电战"战术的国家。

波军从来没有品尝过这种滋味，因为根据以往的战争经验，战争通常都会有战术部署，是会逐步地井然有序地进行。军队一般都会先用轻骑兵进行冲锋，

★英法奇怪的"静坐战"

接着再发动重骑兵正式大战，无论怎么看这都该是最为稳妥也是行之有效的作战部署。像德国人这样从一开始就投入大量坦克和战斗机的行为是波兰人完全没有预测到的，就连暂时旁观的英国都不禁感叹道："若是说起军事思想，这帮波兰老顽固恐怕还停留在上个世纪。"而更为可怕的是波兰军队对此毫无察觉，统帅部还是自信满满，认为这不过是一时失败，英法军队总会赶来，只要保留主力在德波边境，进行坚强的反击，援军一到就可以大获全胜。

他们的愿望太美好了，且不论英法联军会不会赶来，光是凭他们这样保守落后的军队，能不能坚持防御还是个问题。事实上德国这样迅速而且大范围的攻击完全不给他们喘息的机会，很快波兰大军就被分别围攻成为一个个孤军，迅速被消灭。

此时他们希望中的救星法国和英国，确实也已经对德宣战，也确实派遣了百万大军赶往波兰，但是在波兰的西线却停下了脚步，留在那儿的德国预备军正静静等待着他们。奇怪的事情发生了，英国法国既不说开战，也不说撤回，而就是那样驻扎下来跟德军对峙，双方毫无动静，好像战争与他们无关——正如希特勒预料的那样，波兰还不值得这两个国家立即动手。

9月6日，波兰人终于绝望了，久等不来的援军，已经快全军覆没的军队，使得波军总司令内心煎熬不堪，最后终于下令所有部队撤退，直到桑河线边缘，而在华沙首都的波兰政府也仓皇出逃，连夜直奔卢布林。

至此德军统帅心中已经大致了然，上校冯福尔曼汇报说："统帅敬请放心，接下来不过是一场狩猎，猎物已经完全没有反抗能力，换句话说，这场战争其实已经结束了。"

快速进攻：装甲战车势不可当

很快到了9月7日，德军南路集团军一路挺进，重重打击了波兰两大主力集团军，直接把波兰烟囱林立的工业中心罗兹以及人流如织的第二大城市克拉科夫占领下来，他们离华沙已经越来越近，一路想方设法通过最短的路径接近目标，这支德国集团军的前锋——第16装甲师，从南面阻截了波兰"波兹南"集团军，逼得他们后退无路，一路追击一路进抵华沙南部。而德军北路集团军也是战果累累，波兰"波莫瑞"集团军以及"莫德林"集团军被这种强大的机械化部队团团围住，分割开来，惨遭围歼。北路军顺利消灭这两支波军后，横渡维斯瓦河，靠近了华沙通道的北面郊野。

8日，德军势不可当，脚步一刻不停，以冲刺的状态发起攻击。北路军中由希特勒直接率领的第三集团军和克鲁格手下的第四集团军一马当先，从西北及正北两线往华沙开去。而11日，古德里安所向无敌的装甲部队也来了，他们开着坦克，盘旋着飞机，突突地发出摩托响声，横渡了纳雷夫河，已经快要到华沙边缘的布格河。14日，南路军先锋一路斩杀着前来阻拦或者从前方溃逃的波军，一路南上，登陆了华沙的中部。

此时的华沙就像一块肥肉，吸引着群群垂涎者，而现在肥肉的半边已经爬上了德军。

到9月15日的时候，离战争爆发才过去一个多星期，南路集团军右翼也已经包抄上来，跟古德里安汇聚到了一起，终于将华沙裹了个严严实实。正式形成纵深包围圈的德军开始了迅速的收拢，就像收紧抓住猎物的大网一样，华沙被逼迫得喘不过气来。

16日，德军第22装甲军攻下科沃夫，南北集团军合围布格河、桑河与维斯瓦河、17日华沙已经全无挣扎的空隙，德军完全将其捏在了手里，希特勒当即命令华沙波军必须在12小时内投降！

但是华沙当局在哪里？波兰政府早就与统帅部一起在前一天逃出了国，逃往了罗马尼亚！

一直在旁观战并且满口答应不干涉的苏联，眼看德国就要把波兰全部吞下，这可让苏联人不乐意了，之前就跟德国商量好了这块肥肉一起瓜分，现在如果苏联再不派兵进攻波兰的话，恐怕残羹冷炙都吃不到了。而此刻既然波兰政府已经

★侵向华沙的德军

逃跑，那苏联就完全可以以波兰政府不存在为借口，推翻以前跟波兰签订的不侵犯条约，赶紧过来趁火打劫。

苏联政府一边宣称着："这是为了保护我们乌克兰和白俄罗斯的安全！"一边从波兰东部入侵，17日，德军刚刚对华沙下最后通牒，苏联白俄罗斯军和乌克兰军已经急匆匆地赶了过来，也向着华沙靠近。于是苏联和德国这对好搭档，终于在华沙附近碰面了，双方友好地慰问了一下，并且谈论了关于划分波兰的美好前景，希特勒表示无论怎样华沙还是要拿到手的，德军一定会在9月底之前把华沙给攻下。

占领走廊：华沙明夜不设防

稳住了苏联方面的军队，希特勒就马上向自己的部下下达了攻取华沙的命令，他用笔把作战地图上华沙的位置画了一个重重的圈，抬起他那双秃鹰一般的眼睛，环视了一遍身边的将军们，用不容置疑的口吻说："将军们，我希望在苏联'朋友'们改变主意之前，将这座城市纳入日耳曼的版图。"

希特勒一向是说一不二，德国人有效率、严格遵守时间也是出了名的。希特勒一声令下，9月25日，德军立刻按照计划开始强攻。华沙人头顶上的天空，自那一天起，就被炮火和烟雾遮盖住了，华沙城里的人们似乎感受到了世界末日来临的情景，整个地球似乎都在震颤，德国人一刻不停地展开着攻击。

先是从外围的一些要塞据点开始，和以前的作战风格一样，他们先切断了波兰人重要的补给和交通等命脉，德国飞机从云层里俯冲下来，突破重重云雾出现在华沙城的上空，波兰人还没有来得及端起他们手里的枪，黑压压的炸弹已经落了下来，如同骤雨一般，根本不会给波兰任何反击的机会。骁勇的波兰军队就如同是一只牧羊，还没有来得及亮出自己的角，就已经被凶狠的狼咬住了咽喉。

飞机的轰炸过后，华沙城里重要的军事设施几乎都已经处于瘫痪状态，接着坦克就如同惊涛骇浪一般扑向摇摇欲坠的华沙城，华沙城外的一道道防线在德国坦克面前，显得那么不堪一击。波兰士兵们只能听到德国坦克的轰鸣，根本听不到自己枪炮的声音，他们用尽所有的方法，但根本无法阻止德国坦克的前进。

26日，德国飞机再次飞临华沙主城上空，一枚一枚的炸弹落了下来，在连续几天的轰炸里，华沙城早已经变得千疮百孔。守军主将拉斯科维兹上将深知，再这样轰炸下去，华沙迟早只会沦为一座空城，这座经历过了数百年风云的欧洲名城必定会毁于一旦。伴随着持续性的轰炸，波兰城里的士兵也已经所剩无几，剩下的军事力量根本不可能阻挡住强大的德国军队。于是，拉斯科维兹上将在与其他的波兰统帅商议之后，决定投降。

9月28日，华沙守军主将拉斯科维兹上将接受了德军的占领，垂着头签下了投降书。既然首都都沦陷了，其他小据点也不再坚持，9月29日，莫德林要塞投降，和德军的计划分秒不差。10月初，所有城市全部签下投降书，无一抵抗。就这样，打响第二次世界大战第一炮的战役仅仅用了一个月的时间。在这场战争里，躲在坦克里面，和装甲兵身后的德军仅仅死亡了一万人，而波军则以20倍的牺牲品尝了失败的代价。

波兰军队的失败，既见证了世界战争史上第一次闪电战的始末和威力，

★波兰战败被迫投降

也再一次说明了落后就要挨打的道理，一支思维停留在上个世纪且行动迟缓的军队，碰上运用高新技术的坦克加飞机王牌组合的部队，竟然是如此不堪一击，西方的军事家们通过这场战役都认同了一个理论：在西方，速度才是硬道理。

战典回响

攻破波兰前后的东欧局势

德国军队建军多年，形成了自己许多独特的战术思想，闪电战就是其中之一，而在对波兰一役中，德国人将之投入战争，进行血与火的实践。这被世人称为"闪电战"的战术中心，就是以装甲机械化部队推进，凭借空中飞机先行轰炸，中期导航，后期掩护的帮助实行高速度大纵深的规模性突破。

这些装甲部队产生的强大火力以及机动灵活的运行速度与方向，使得敌军无处可逃，纷纷被分割，被包围然后歼灭。因为坦克群对地形没有过多依赖，所以可以在敌群中来回穿插，使得敌军防不胜防，无力指挥。

在德国和波兰的战役中，先行的飞机将重要交通及供给设施炸毁，使得波兰整个兵力系统整体性瘫痪，接着古德里安将摩托化师与装甲师并用，使得力量和速度得到了更高一步的结合，恰似一把锋利的刀子，迅疾实现对波兰防线的突破。最后达成了快速合围歼灭波军主力的目标，使得这场意义重大的战争仅仅用了一个月的时间。

战役如此之快，让当时各国纷纷咂舌，同时我们也要看到波兰军队也是"功不可没"。其落后的军事思想，和骄傲自大盲目推进的军事作风，使得波兰全境只顾用长矛对付坦克，完全没有像样的防御。波兰的惨败也警醒了欧洲各国，面对新的形势再也不能用以往的经验进行判断。

德军占领波兰以后，清点伤亡人数，波兰人虽然愚蠢但是勇敢，还是给德国造成了三四万人的伤亡，而后期加入的苏联因为已经处于战争的末尾，波兰士兵的顽强抵抗也仅仅造成了苏联士兵几百人的伤亡。苏联趁火打劫借刀杀人的做法让德军十分气愤，更加让德国不甘心的是根据战前的协议，德军占领的东波兰一大片土地将割让给苏联，相当于德军为苏联人流血牺牲。斯大林对德军是否信守诺言本来抱着怀疑的态度，但是希特勒遵守了协议，还正式通过交接仪式把俘获的士兵物资等战利品全部给了苏联。

希特勒这么做也是有他的顾虑的，如果苏联反对德国，加入西方国家联盟，那么对德军接下来要对付法国可就造成了极大的障碍。为了避免第一次世界大战中四面楚歌的形势再度发生，希特勒宁愿牺牲眼前巨大的利益，他甚至允许苏联进入波罗的海，把爱沙尼亚、立陶宛等小国一并收入囊中。

苏联趁势入侵了芬兰等小国，希特勒出乎意料地表达出了完全支持的态度，德军严谨地遵照他的指令全力辅佐着斯大林的计划。但是斯大林看出了其中端倪，抓住了德国担忧受钳制的软肋，开始变本加厉，胃口越来越大。德军现在已经占据波兰，紧邻苏联，虽然目前委曲求全，但是根据希特勒睚眦必报的性格，苏联人的腥风血雨也就在不远的将来了。

★沙场点兵★

人物：古德里安

海因茨·威廉·古德里安是德国陆军的一级上将，也是著名的军事家、军事理论家和杰出的统帅，是闪电战理论的倡导者。

古德里安出生于1888年，他的父亲是一名职业军官，受家庭的影响，古德里安从小就进入军校学习，第一次世界大战爆发后，古德里安的父亲阵亡，继承父志的古德里安投身战场，成为一名少尉并且逐步晋升。

古德里安在战争实践中，形成了自己的一套装甲兵及"闪电战"的战术思想，一直试图将这种理论付诸实践，希特勒发动的第二次世界大战给了他这个机会，从此坦克加飞机这种速度与力量的结合成为德军令人闻风丧胆的武器。而波兰战役是他的"闪电战"理论在实战中的第一次运用，"闪电战"凭借此战震惊世界，而古德里安也名扬四海。

武器：装甲部队

在闪击波兰的战争中，德军运用坦克、装甲车、摩托等现代化武器及运输工具组成装甲部队，将机械化、行动速度快的优势发挥到了极致。德军装甲部队犹如锋利的战斧一般，而波兰军队落后的军事理念及装备，使波兰军队犹如被战斧顺着纹理劈砍的竹子，土崩瓦解。闪击波兰也向世界宣示，运用高新技术的机械化装甲部队进行闪电战，已经成为了现实，而其威力更是震惊世人的！

战术：闪电战

闪电战由第二次世界大战时期的德国将领古德里安创建，顾名思义就是要像闪电一样打击敌人，使得对方一时无力还手，依靠高新尖端的武器换来最小的损失和最快的速度。

闪电战一般有奇袭、集中和速度三大要素，利用飞机与坦克行进的快捷，出其不意地对敌方进行突然袭击。通常先用飞机最快到达地方重要战略中心，把地方的供给、联络等重要设施炸毁，从而使得敌军失去指挥系统，无法组织迅速有效的反击。

由坦克集群的突击配合战斗机火力及坐标通报，默契互补，堪称完美搭档。这种由装甲集团带来的高速度、大纵深的突然袭击，能产生前所未有的冲击力。

战典

THE CLASSIC WARS

尖矛与利盾的较量

THE CLASSIC WARS

攻坚战

第七章

台儿庄战役
——血肉铸就的长城

　　▲作为第二次世界大战主要战场之一的中国战场，早在1937年便陷入了纷飞的战火中。七七事变后日军凭借其具有优势的军事实力及处心积虑的经营，很快便攻陷京津一带，并顺势南下，进入山东。而淞沪会战，中国陈兵百万仍然丢失上海、南京后，局势已经十分危急，面对日军妄图"南北夹攻"打通津浦路的计划，中国军队决定组织徐州会战，遏制日军的疯狂进逼。虽然徐州会战仍以失败告终，但其中之台儿庄战役却不仅歼敌万余，而且唤醒了国人的血性，极大地提升了士气民心。在此次抗战最惨烈的攻坚战中，为民族独立而勇于牺牲自我的中国军人，将会永远为国人所铭记。

前奏：李宗仁抵达徐州

1937年的深秋，伴随着萧瑟的秋风，淞沪会战的阴影已经深深印在每个中国人的心里。中国军队在京沪线上陈兵百万，亦难保淞沪，这样残酷的现实让1937年的秋冬显得更加寒冷，素来繁华的江浙沪也被生生地蒙上了灰暗的色彩。中国人心中的疼痛还未曾有一丁点儿的消逝，此时这番，日军却早已趾高气扬地发动在华驻军，走上全面侵华的道路。

1937年12月13日和27日相继占领南京、济南后，为了连贯南北战场从而迅速侵占中国，日本侵略军制订了详细的灭亡计划，下令以南京、济南为基地，一举打通津浦线。

徐州，这个充满战略意义的地名，成了此时日军最津津乐道的名词。

1938年春，畑俊六陆军大将接替了松井石根成为日本侵华军队的统帅，他打算与华北方面军南北夹攻，合围徐州。国土每天都在沦陷，血性的中国人愤怒地抵抗，恨不得将侵略者扒皮抽筋。

此时，硝烟弥漫的苏北战场，终于迎来了日后指挥台儿庄战役获得胜利的国民革命军第五战区司令官——李宗仁。

台儿庄位于山东枣庄南部，地处徐州东北方向约30公里的大运河北岸，城边一道铁路支线北边接着津浦线，南边靠着陇海线，正处于运河的咽喉要道处，把守着徐州的大门。得天独厚的地理位置，让台儿庄成为各路兵家极力相争之地，也是日军夹击徐州必须要突破的关卡。

李宗仁在上海新败之际抵达徐州，这个时候日军趁着刚刚胜利，一鼓作气分成了南北两路向着徐州包抄而来，对台儿庄更是虎视眈眈，而李宗仁手里有什么能与之抗衡？

此时有两个人引起了李宗仁的注意。一个是当时被国人骂做"汉奸"的张自忠，还有一个是川军将领王铭章。

鉴于日本人一直以来企图对张自忠的拉拢，七七事变发生后，张自忠始终留守在北平，听从中央指挥，与敌人斡旋斗争，其目的所在就是想要等到前来增援的中央军队。然而战争的进行使他未能料到北平、天津急速失守，对于张自忠而言，继续留守北平已无必要，脱险之计由此而生。他骑着自行车前往天津，换乘英国轮船到达青岛继而来到了济南。对他而言，这一路不仅是艰险的考验，千夫所指的屈辱更是让他喘不过

★抗日英雄张自忠将军像

气来。自北平沦陷之后，他成为了全国舆论集中火力攻击的对象，他被当做了华北头号汉奸，更是有了"张逆自忠"的名号。李宗仁深知张自忠是代人受过才被民众斥为"汉奸"，因此正在张自忠郁郁不得志的时候，李宗仁力排众议，起用了他。张自忠高风亮节的军人节操日后也证明了李宗仁没有看错人。

在这个时候，川军王铭章师也被李宗仁收编进自己麾下。

此时，李宗仁手中的"杂牌军"也总算是有了十多万。然而却并不被人看好。这时的徐州城如同死城一般，萧条零落，人心惶惶。为了能够安定百姓，每日的清晨或午后，李宗仁都要骑马进城巡视一番，尤其是城内的主要街道。

故作镇定的神态下掩饰的是那颗极其沉重的心。显而易见，当时的李宗仁过的是怎样的日子。对手是正当盛势的虎狼之师，李宗仁的杂牌军被其围攻与其交战的后果也被世人以不同的心情反复猜测着。

血战淮河：日军"南北夹攻"计划的破产

占领南京后，日军的气焰更加嚣张。寒冬都还没有过去，记忆里似乎还留有节日的鞭炮声，只是不知春天的希望什么时候到来。满目疮痍的城市，在侵略者得意的讥笑声中沉默着。

1938年1月26日，日本侵略者把贪婪的触角伸到安徽凤阳和蚌埠，他们自以为蚌埠已是囊中之物便不以为意，没想到在前行之路上遇到了一个大麻烦。

明光以南，于学忠的第51军和李品仙的第11集团军早已在李宗仁的部署下等待着日军的到来。淮河、涡河、浍河成了他们的优势所在，中国军队利用其地形对日军进行堵截，双方血战月余，未能分出胜负。

中国的军队终于让日军感到了些许的不自在，本想一路畅行的日军终于碰了钉子。51军在淮河北岸地区顽强抗击之时，张自忠也率部驰援赶到固镇。一路嚣张跋扈的日军在此停留，竟不能越雷池一步。

这件事情让日军的主将畑俊六大吃一惊，恼羞成怒。也许在他看来，侵华之路应是手到擒来顺利进行的，因而，他完全无法忍受战场上日军的失利。鉴于此，他将南京的援兵、坦克及野战炮等重武器调集至此，准备倾巢而动全面缴敌。

敌人来势汹汹，李宗仁是个聪明人，他感到硬拼、硬堵一定会吃亏。于是他待敌援军聚集在明光一带时，给坐镇蚌埠的李品仙下达了命令，要李品仙正面让开津浦线南端，并于1月18日将明光全线的31军向西撤至山区，对日军予以埋伏；同时，为在地势险要的淮河北岸拉出防护线以防止敌军过河向北挺进，于学忠的51军也被南调至此。

★指挥台儿庄战役的第五战区司令李宗仁将军

在明光，猛扑而来的日军不仅没有如所预期的捕捉到李品仙的主力部队，更是一丝收获也没有。气愤至极的畑俊六下令要求日军攻克定远、怀远等地，然而结果仍是不如所愿，一无所获。

正当这时，在李宗仁指示下的31军，从敌军的左侧绕过对着东向出击，津浦线上的敌军被其分散瓦解，截成数段，终被围歼。淮海前线的日军，后路突然被斩断了，顿时失去了方向，在摸不清头脑的情况下，不得不选择费尽力气将津浦线的31军压向西方。

日军走入了李宗仁的陷阱，他立即

对部队下达命令，敌进我退、敌退我进，遵照此战术，时刻盯紧津浦线；此时，本在淞沪会战战场的21集团军被调至合肥，炉桥地区由第48军来固守，定远日军的侧后在第7军及第31军的合力迂回攻击之下，其第13师团主力不得不撤出淮河北岸前来增援。形势大好，第59、51军乘势对日军进行反攻，至3月初，淮河以北的阵地已全部恢复。这个时候，第21集团军协同第31军，离开淮河南岸，与北岸的战友集中。日军在淮河两岸举步维艰，在津浦沿线进退维谷，终于，日军企图对淮河流域的进攻彻底以失败告终了。

这次淮河血战粉碎了日军的"南北夹击"战略，北犯的日军虽未被全部歼灭，却也是伤亡惨重，不得不迟滞于淮河一线。"南守北攻"战略成了日军的第二选择。他们从北面进军，企图将山东的滕县、峄县作为突破点进行攻击。然而这一选择使得他们造成孤军深入的局面，为台儿庄歼灭日军打下了坚实基础。

置若罔闻：韩复榘的昏招

在原定的作战计划中，由第五战区副司令长官兼第三集团军总司令韩复榘在徐州以北组织指挥保卫战。这个在新军阀中充满着传奇色彩的他又是谁？

韩复榘，陆军上将，字向方，1890年出生于直隶霸县（今河北霸州）东台山村。虽然家中人丁兴旺，却仍是过着艰苦的日子。1910年他离开了家，踏上了闯关东的道路来到了辽阳。恰逢当时北洋军队镇贴出了征兵告示，他没有半点犹豫地选择了军人这个身份，成为了第40协第80标第三营的一员。营长便是冯玉祥。由于韩复榘有文化有学识，只不到半年的时间，他就从一名普通的士兵提拔为了营部司书生，并且与冯玉祥结下了深厚的友情，并成为了冯玉祥的反清组织"武学研究会"的骨干之一。辛亥革命后，他随着冯玉祥一起参加了滦州起义，未料以失败告终，他作出了返乡的选择。1912年他再次投奔了冯玉祥，从秘书一直任到了团长。

自冯玉祥发动北京政变，所部改编为国民革命军一军，韩复榘从1925年1月当上国民革命军一军第一师第一旅旅长，到当年11月国民军进攻天津时由于率敢死队首先攻入而被升为第一军第一师师长兼天津警备司令。1926年他投靠山西商震，在冯玉祥部遭受失败退至宁夏时成为了晋军第13师师长。同年9月，冯玉祥"五原誓师"，他又重回了冯部，担任援陕军第六路军司令。

1927年7月，国民革命军第二集团军，也即冯玉祥原来率领的国民军联军进军河北，第六军，也即原来韩复榘（后任第三方面军总指挥）所辖的第六路，由洛阳出发，渡过黄河，于9月在禹县打败靳部。10月下旬，韩复榘在兰考、开封之间战胜了前来进犯的奉系张宗昌的军队。11月，他成为第二集团军中路总指挥，在对阵直鲁联军中再次取得胜利。12月，在攻打徐州时，他配合第一集团军，消灭了直鲁联军的全部主力。

1928年对于韩复榘也是不平凡的一年。4月他被任命为北路军敌前总指挥，与进攻河南的奉军12师对攻，6月6日，他取得战场胜利并攻占了北平南苑，成为了第一支到达北平的北伐军。1928年底，已是河南省政府主席的韩复榘由于与冯玉祥的矛盾日益加深，加之又被其免去了国民革命军第二集团军暂编第一师、第二十师师长的职务，终于使得他萌生了投靠蒋介石的念头。1929年5月22日，韩复榘终于背叛，与石友三联名发电"维持和平，拥护中央"，成为了蒋介石的第三路军总指挥。西北军事集团跌入了没落的深渊。

中原大战于1930年爆发了，担任讨逆军第三路军总指挥的韩复榘率军向山东挺进，在担任山东省政府主席后对山东进行了八年的统治。此后，他还曾先后担任了国民政府委员、鲁豫清乡督办、山东全省保安司令等职。在他统治山东的这些年里，为了巩固自己的地位，大批无辜群众被捕杀，农民起义被镇压，为扩大自己的军事实力截留地税，与蒋介石的中央相抗衡，大力实施了"清乡"、"剿匪"、"肃清吏治"、"乡村建设"、"新生活运动"等政策；同时，在地方经济的发展和文化的进步方面他也采取了一定的举措。他所管辖的山东一直以来都与蒋介石矛盾深重，可以说当时的山东处于半独立的状态之中。抗日战争开始后，韩复榘作为第五战区副司令长官兼第三集团军总司令负责山东境内的军事指挥，黄河流域的防护事务都归其管辖。

在对韩复榘的一些情况有了了解后，我们不难发现，他是典型的军阀做派，表面受中央管辖，实则矛盾重重，占地为王，始终存有保存实力的想法。我们不难想象，战争时期这样的人又怎么会倾尽全力不留后路地投入战斗？历史也这样证明了，被予以重任面临大敌的韩复榘却打起了自己的如意算盘。

1937年的冬天，面临日军对山东的进攻，曾在德州抵抗过日军的韩复榘为了保存自己的实力，不战而逃。济南这一战争重镇的失守为日军随后由博山、莱芜进攻泰安提供了可能，酿成了严重的后果。更为恶劣的是，韩复榘在选择撤离济南前夕，焚毁了省政府、进德会等地方，被称为"焦土抗战"。

1938年元旦时，日军北方军第二军矶谷廉介终于占领了泰安。韩复榘的战场接连失败，失地数处，日军因此得以轻而易举地入侵北段津浦线，为此后徐州会战的失利埋下了伏笔。这种情况之下，李宗仁焦虑不已，频频要求韩复榘将泰安收复，以其为根据地进行对日军的堵截。然而此时的韩复榘早已无心应战，无视李宗仁的命令，自作主张，犯下无数错误，甚至与刘湘等人密谋推翻蒋介石的统治。他自以为做得神不知鬼不觉，殊不知蒋介石早已看穿了他的心思，也对他留了一手。

1938年1月11日，蒋介石邀请韩复榘参加北方将领高级军事会议，当韩复榘到达开封后方知这是个骗局，然而为时已晚。被逮捕的韩复榘被押至汉口，于1月24日在"军法会审"后，被判"违抗命令，擅自撤退"罪，成了蒋介石的枪下魂，他的位置被孙桐萱取代。

临沂之战：台儿庄走上了历史舞台

距离台儿庄90公里处的临沂被视为徐州东北的天然屏障，作为山东省南部的重镇，一旦失守，陇海、津浦两条铁路就将面临极大的危险，日军即可从青岛长驱直入至台儿庄、徐州，战争取胜可能性急剧降低。

1938年2月，莒县突然遭到了日军的攻击，临沂的形势越发紧急。李宗仁立即致电第40军庞炳勋部，命令其由驻守的海州立刻调往临沂对其进行保护。

对于蒋介石政府而言，这支被调来的部队只能称做是"杂牌部队"。在1937年10月与日军在沧县有过交锋后就被调至东海、连云港等地了。在连云港至盐城一带，这支部队一面沿海设防，一面加强自身的建设。经过三个月的休整，人员及武器也算是有了一定的战斗力的提升。

时任"杂牌部队"的领导者的庞炳勋，在此部队被编入第五战区序列的前期就已前往徐州，其目

★临沂阻击战中的中国军队炮兵阵地

的便是去拜见李宗仁。善纳人才的李宗仁自是很看重庞炳勋，并对其有了以下真诚的对话：

"内战浪费我们20年的时间，现实所迫，我们不得不搅那摊浑水，那段混乱的生活毫无意义可言，无论胜败都不足挂齿。然而当前在我们面前有一个大好的机会，可以让我们抗日救国，为国效力，即便是终有一天战死沙场，也是死得其所，对得起天地。"

这席话深深触动了庞炳勋，他立即表示誓将抗战进行到底。当然，李宗仁对他的帮助不止这些。国民政府令第40军缩编的消息传到了李宗仁的耳中，他就此向中央反映，不仅使中央收回了这条命令，还特别为这支队伍提供了物品及人员等的补充。这更让庞炳勋对其死心塌地。

至当年的2月下旬，在山东潍县，日军东路军队第五师团南下穿越沂水、莒县、日照，向目的地临沂进军。中国军队奋力抵抗，毫不松懈，李宗仁为引诱敌人上钩，设计了在临沂建立防御基地作为抵挡日军正面攻击的防线这一计划，实施的人选便是庞炳勋。庞炳勋在接此电令后，没有犹豫片刻，旋即集结部队，开赴临沂，进行增援。

面对着在坦克掩护下猛攻而来的日军步兵，中国守军仅有的武器是手榴弹。凭借着这单一的作战工具，多辆日军坦克被中国军队炸毁。侵略者不分日夜地反复攻击、不断冲杀，即使付出了惨痛的代价，造成了大量日军的伤亡，也没能从中国军队手中讨到一点便宜。在这场由一支被称为最优秀的"皇军"与中国的"杂牌军"第40军的交战中，"皇军"毫无前进的能力，这也让在日本声名显赫的板垣师团颜面尽失。日军的攻击越发猛烈，眼看中国军队抗衡之力越发困难，庞炳勋立即提出了增援的请求。

双方实力的差距使得中国军队在面临日军飞机的接连轰炸下难以反击，至3月11日，临沂正面的诸葛城遭到了日军的逼近，尤其是郁九曲之线。日军大量轰炸造成了中国阵地的沦陷，伤亡人数大量增加。此时，李宗仁调派的由抗日民族英雄、爱国将领张自忠将军亲自率领的第59军正在向临沂日夜兼程地赶赴。

在接到调派命令之前的张自忠部在鲁南、徐州附近集结待命，拥有第38、第180两个师。他们原本正按照于3月3日接到的命令派主力向济宁、兖州对敌发起进攻，正在赶赴的途中，又因接到了支援庞炳勋的新命令而不得不改变路线。

此时的张自忠所率部队已行至淮河流域，然而服从的天职使他们一接到命令便立刻以最快的速度向临沂进发。日军也注意到了张自忠部的动向，但是他们自以为增援部队至少要在途中耗费三天时间，这足以使他们在援军到来之前就击溃庞炳勋

★台儿庄战役中赶往前线的中国军队

部，同时，再将援军轻松消灭。张自忠部在此时日军的眼中成了煮熟了的鸭子，前来白白送死。

到了3月12日，日军又挥师直往临沂，强敌当前的第40军全体官兵背水一战，奋力拼搏，一场激烈的血战一直持续到下午，正当第40军逐渐体力不支时，张自忠军长率领第59军及时赶来，临沂战场的将士精神不由得为之一振。

这样的形势让日军大吃一惊！他们万万想不到张自忠率领的59军在一天内就以90公里的急行军速度赶到了临沂战场！吃苦耐劳、义干云霄，这就是西北走出的军队，在军长的一声令下，59军将士奋起直击。

虽然张自忠的援军抵达时已是夜色弥漫，然而战斗却变得越发激烈了。日军不断轰炸的炮弹盘旋于头顶，一刻不停歇。

面对张自忠援军的到来，吃惊的还有庞炳勋。"来得正好！来得正好！"这是庞炳勋握紧张自忠的手后，不断重复的感叹。

想起张自忠"汉奸"这称号，庞炳勋也不由得对他开起了玩笑："人们都说你要在北平当汉奸，我可不信。"

听闻此言，张自忠大笑："我张自忠究竟是不是汉奸，今天就让他们看个明白。"

张自忠援军的到来，大大振奋了临沂军队的士气，战争形势迅速扭转。在日军毫无准备的情况下，59军如有神助，重击日军第五师团背侧。庞炳勋部将士也不甘示弱配合援军，从阵地开始了反击战。这种再度出乎日军意料的内外夹攻的打法重挫日军。

会合后的张、庞二军在近半个月的苦战后，终于打退了日军，损失极为惨重而无法支撑的日军不得不退回莒县以困守待援。

被称为铁军的板垣师团被打退，损失严重，无力西进，对于此时在津浦北段的敌军而言可谓是砍断了左臂，日军两路会合后攻打台儿庄计划至此终告破产。在这次战役中中国军队的胜利为台儿庄会战打下了良好的基础，为李宗仁在台儿庄战役中围歼矶谷师团提供了契机。

台儿庄战役打响了。

顽强抗击：三天三夜的争夺

临沂之战中，李宗仁决定派张自忠对庞炳勋增援，张自忠也不负众望火速到达并一举取胜。在这里，不得不说起张自忠与庞炳勋曾经的一段渊源。

他们原来都曾为冯玉祥效力，并且情如兄弟。然而在中原大战开始后，庞炳勋的背叛使他与冯玉祥成了敌人，并且在战场上恰逢张自忠，还险些要了张自忠的性命。二人在此结下梁子。张自忠曾表示：他甘愿在战场以死报国，但对手绝不可能是庞炳勋。

张自忠在抗日战争爆发前担任宋哲元第29军中的师长一职，同时还兼任着天津市长。他忍辱负重，不断与日本周旋以抵抗日本企图特殊化华北的阴谋。然而外界群众却不明真相，将张自忠当成了汉奸，以为他卖国求荣。七七事变发生后，张自忠仍未放弃同日军的交涉，留守华北，也使得他背上了舆论界"国人皆曰可杀的汉奸"的骂名。到南京后有口难辩的张自忠获得了李宗仁的帮助，他也终于可以重新带兵，回归到了自己的部队中去。

临沂之战的庞炳勋面对敌军向李宗仁请求支援，李宗仁了解到二人之间的矛盾，本不应派张自忠前往，然而在第五战区，除了第59军外，再无可调用的部队。临行前李宗仁找来了张自忠，与其交心长谈："你与庞炳勋的夙怨我早有耳闻，但那是内战的遗留，无论是非对错，皆是私仇，无关乎名誉。当前，为雪国耻，报国仇，庞炳勋部浴血前线，希望你以国家及民族之利益为己任，抛开个人恩怨，不计前嫌，增援临沂并接受庞炳勋调遣。"

曾被李宗仁帮助过的张自忠本就对其心存感恩希望有所报答，在听过李宗仁这番语重心长的劝慰后更是感慨良深，李宗仁这分明就是既给了他一个台阶下，又赋予了他民族大义的头衔。此情此景，只闻张自忠爽快地回答"坚决服从命令"。

为研究对敌攻击时的协调作战，庞张两军的高级将领在第40军军部召开了军事会议，在对攻击开始的时间问题进行讨论时，张自忠首先发表了意见："按常理，我第59军以90里急行军到此已是疲惫不堪，应给战士们充足的休息后再发起攻击，但在战场上，兵贵神速和出其不意至关重要，而且对方装备精良，我军处于劣势，我们只能利用夜战近战来突破，才能夺取胜利。"经过研究决定：于3月14日凌晨，第59军趁日寇不备，强行渡过沂河，直击板垣师团右侧背，将亭子头、大太平、申家太平、徐家太平、沙岭子等处作为突破口，捣毁日军防线。

从3月14日之后的三天就是无尽的黑暗和战火。日军已经占领了徐家太平、郭家太平、大太平等六七个村庄。张自忠率领的第59军与敌奋战到15日终于收复了这些村庄，并且立即构筑工事，但是经过一昼夜的激战，第59军损失巨大，伤亡惨重。

板垣又增调一个旅团援军来反扑以弥补日军付出的巨大代价。15日午夜，日军从沙岭子北中国守军两个旅阵地接合部偷渡过了沂河，占领了毛官庄对面河西渡口后，先派出十几架飞机到中国军队的崖头、刘家湖、苗家庄、钓鱼台一线进行狂轰滥炸。16日，日军又集中三四千人的兵力，在几十门大炮的配合下，向中国守军的茶叶山、船流、钓鱼台、郝沂宅子进行攻击，第38师将士沉着应战，战斗非常激烈，将来犯之敌通通打退。

张自忠的预定方案被打乱了。中国军队的船流、苗家庄、刘家湖一带遭到了日军的突袭，更在刘家湖发生了激战，第38师114旅董升堂部队原本只是为了预备而集结，也投入到了战斗中。接到报告后的张自忠临危不乱，赶紧作出调整：为阻止河东进犯的日军，在茶叶山、郝沂宅子等地派出了第38师的一个团驻守。

★台儿庄战役中正在阻击日军的中国士兵

为保住茶叶山我军这一支撑点，他要求士兵们宁可牺牲也不可放弃，坚守到底。为加强这一地区的防御力量，第38师只留下114旅在刘家湖一带与日军继续战斗，河东部队则全部撤回。他将兵力撤回河西，放弃了沂河东岸的各个阵地。

16日黄昏，经过了在刘家湖村外与日军激战的一天，第114旅第228团与日军以村子中央一个水深一米、方圆数亩的大水塘为界，分占村子东西，并隔着水塘互射，战况胶着激烈。第114旅的第227团的加入也未能打破僵局。水塘边，尸体横陈。中国军队坚守阵地，绝不给日军一点机会。

三天三夜激烈争夺阵地的战斗，中国军队在付出了沉重的代价后，终于阻止了日军的进攻。

枪林弹雨：不惧生死的肉搏战

3月20日，日军矶谷师团趁着攻克滕县的余勇，利用飞机作掩护，集中四万士兵和坦克、大炮等先进装备，向台儿庄大举进攻，企图一举攻占徐州。

当时任第二集团军总司令的孙连仲和名将李宗仁率领部队坚守台儿庄，第20军团军的团长汤恩伯率领部队深入兰陵及其西北云谷山区，诱敌向内，避开津浦铁路的正面战场，寻找时机一举灭敌。

★台儿庄前线总指挥孙连仲

3月23日，日军从枣庄一路往南，与当地守军警戒部队在台儿庄北面的康庄、泥沟地区发生了激烈战斗。从3月24日到27日，日军不断向台儿庄发起猛攻，曾有数次甚至攻入庄内。孙连仲带领守军第二集团军顽强抵抗，与日军展开拉锯战。三天三夜之后，台儿庄失守，日军攻进了城内。

为了让外线部队有足够的时间完成对日军的反包围，城内的中国守军同日军展开了激烈的巷战。在日军占领了全城的2/3的恶劣形势下，留守南关的中国守军按照李宗仁制订好的作战计划，固守阵地，死守台儿庄。按照计划，守军分为两部分，一部分在城内尽量拖住敌人，而庄外的大军趁机完成反包围，将日寇团团围住，关门打狗。

3月28日，日军从西北角攻进台儿庄，西门被占领，中国守军第31师师部与台儿庄内守军的联系被切断。31师师长池峰城坐镇，一方面以巨大火力压制住敌人的猛烈进攻，另一方面组织数10名士兵作为敢死队员夜袭日军阵地，与敌军展开近身肉搏。第20军团第52军军长关麟征和第85军军长王仲廉率领部队从外围向枣庄和峄县地区的日军发起攻击。3月29日，穷途末路的日军为解除台儿庄正面战场的危机，派出第五师团坂本支队（相当于团）从临沂前往兰陵

★台儿庄作战时的李宗仁

北面的秋湖地区作为兵力支援。两天后，中国部队把进入台儿庄地区的濑谷支队完全包围。坂本支队于是不得不由临沂转向台儿庄驰援，到达向城、爱曲地区，从侧面打击中国守军第20军团。汤恩伯命20团第50军和刚刚抵达增援的第75军将坂本支队团团围住，让他们救援濑谷支队的计划泡了汤。

日军的矶谷师团眼看着救援已经没有可能，决定与中国守军拼个鱼死网破。此时中国守军的兵力虽然是日军的五倍，但日军退守台儿庄，凭借易守难攻的优势，中国军队在付出极大的伤亡代价后，仍然未能把敌人歼灭，战争一时呈胶着状态。

4月3日，李宗仁下令发起总攻。以第52军、第85军、第75军为主的第五战区发起全线反攻，在台儿庄附近向日军发动猛烈攻击。日军在中国军队的围攻之下拼力争夺，凭借占领的大部分街市与中国军队打起了街垒战。中国军队英勇顽强，痛打日军，夺回了被日军占领的街市。

4月4日，国民党空军部队派出27架飞机在台儿庄东北、西北上空对日军所在的阵地进行了猛烈轰炸。当天晚上，被团团围困得早已力战不支的日军濑谷支队，炸掉难以携带的物资，开始向峄县逃窜。

4月6日，李宗仁亲自赶到台儿庄附近坐镇指挥，对日军矶谷师团进行全线

出击。按照李宗仁作战计划一直处在防守被打状态的孙连仲第二集团军在得到反击的命令后全军神情振奋斗志昂扬，与日军展开激烈巷战、肉搏战。只听得台儿庄城里中国军队杀声震天，很快日军就节节败退，血流成河。日军首次面对中国军队这样猛烈的进攻，军心涣散，很快便溃不成军。而在台儿庄北面，此时枪声炮声响成一片，那是汤恩伯所率领的第20军团已向敌人发起进攻。矶谷此时终于明白自己已经陷入中国军队的反包围圈，仓皇中只得下令部队全线撤退。此时敌军弹尽粮绝走投无路，全军随矶谷如丧家之犬般狼狈逃窜。李宗仁下令部队乘胜追击，矶谷顾不得日军尸横遍野血流成河，自己率领残余部队于4月7日突围向峄县、枣庄溃逃。两军在激战四天后，中国军队歼灭了日军濑谷支队大部和坂本支队共计两万余人。

战典回响

唤醒血性的一战

就战役本身而言，台儿庄战役是一次标准的军团攻坚战，从外围战，到北门争夺战，再到最后的巷战，甚至于敢死队的出动。在台儿庄战役开始之前，中日两军的军事实力相差悬殊。1938年3月18日，日军矶谷师团濑谷支队先是攻取滕县，然后于当夜夺取临城(今薛城)，随后以一部沿津浦线南下，在20日攻占韩庄，准备进攻徐州时，遭到了布防在运河沿线的我第52军郑洞国第二师的阻击；而另一部福荣大佐的第63联队沿临赵(墩)铁路于18日占领枣庄，20日攻取峄县，矛头直指台儿庄。

国民政府军事委员会关于台儿庄战役的意图和部署是，以擅长固守的原西北军孙连仲部防守台儿庄运河一线，一面防止日军进犯徐州，一面将矶谷师团吸引到峄县南部地区，然后用隐藏在峄县东北山区的汤恩伯第20军团攻击它的侧背，进行围歼。而日军方面的作战意图则是："确保韩庄、台儿庄一线，并警备临城幽幽、峄县，同时用尽可能多的兵力向沂州方面突击，协助第五师团战斗。"

于是，中日两军在台儿庄展开了一场殊死较量，双方的搏杀是残酷而又充满血腥的。从外围的激战，到城内的巷战，无不是在进行着寸土必争的争斗。从最早的飞机大炮，到后面双方都不得不选择冷兵器，甚至是赤手空拳地缠斗，可以说，这是日军发动侵华战争以来，遭遇到的最为猛烈的一次反击，中国军人以血性和身躯构筑起了台儿庄的钢铁防线。台儿庄的肉搏战无比惨烈，死伤无数，许多军民在失去了一条腿或者胳膊的时候，仍然用嘴巴牙齿和残余躯体扑向敌军，最终获得胜利，这是战争史上的奇迹，也是意志力的胜利。

就整个战争局势而言，台儿庄战役虽然以中国军队的胜利告终，但是并没有影响到整个的局势，此后不久，徐州也宣告沦陷。它的影响更多是在士气上。因为台儿庄战役的胜利，增强了中国军民抗战胜利的决心，鼓舞了抗日军民的士气，用胜利的事实证明了"亡国论"是毫无根据的，更是改变了国际上对中日战争的看法。1938年4月9日，路透社就在电讯中说："英军事当局对于中国津浦线之战局极为关注，最初中国军队获胜之消息传来，各方面尚不十分相信，但现在证明日军溃败之讯确为事实。"

另一方面，日军士气则受到了很大打击，此前的日军在中国战场从未遭遇过如此大规模的溃败，也从来没有经受过这样严酷的反攻。作为天皇麾下的帝国战士，他们身上那股不可一世的孤傲受到了严重的挫败，"大日本皇军不可战胜"的神话宣告破灭。

★沙场点兵★

人物：李宗仁

李宗仁是广西临桂汉族人，字德邻，著名的抗日将领、杰出的军事家。李宗仁从小就聪慧好学，展示出对军事的浓厚兴趣和极高天分。1910年正处于青年时期的李宗仁加入了同盟会，六年后加入桂军，参加多次战役，因为先后在护国战争以及护法战争中表现出色，李宗仁升至营长。1922年成为广西自治军第二路军总司令。此后他紧紧跟随孙中山的脚步，联合黄白二军共同讨伐叛乱敌军，剿灭了旧桂系军阀头子陆荣廷等人，在多年浴血之后，李宗仁一统广西，成为新桂系军阀的首脑。

抗日战争爆发后，李宗仁积极投入到抗日战争中，从第五战区的司令官到汉中行营主任，从未停止指挥作战的脚步。台儿庄血战是他最为典型的一次胜利，此役中李宗仁指挥冷静，果断勇敢，一举集中兵力消灭万余日寇，极大地增强了全国人民的信心。1948年4月，李宗仁担任国民政府"副总统"。1949年12月，李宗仁远走美国，但是依旧关心着国家的发展，在对待国共问题上，他一再表示应进行和谈，极力反对台湾独立，最后获得了周恩来同志的帮助回国。1969年1月30日，这位忠勇一生、智谋过人的国民党著名将领在北京病逝。

武器：步枪

步枪是指有膛线单兵肩射的长管枪械，又称来复枪，有效射程通常在400米范围之内，其用途在于杀伤暴露的敌军目标，还可以利用刺刀和枪托与目标进行格斗，也可发射枪榴弹，点面杀伤和反装甲能力强。

在台儿庄战役中，中国军队在基本没有空中军事力量及地面装甲力量（汤恩伯部负责外围的牵制，未直接介入台儿庄战役）的前提下，步枪成为了中国士兵的唯一武器。但是在步枪的性能上，中国军队无疑又落后于日军，但是步枪可以利用刺刀和枪托与目标进行格斗的性能，却使中国士兵在夜战及近身白刃战中缩小了与日军在装备上的差距。在此战役中，中国军队在具体的战术安排上，多次组织野战、白刃战，充分减小了自己在装备上的劣势，这也是此战中国军队获胜的一个具体战术上的因素。

战术：包围

包围战术是指兵分几路，从几个方向阻截敌军，使敌军围困在自己的实力包围圈之中。具体执行中分为多种情况，其中最常见的包括在正面进攻的同时，突击敌军侧翼，趁敌军正面战场被牵制的时机绕向后方，进行全方位的围歼。此外还有针对敌军行进的方向，从各路三面包围或者四面包围，分股击破。

在台儿庄战役中，李宗仁就采取了包抄围歼的作战方式，利用自己对当地地形的熟悉，引诱敌人进入国民党军包围圈，果断在日寇深入之时收网痛击，是成功的包围战术的典型。

尖矛与利盾的较量

THE CLASSIC WARS

攻坚战

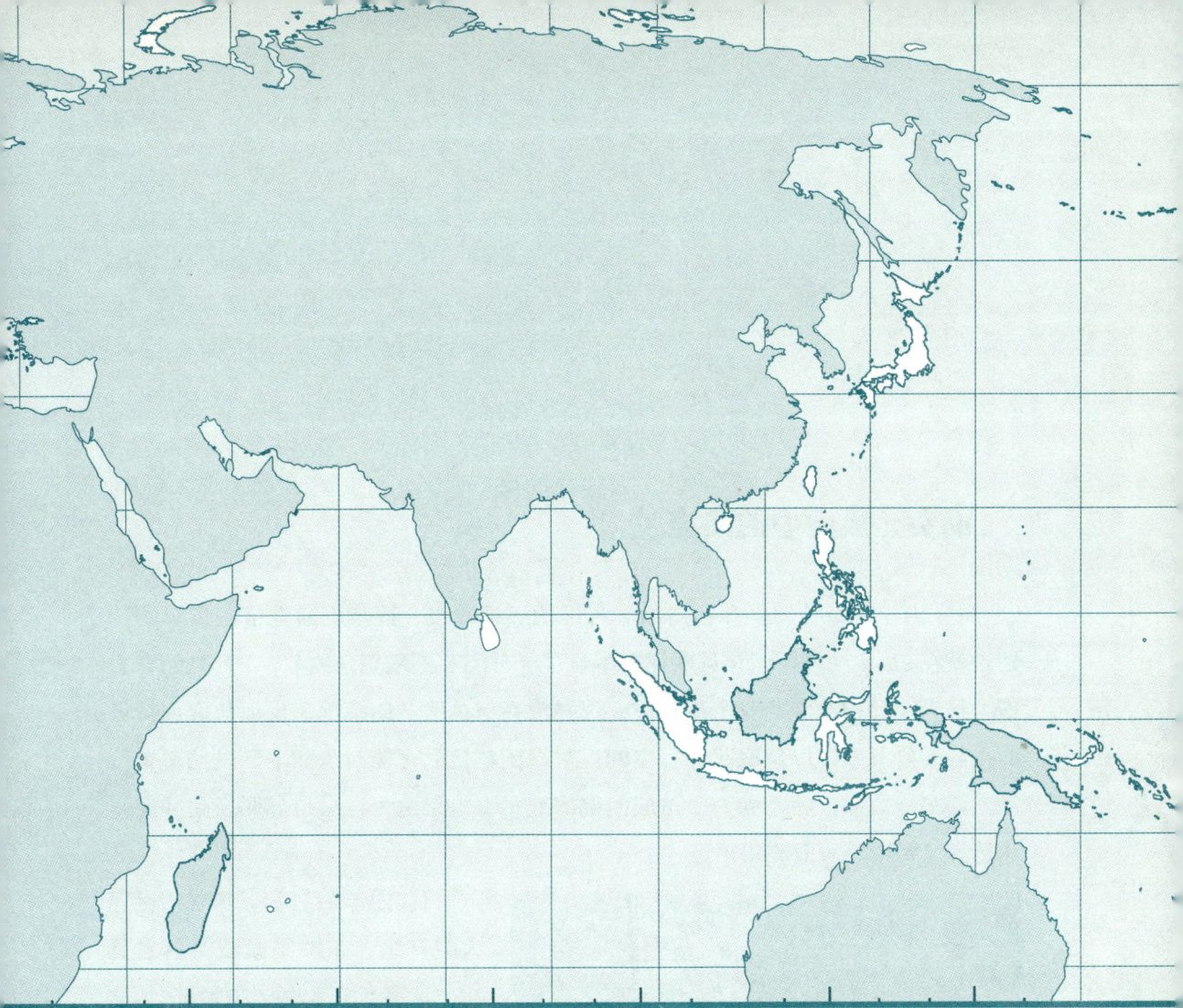

第八章

基辅攻坚战
——英雄之城在哭泣

▲德国在吞并波兰后，并没有停下其扩张的脚步，而他们的下一个对手是实力极为强大的苏联。为此德军制订了"巴巴罗萨"计划，又如法炮订了一次闪电战的进攻，在德军闪电战攻势下，准备不足的苏军陷入了完全的被动中，大量军队被歼灭。但苏联的战略纵深及丰富的战略资源储备，决定了这场战争的持久性。为了应对未来持续的战争，苏德两国的统帅都将乌克兰这一战略资源丰富的地区视为必争之地。在对乌克兰的争夺中，两军出动了数量庞大的军队，德军战略战术的正确及各军种的良好的协同作战能力，使德国完成了占领乌克兰的计划。其中基辅攻坚战，更是此次夺取乌克兰计划的最后一步，战况之惨烈、规模之巨大足以使其成为战争史上值得大书特书的战例。

前奏：风雨中的乌克兰

　　1939年，希特勒正在利用欧洲各国的绥靖政策，逐步酝酿他征服世界的计划。就在8月，纳粹德国与苏联秘密签订了《苏德互不侵犯条约》，苏联领导人斯大林为了保护苏联的安全及利益，选择放弃与英法共同抗德，反而与之保持表面上的友好关系，以争取时间、空间应对德国在日后可能对东欧地区发动军事行动。而另一方面，希特勒为了达成闪电的战军事效果避免过早与苏联发生冲突，也选择了暂时性表面的和平。

　　1939年9月1日，第二次世界大战开始，东欧国家波兰首当其冲，其领土迅速地被纳粹德国和苏联的联军铁骑践踏，二十几天后苏德两军联合阅兵宣告对波兰瓜分占领。然而小小的波兰并不能满足希特勒对"生存空间"——土地和原料的需求。

　　第二次世界大战开始短短几年内纳粹德国在西欧战场上便取得了决定性胜利，莱茵河流域、奥地利、捷克斯洛伐克和苏台德地区都成为希特勒骄傲的战利品。这时候纳粹德国终于将矛头指向了当时拥有大量石油

★《苏德互不侵犯条约》签字现场

和原料的苏联，希特勒深知要征服欧洲，成为真正意义上的欧洲霸主，就必须要击倒这个巨无霸，亚历山大、拿破仑……这些立志征服世界的勇士都倒在了俄罗斯的皑皑冰雪上，但是希特勒对于自己的闪电战深信不疑。

1941年6月22日希特勒终于按捺不住撕毁了《苏德互不侵犯条约》，对苏联开始猛烈进攻。

纳粹德国以罗马帝国皇帝腓特烈一世的绰号"巴巴罗萨"（意为红胡子）作为这场侵苏战争的代号，计划迅速攻克苏联的东方领土，北至阿尔汉格尔斯克、南至阿斯特拉罕，拿下莫斯科。

早已备战在苏德边境的260万德军在6月22日凌晨迅速进入作战状态，而他们所面对的苏联军区也具有与之抗衡数量相当的苏联红军。但是由于苏联领导人斯大林对苏德开战日期的错误估计，在边境的驻守部队没有一个部队展开备战。德军的突袭取得了很好的效果，苏联红军诧异于进攻苏联领土的德军数量之多和配合之紧密，约有320万德军地面部队投入了西线的攻势，伴随的还有数十万罗马尼亚、匈牙利、捷克斯洛伐克和意大利的部队，芬兰则从北边发动攻势。苏军在闪电战的打击下节节败退，长驱直入的德军在北部及中部战线取得了巨大的成功，德军三个集团军和两个装甲集群对基辅一带苏军西南方面军形成夹击之势。

★德国宣传部长戈培尔宣布德国对苏联宣战

★1941年6月22日凌晨3点，德军跨过苏德边境线，向苏联发起攻击。

步步为营：战斗集中到基辅

希特勒制订的"巴巴罗萨"计划将侵苏德军分为北方、中央、南方三个集团军。其中兵力最强大的是博克元帅指挥的中央集团军，其属下有古德里安大将的第二装甲集群和霍特大将的第三装甲集群。古德里安大将在德军中以骁勇善战出名，在战场上，几乎没有一名统帅能够比他大胆和果断，他多次亲自率领军队进行快速突击，大胆穿插，使得博克元帅的部队很快以钳形攻势在苏军后方形成合围。

7月16日，斯摩棱斯克被古德里安的第二装甲集群攻占，从此通往莫斯科的大门被打开了。面对莫斯科的巨大诱惑，德军上下无不踌躇满志。眼看着欧洲当时最强大的两个国家将要在俄罗斯展开激战，决战似乎一触即发，整个世界在这一刻都将目光转向莫斯科，人们猜测着德意志神话在俄罗斯是会继续还是会凋零。

但就是在这个时候，希特勒却出乎意料地作出了暂时放弃往莫斯科方向前进的决定，而是把目标放在了乌克兰——这个以人口密集和农业发达闻名的城市，借以攻占基辅和列宁格勒（现圣彼得堡）。这不仅让整个世界都摸不清了头绪，也最终成为了历史的一桩悬案。

其实在开战之前，希特勒对于整个侵苏战役的最终目标就没有明确的认识。他一直打算先夺取北方的列宁格勒，而后攻打莫斯科。后来他又认为应首先向南夺取乌克兰的农业和原料产地、顿涅茨盆地的工业区乃至高加索的油田，然后再从斯摩棱斯克东进。

同时，南方黑海边的克里米亚半岛也令他担忧，他非常害怕苏联把克里米亚半岛作为补给基地来轰炸他在罗马尼亚的普洛耶什蒂油田。而这个油田对于德国就如血脉一般重要。占领了克里米亚，不但可以保证油田的安全，而且还可以使德军能越过刻赤海峡取捷径入侵高加索。

局势错综复杂，连素来固执的希特勒也一时不知道如何是好，毕竟，苏联不同于法国、捷克斯洛伐克、波兰，它是强大的社会主义国家，希特勒也明白要占领苏联并非一朝一夕的事情。当然，还有一个更为重要的原因是，在希特勒心目中，并没有把苏联首都莫斯科放在首要的地位。

7月19日，希特勒颁发了第33号指令。霍特的第三装甲集群奉命一路往北到达波罗的海，从侧翼包围列宁格勒；而古德里安的第二装甲集群则一路向南，在基辅的东边与从属于南方集团军的克莱斯特大将率领的第一装甲集群会合，对基辅附近的苏联部队实施包围。而中央集团军则只率领步兵向莫斯科进发。

如同接下来大规模战斗的序幕，德军跟苏军在边境地区进行了一系列战斗，又在杜布诺—卢茨克—罗夫诺

★德国装甲部队侵入苏联腹地

进行了一场激烈的坦克战，面对德军的"闪电战"，苏军也是毫无办法，节节败退。苏军最高统帅部认定德军将会主要进攻西南方，于是在乌克兰部署了大部分兵力，包括西南方面军、南方面军一共六个集团军、69个步兵师、11个骑兵师和28个装甲旅，由苏联元帅西南方面军总司令布琼尼指挥。

按照最高统帅部大本营的命令，苏军西南方面军在6月30日开始从西乌克兰撤退。方面军的任务是在7月9日前以野战军队占领构筑于旧国界的沃伦斯基新城、科罗斯坚、舍佩托夫卡、普罗斯库罗夫、旧康斯坦丁诺夫等筑垒地域，并在这一线组织坚固防御。突破苏军在旧筑垒地域一线的正面，前开至基辅地域，开辟第聂伯河的登陆场。然后突击集团转向东南进攻，以拦截西南方面军主力向第聂伯河对岸的撤退，并从后方实施包抄并将其消灭是预定在基辅方向行动的德军南方集团军群的目的。苏军西南方面军有44个已经被战斗严重消耗的师与德军的40个师对峙着，显然，我们一眼就能看出兵力的悬殊。双方剑拔弩张，德军不会怜悯此刻苏军的弱小，苏军也硬是打肿脸充胖子地跟德军僵持着。

奉命坚守：组织坚固防御

德军终于等得不耐烦了，仗着兵强马壮，步兵、火炮和迫击炮等都是苏军的两倍多，飞机是苏军的1.5倍，在7月5日开始了猛烈进攻。在苏联主要突击方向方面军完成退却和在筑垒地域一线展开前，德军早已到达。7月7日，苏军在新米罗波尔以北的防御就被德军以坦克兵团为主要战斗力的第一梯队突破。傍晚，德军又乘胜攻占了别尔季切夫。第二天，德军在沃伦斯基新城以南实施突破，7月

9日，德军一路捷报频传，夺占了日托米尔。7月11日，德军坦克第一集群先遣部队在两昼夜内前进110公里，充分发挥闪电战的风格，展现出闪电般的作战速度。但是当德军一路气焰嚣张地行进到基辅以西15~20公里的伊尔片河的时候，其精良的坦克和摩托化步兵被苏军阻于基辅筑垒地域的外层。德军从行进间夺取基辅的企图被打破。

面对战况，苏军总参谋长朱可夫大将建议把西南方面军撤到第聂伯河对岸避免被德军以合围之势吃掉，并且放弃基辅全力保卫莫斯科。斯大林不仅断然拒绝这项建议，还解除了朱可夫的总参谋长职务，让他去担任预备队方面军司令员。

苏联的方面军被德军的正面突击和随后的翼侧突击割裂成了几个孤立集团。而苏联红军由于战前过分高估自身实力及轻敌致使其此刻仍处在结构重组阶段，在德军的突袭下，虽然大量苏军驻扎在苏德边境也一筹莫展，只能被动挨打。

第五集团军此刻正在基辅西北该方面军的右翼，一个半月以来一直在科罗斯坚筑垒地域阵地坚持战斗以牵制德军的10个师。该集团军对直接进攻基辅的德军集团军侧翼实施的反突击，大大缓解了守城苏军的窘迫处境。集团军按照最高统帅部大本营的命令在8月下旬在基辅以北新的防御地区组织坚固防御。第18集团军一部和第12及第6集团军共20个师在基辅西南苦苦支撑。8月3日，德军从两翼在乌曼地域包抄了该集团军。8月8日，德军俘虏了103 000名苏军，"乌曼口袋"被消除。这些俘虏里甚至包括了第六集团军司令穆济琴科中将和第12集团军司令波涅杰林少将。在这次胜利中，德军还缴获了317辆坦克、858门火炮。此后，战斗在这里一直持续到8月13日。一系列行动未能达到预期的目的，使西南方面军和南方面军接合部的情况极端复杂化。在中央防守的是第37、第26集团军。8月19至29日，德军坦克第一集群对第26集团军展开了一场包围行动，面对这种状况，第26集团军企图通过一个战役来突出重围，但收效甚微，仅阻住该集群数天就在德军的突击下亦被迫后退。而德军重兵集团在8月上半月为攻占乌克兰首都而从西南实施的强大突击却被第37集团军成功地击退了。尽管如此，德军仍然一路前进到了基辅近郊茹利亚内、梅舍洛夫卡。然而此时苏军作出了一个正确的决定，反突击的实施使沿筑垒地域外层的战线在8月15日前几乎完全恢复。乌克兰共产党中央委员会、共和国最高苏维埃主席团和人民委员会决定成立城防司令部并调动基辅市民及附近居民积极性，让他们参加到保卫城市的大潮中，很快就有20万基辅人志愿参加了苏军。

铁甲围城：德军实现基辅合围

8月20日德军终于抵达第聂伯河，德军的中央集团军、南方集团军和后方以一个边长为550公里、高为500公里的类似等边三角形的形状把苏军西南方面军主力牢牢围困住。8月21日，希特勒趁此良机签发了第35号指令，命令德军占领克里米亚和顿涅茨盆地的工业区，把高加索的石油供应牢牢握在手中。而在此之前，得先解决掉苏军西南方面军所属第五集团军这个绊脚石。

8月25日，曾在斯摩棱斯克立下赫赫战功的古德里安第二装甲集群又一次做先锋南下，直捣布琼尼元帅率领的百万大军后方。这支战斗力卓越的装甲部队所过之处无不掀起漫天征尘，而苏军最高统帅部却对古德里安的南下行动作出了致命的错误判断，把他以迅雷不及掩耳之势横扫乌克兰大平原的目标误认为是要借南侧包围苏联方面军和预备队方面军之机迂回进攻莫斯科。这个误会一直持续到8月底。布良斯克方面军司令叶廖缅科曾扬言能阻截古德里安的南下，但他组织起的10个步兵师向德第二装甲集群进行的反突围却如鸡蛋碰石头。

这个时候，在9月的7日、8日里，南方集团军司令部里面一片紧张，哈尔德与众多参谋详细讨论了关于联合作战计划的各种细节，这份作战计划的中心只有一个，就是攻夺基辅，把第聂伯河岸一线的敌人全数歼灭。参加这次作战计划的包括南方和中央两个集团军。古德里安将亲自率领他战功显赫的第二装甲集团军坦克集群开始出发，由图比齐夫斯克的西部横渡了杰斯纳河，一路往南碾压而去，目标直指基辅后部罗姆内。此时的第二集团军也从戈梅尔朝着南部移来，一路牢牢护住这支铁甲怪兽集群的右翼。另一边的坦克第一集群已经绕过了第聂伯河湾，从克列缅丘格攻向北方，这两股力量将会在罗姆内接头，一起把苏军挡在大河曲之外。前攻无路的苏军还

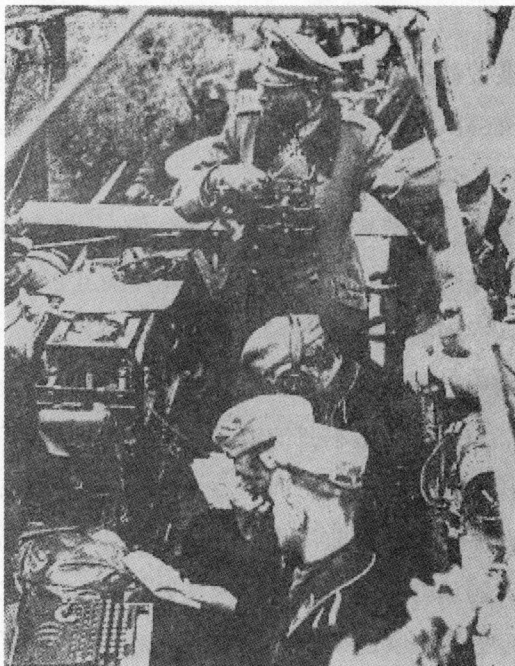

★正在指挥战斗的古德里安

★布琼尼元帅

将受到第17集团军的牵制，进退两难。与此同时，第六集团军将趁机跨越宽阔的第聂伯河，直插基辅。同时德国南方集团军司令伦斯德命令克莱斯特的第一装甲集群以最快的速度突入苏军背后，而第17集团军强渡第聂伯河，同古德里安的第二装甲集群在基辅侧后南北对进，这样一来，就如同一把巨型铁钳牢牢夹住了敌军。

简单来说，这个计划相当于两重合围，形成一个同心圆。外圆是第一、第二坦克装甲集群，内圆则以步兵为主。哪怕苏军已经突破了德军士兵，外面还有火力强大、壁垒森严的坦克等着他们。德军按照这个计划当即展开行动，到9月9日的时候形势已经基本明朗。第17集团军已经将第聂伯河远远甩在了脑后，而克莱斯特也正在北方向着古德里安的大军赶去。仅仅一天的时间，古德里安已经把罗姆内攻下，闪电式进击，而到第三天的时候，克莱斯特也迫不及待地向着卢布内方向发动猛攻。

到了14日，德军的双重包围圈已经基本形成，第一装甲集群依旧以极高的强度轰炸着卢布内的城墙，而第二装甲集群的先锋部队已经强行攻下洛赫维察，两支部队仅有40公里的距离就可以完成圆圈最后的缺口。

会师很快就到来了，15日古德里安与克莱斯特带着各自的胜利消息相聚洛赫维察，这里离基辅只有210公里，南北两向的坦克集群完成合围，重重将基辅包围在内，所有炮口都指向了圈内的苏军。

因为德军的进展实在迅猛，苏军元帅布琼尼已经支撑不住，情势看起来显然败局已定，他反复向莫斯科发出电报，请求撤退，但是最高统帅部在斯大林的勃然大怒下，毫不留情地斥责了他后退的计划。斯大林命令禁止苏军西南方面军有任何倒退的意向，因为对布琼尼大为光火，他还当即撤销了布琼尼元帅的职位，改派铁木辛哥前往基辅继任。铁木辛哥硬着头皮来到前线以后，当即感受到了巨大的压力，德军越收越紧的铁圈直箍得苏军喘不过气来。铁木辛哥这才明白布琼尼的撤退实乃明智之举，只有趁早后撤才有可能保全部分实力，如果再这样硬撑下去，恐怕避免不了被围歼的命运。于是铁木辛哥当即派遣参谋长前去恳求斯大林下达撤退命令，斯大林面无表情，对着忐忑不安的参谋长只是简短地说了一句话："守住基辅。"

这短短几个字让基辅地区的西南方面军心中一凉，知道恐怕已经没有了生还的希望。

基辅陷落：难以完成的突围

1941年9月16日，苏军终于到了必须面对的一天，战争史上规模最大的围歼战正式开始。内圈德军继续以惊人的速度行动，飞快地分割了西南方面军各个部队，形成了挨个包围的小战圈。失去联系和支持的苏军一片混乱，每片小战场都呈现被动局面，尽管苏军英勇抵抗，但是在德军的围攻之下损失惨重，无法突出求援。这种情况传到莫斯科以后，斯大林也只好不情愿地承认只有撤退才能避免全歼的命运，9月17日下午，苏军最高统帅部下令撤退。但是他们还没有估算清德军真正的实力，此时战局已经不是任由他们想退就退了，内圈德国步兵难以对付不说，即使侥幸冲出步兵圈，外面的古德里安与克莱斯特的坦克也会猛冲过来。苏军只能一再缩回基辅，没有任何退路。情况更加严峻的是苏军高层对具体战况根本不了解，并没有组织起像样的突围，官兵整整一天都只能据城苦守，犹如坐以待毙的困兽。

城内指挥官见此情景，知道再拖下去不会有任何士兵能留下性命。

于是在17日下达了强行突围的命令，第二天西南方面军将所有的坦克兵力集中到一点，向着德军第16装甲师猛冲过去。冲在最前面的苏军士兵高举刺刀，昂扬地高呼口号直奔目标。这种强劲的突围跟前两天苏军犹像分散的行动风格相差极大，德军措手不及顿时被打个正着，眼看包围圈即将出现漏洞，德军增援

★战争伊始斯大林的决策失误使苏军陷入了被动

却迅速赶来，将苏军的冲锋又堵了回去。虽然第一次强势突围失败了，但是西南方面军抱着求生的念头并不气馁，一天之内发起多次突围行动，而德军也抓紧一切空隙组织回防，激烈的突围与反突围不断重复，到了下午苏军一口气把最为精锐的一支骑兵师并同两支坦克旅派出做前锋，犹如利剑一般直插德军薄弱地带，这次集中优势兵力的行动终于获得一定成功，久攻不破的德军第二装甲集群被撕开一道血口。苏军前锋呼喝着奔向外围，但是这时德军第三装甲集群却赶到了前方，重新组成了一道战线。刚刚经历过苦战，好不容易突围的苏军士兵顿时被钢铁部队挡在郊外，凭着顽强毅力，苏军在失去重武器的情况下用血肉之躯继续进行着凶猛的冲锋，此时伤亡惨重的苏军已然不是第三装甲集群的对手，这种绝望而勇敢的冲锋迎来的是一片片炮火的扫射，田野上顿时血花四溅，苏军将士尸横遍野，几近覆灭。

在这种情况下，苏军最高统帅部终于认识到局势的严重性，开始下达积极的全体撤退命令，斯大林甚至告诉指挥官完全可以放弃基辅，放弃一切，全力撤退！于是原本还守在要塞的苏军通通返回，第聂伯河上的桥梁被炸断，堡垒连同外围工事全部放弃。既然外部突围不出，为了保全实力，苏联西南方面军宁可躲回城内。而之前就有撤退计划的布琼尼和铁木辛哥也早就登上了准备好的飞机，抢先逃离。

德军没有遇到什么抵抗就迅速得到了基辅。

但是即使苏军退守城内，也无法阻止德军步步前进的威胁，20日苏联西南方面军展开了第二次强势突围，这次战役的情形和第一次极为相似，但是效果却并不理想。尽管德军阵地在苏军的猛冲下一度决堤，可德军后备装甲军总是能及时堵上缺口，苏军就像不停打开一道道门，而外面永远还有另一道门，这种长期拼搏依旧无法改善的情况使得苏军极为疲惫，人力物力在几次冲锋中集中消耗，最优秀的部队和最强劲的武器用在了前面，也毁在了前面。当天西南方面军的士兵伤亡无数，司令员基尔波诺斯和政治委员以及参谋长也在英勇的斗

★基辅会战苏联60多万人被俘

争中战死沙场。此时逃出去的元帅铁木辛哥并没有放弃自己手下的士兵，为了营救被围困的苏军，铁木辛哥在德军外围展开进攻，他率领着数个集团军往包围圈中猛冲，试图和城内苏军里应外合，杀出一条血路，但是因为联系困难加上德军第17集团军总是在关键时候出现阻截，铁木辛哥的部队走错了方向，没有能够进入包围圈中心。

此时城内的西南方面军可谓进退两难，毫无希望。因为后勤供应早已经被德军切断，燃料和弹药也相继在突围战斗中耗尽，最后伴随士兵的武器只有带着刺刀的步枪。如今等也是死，冲也是死，于是士兵开始自发地成群冲击，以营为单位，刺刀为武器，向着德军的装甲坦克和重型火炮发起惨烈密集的进攻。

当时的战场情形足以让任何铁石心肠的人动容，宣传兵高举扩音器播放着斯大林慷慨激昂的演讲，他在讲话中不断鼓励自己的士兵英勇作战，许多士兵绝望地往德军炮火上扑去，一路狂奔还大声喊着斯大林的口号。这种无异于自杀的行为演变成了德军的大屠杀，缺乏武器的苏军士兵相当于赤手空拳，成批冲锋又成批倒下。

尽管苏联西南方面军人数庞大，但是如此迅速的溃败也令人难以置信。这场疯狂的围剿和屠杀终于在9月26日落下帷幕。苏军将士伤亡过半，连带伤兵共有66.5万人成为德军战俘，其中被认为是犹太人和共产党员的最终还是没有逃过死亡的命运。这批战俘在被押送到德军后方以后，遭受了极其残忍的非人待遇，几乎没有人能够再活着回到家乡。

战典回响

赢得了战斗，输掉了战争

在第二次世界大战时期以闪电战术闻名的德国军队凭借快速迅猛的攻势创造了一个又一个让敌人胆寒的纪录，一天内就拿下丹麦全境的事例就证明了德军闪电战曾经的辉煌。而当他们用同样的速度又展开围歼战时，这种凌厉的攻势更加让人恐怖。

高速行动通常伴随着高新武器，靠着突然和强劲使得敌军一时无法还手，以最小的损失换取最大的战争果实。而围歼通常发生在兵力占优势的进攻方针对守军展开三个方向或者四个方向的包围，从而封住敌军所有退路，进行封闭式剿灭。

但是在基辅攻坚战中的德军人数却远远少于苏联西南方面军。要形成围攻之势通常都需要大批人马分头调动，形成宽大包围圈之后逐步收紧，但是德军却出乎所有人意料，以不多的兵力迅速围成较为窄小的两道包围圈，以速度弥补了人数的不足。这种速度和路线的结合在整个战争史上都不多见，从此德军针对聚集目标采用的闪电围歼战术又成了新的经典。

在军事对抗中经常都会遭遇速度的比拼，无数战役也揭示了时间就是生命的道理。而德军更加将此发挥到了极致，创造了"时间就是一切"的概念。

基辅一役大获全胜，对于德军而言无疑是一场漂亮的表演赛，但是就整个德军战略而言，虽然赢得基辅一战使得德军将乌克兰地区和丰饶的顿涅茨盆地收入囊中，但是为了达到这个目的放弃莫斯科却非常不利。西南方面军的转移使得希特勒错失了能够拿下苏联首都的最好机会。当时苏联正处于一年内难得的温润适宜的夏季，等到德军转头再来执行巴巴罗萨计划下一轮的时候，莫斯科已经又是一片冰天雪地，严寒带给了德军相当大的困难，零下四十多度的气温使得德军对物资的需求暴涨，而最终德军也是因为后勤不足遭受了苏军沉重的打击。东线战场因为莫斯科一战局势大变，德军到达了基辅攻坚战的顶峰之后一路下滑，最终第三帝国的野心破灭了。

被称为世界战争史上最宏伟战争的基辅攻坚战犯的就是本末倒置的错误，为了追求一时的荣耀放弃了战略大局，希特勒这个决定在军事上无疑是一个重大失误，表面上看他赢得了最响亮的战役，但最后却输掉了人类历史上最大的战争。

★ 沙场点兵 ★

人物：布琼尼

布琼尼是苏联优秀的骑兵统帅，国内战争时期他率领骑兵为苏维埃政权的建立和巩固立下了汗马功劳。他高超的战术指挥将骑兵在战争中的优势发挥得淋漓尽致，长期的戎马生涯使他对战争的理解更加深刻。

布琼尼深得斯大林的信任，在十月革命时期就与斯大林并肩作战，他是苏联最早授勋的五位元帅之一，同时也是大清洗后幸免于难的两位元帅之一。对于战争他有着自己的立场，基辅会战，作为前线的方面军总司令，布琼尼看穿了希特勒合围苏军的阴谋，不惜冒着极大的风险与斯大林翻脸，竭力主张苏军战略性撤退，这与斯大林的作战思想产生了巨大的矛盾，为此，老帅付出了被撤职的代价，虽然他未能挽回苏军在基辅被围歼的命运，但他已经作出了最大的努力。他的勇气还是值得肯定的。

布琼尼是苏联重要的将领，他有着深厚的资历，出众的战绩以及自己独特的作战思维，是苏联军队中的宝贵财富，虽然基辅的失败是在他亲手指挥下造成的，但这场惨败与斯大林的刚愎自用有着莫大的关系，老帅只是一只替罪羔羊罢了。

武器：装甲车

在基辅战役中既充当火力武器，又充当防御铁墙的装甲车一向是战场上装甲战的主角。

装甲车由早期军用车辆改装而来，具备有装甲防护的履带和车轮，包括坦克在内统称装甲车。通常按照作战用途可分为作战型坦克与火力较弱的车种。

装甲车一般拥有高度越野机动性能，可以在各种坑洼不平的路面行驶，装甲提供保护能力，其上架设的火炮和机枪同时具备攻击能力。部分装甲车还可以用来装载反坦克导弹。

装甲车结构通常由车体、武装系统和动力装置组成，其中动力装置出于增强防护的考虑，通常前置。

除了坦克，装甲车一般用于运输和掩护，少数高端灵活坚固的装甲车可以用来进行指挥和侦察。

装甲车类型主要分为坦克、步兵战车、装甲人员运输车，除此以外，装甲车还包括装甲侦察车、反坦克导弹发射车、工程后勤技术车等。

在基辅攻坚战中，德军第17集团军的装甲部队每次都在苏军打开突破口的时候出现，运用其机动性，很好地完成了"补漏子"的任务，为德军围歼基辅城内的大量苏军提供了保障。

战术：穿插

穿插战术是指在两军对垒之时，趁着敌人部署兵力的喘息时期钻入其薄弱部位，迅速往敌后纵深方向发展的一种战斗方式。在进攻战中一旦能够实行顺利的穿插，就能够将敌人腹地的军事要点提前夺占。除了可以占据有利阵地以外，更加可以趁势分割敌人部署，打乱敌军步骤，实行分割包围、逐个歼灭的战术。

　　穿插战术虽然十分有效，但是要求也十分严格。因为穿插任务艰巨危险，通常都要面临腹背受敌的情况，所以要求穿插部队必须做到能够独立作战，将士能力突出，团体素质优秀。在实行穿插战术之前，必须根据敌军具体情况进行详细的计划，掌握敌军防御间隙以及薄弱地带情报至关重要，同时也要摸清敌军纵深内部具体兵力状况、地形与交通详情，只有充分研究过真实情报才可以保证穿插部队完成预期目的。

　　在基辅攻坚战中，古德里安率领自己的装甲集团军向苏联的纵深穿插，深入基辅腹地，绕到苏联南方集团军后方，将其包围，造成了卫国战争中苏军最为惨痛的一次失败。

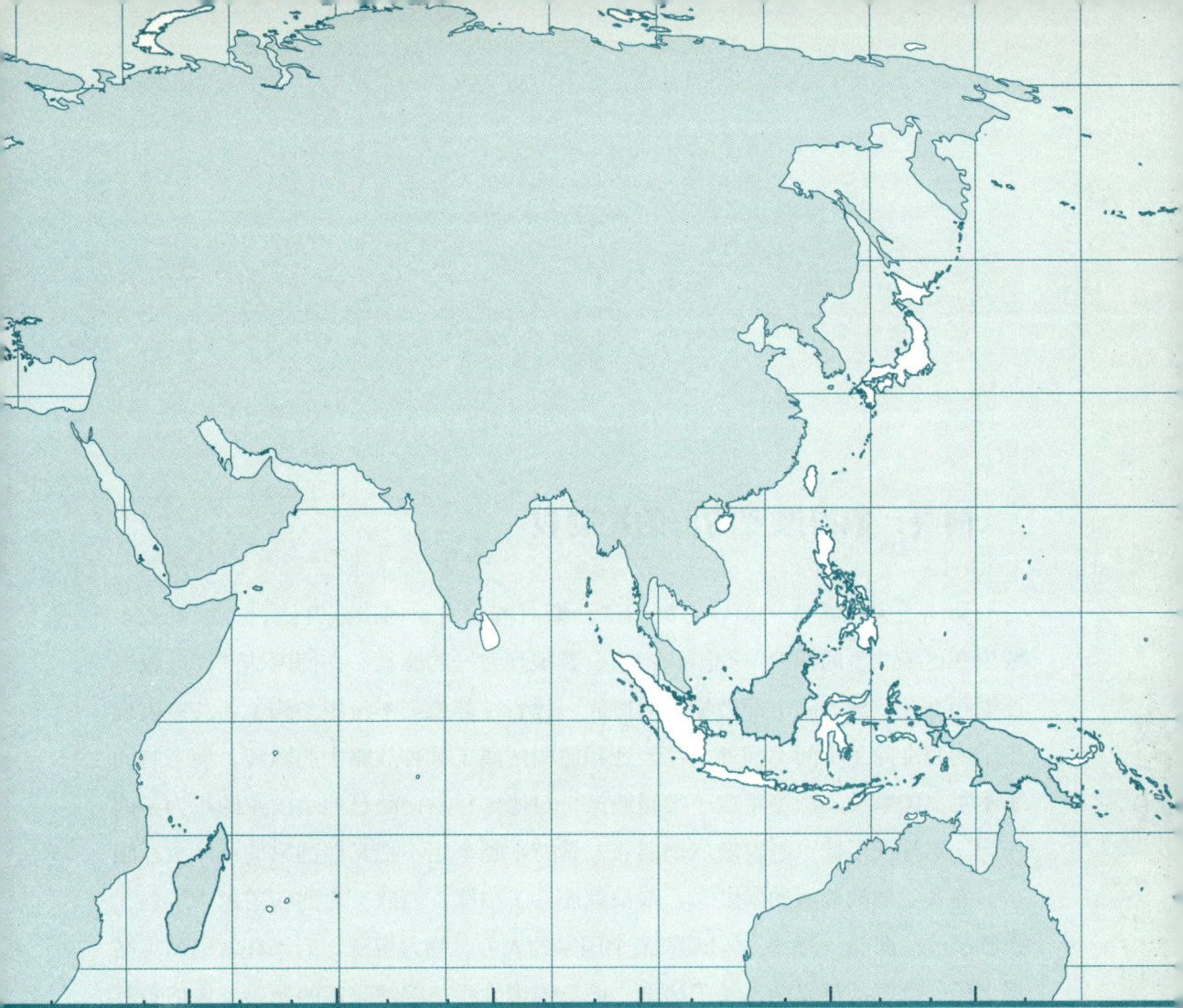

第九章

列宁格勒战役
——最大规模的城市保卫战

▲第二次世界大战欧洲主战场之一的苏德战场以德军闪电战进攻、苏军陷入全面被动开始。德军在获得了初期的有利局面后，筹划发动更大规模的战役，以实现对苏联的持续打击。列宁格勒这个以苏联革命领袖列宁命名的城市，不但是波罗的海的出海口，也是苏维埃政权的发轫之地，对于苏联不但具有战略上的意义，更具有非凡的政治意义。因而攻占这样一个地区，不但可以控制波罗的海出海口，亦可对苏联的民心士气形成极大的打击，列宁格勒战役就在这样的背景下拉开了序幕。

前奏：取得波罗的海的控制权

从阿道夫·希特勒领导的德国法西斯对波兰发起闪击战开始，苏联就或多或少在这场战争的初期与德国法西斯有着狼狈为奸的感觉。在德国法西斯政权迅速崛起并在欧洲大陆上肆意横扫的时候，凭着《苏德互不侵犯条约》，苏联表现出来的态度除了不闻不问外，甚至还和德国达成了某种战略上的默契，而老牌的资本主义国家英美法等采取了绥靖政策，对德国肆意侵略其他小国家的行为不闻不问。这样使得德军越发地气焰嚣张。希特勒越来越不把其他国家的军队放在眼里，率领着他战神般的常胜军，很快就席卷了中欧、西欧、北欧和巴尔干半岛，控制了波兰西部、荷兰、挪威等16个国家的人力、物力资源，后来在敦刻尔克撤退之后，德军甚至完全占领了法国，而英国则尝到了绥靖政策的恶果，凭借着英吉利海峡孤军奋战，其他国家也无人伸出援手。

★1939年，苏联入侵芬兰

此时的苏联却在德国凌厉的攻势之下趁机瓜分赃物，不仅吞并了波兰一部分国土，还侵占了罗马尼亚的比萨拉比亚，贪心不足的苏联以巨大的胃口还拿走了芬兰的汉科半岛，甚至连中国的领土都在觊觎，经过跟日本人讨价还价之后，蒙古成了苏联的"领地"。苏联的这些行为使得自己迅速站到了罗马尼亚、芬兰等国的对立面。《苏德互不侵犯条约》甚至有对波兰、波罗的海三国、芬兰以及东欧其他国家的势力范围的分赃条款。然而苏联人在这些分赃条款里面要了心计，当希特勒在十个月后，更加认真地审查这份条约时，发现苏联人用模糊不清的措辞将波罗的海各国包括萨拉比亚、巴尔干半岛国家都划入了自己的范围。

希特勒对1940年苏联吞并波罗的海各国十分恼火。当然德军深知苏联始终是自己的大敌，无奈当时的苏联已经相当强盛，十余年的经济建设使得苏联的工业产值一路攀升，已经成为了欧洲首屈一指的经济强国，其军事实力也不容小觑。

但是苏联对于波罗的海的控制让德国感觉骨鲠在喉，因为一旦英国切断了德国的贸易口，波罗的海将是德国唯一的经济窗口。因此攻占波罗的海周边地区，对战争进一步推进后实现物资补给是有帮助的。与此同时，希特勒也希望通过北面攻占波罗的海之滨的列宁格勒以报苏联的一箭之仇。

列宁格勒始建于1703年5月，原名彼得格勒，又叫彼得堡，1712年沙皇彼得一世迁都至此，从此这里便成了沙皇俄国的首都。当年彼得大帝在波罗的海之滨建立起来的这座城市，使俄罗斯获得了一个连接西方的出海口，可谓打开了眺望欧洲的窗户。

1917年10月革命的炮声从这里打响，列宁格勒从此成为无产阶级革命的摇篮。1924年列宁逝世后，当时的苏维埃政府把这座城市命名为列宁格勒。列宁格勒是当时苏联最大的工业中心和第二大交通枢纽，有苏联重要的兵工厂，共有十条铁路线贯穿其间。同时它还是波罗的海的重要港口，是苏联红旗波罗的海舰队的重要基地。

列宁格勒是个集交通、经济、工业于一身的好地方，然而斯大林很早以前就对该地在战争中的风险进行了预见，他认为，列宁格勒虽然是个重要的地方，但这里距离边境太近，很容易就会受到入侵之敌炮火的攻击。果然，在以后德军对苏发起战争后，其中北方的重要目标就是列宁格勒。

这里再来讲讲芬兰，在被德国和苏联瓜分之后，芬兰人成了亡国奴，对苏联和德国充满了仇恨，并时刻不忘记反击复国的愿望。希特勒看中了这点，偷偷暗地里拉拢芬兰人。芬兰总统里斯托·吕蒂知道希特勒恐怕也是包藏祸心，但是如果没有希特勒的帮助，面对苏联如此强大的国家，自己想复国的机会明显等于零。于是，最终还是决定和希特勒合作。

巴巴罗萨：袭取列宁格勒，控制波罗的海出海口

为了进攻苏联，希特勒制订了令世界毛骨悚然的"巴巴罗萨计划"，该计划的内容是趁苏联不备，利用苏联以为德军不会在战胜英国之前对其宣战的心理，从北面、中部和南面发动对苏联的闪电战，从西向东横扫苏联。其中北方集团军群的主要目标就是列宁格勒。

为了达到麻痹苏联人的目的，德国在外交、经济和军事上投放了多枚烟雾弹，对并不打算施行的对英"海狮计划"大造舆论，并且还像模像样地大量印发英国地图，给部队也配上了大量英文翻译，同时还煞有介事地在英吉利海峡和加来海峡沿岸集结大量的渡海和登陆工具，甚至在海岸上还配置了很多假火箭，派部队进行登陆演习。在外交上，一改以往消灭共产主义的口吻，停止了对苏联的攻击，转而将矛头直指英国。

与此同时，德军暗地里大规模调动，直至最后将多达320万人的军队调至苏德边境，并且多次派遣侦察飞机潜入苏联领空。为了消除苏联的猜忌，希特勒又在外交上狠下工夫：放风将兵力东调解释为在进攻英国之前部队需要到东部休整。德国驻苏外交官主动会晤苏联官员，将大举向波兰增兵的行为解释为实际上是派遣年轻的士兵去完成部队人员的新老更迭。德国驻苏大使甚至在向芬兰大量增兵后，便即刻拜会苏联外长，解释德国不过是借道芬兰好向挪威北部派遣他们的增援部队，至于德军进入罗马尼亚则是派军事代表去帮助罗马尼亚训练部队。

但作为苏联的最高领导人，斯大林还是感到了希特勒的蠢蠢欲动，早在德军制订"巴巴罗萨计划"之前，1940年苏联就制订了对德的"大雷雨计划"，其目的是德国如果陷入与英法等国的西线苦战中时，就趁这个机会发动对德战争。在苏德战争开始之前的1941年6月，部署在苏德边境的苏联军事力量的规模和质量都远远超过了他们的潜在敌人德国。在军队数量对比上，苏军是德军的1.6倍；在军事装备的对比上：坦克，苏联是德国的4倍，其中有一半坦克的质量与德国最先进的坦克相当；大炮，苏联6万门，德国4.3万门；战斗机，苏联1.9万架，其中起码有将近4千架战斗机的性能与当时德国空军最先进的"M－109"战斗机不相上下，而德国用于进攻苏联的战斗机只有1830架，其中先进战斗机"M－109"只有500架，其他的战斗机则大都落伍，包括征用芬兰的300架和罗马尼亚的400架老式战斗机。 但是"大雷雨计划"的目的在于进攻，斯大林及

★列宁格勒保卫战中的苏军狙击手

苏联的军事统帅们也未作好应对德军率先动手的军事及心理准备。其次该计划需要很长的准备时间，最后在德军发动"巴巴罗萨计划"后仍未准备完成。

1941年6月22日凌晨4点，晨雾弥漫，冷意逼人，德军组织本国国防军、罗马尼亚王国以及捷克斯洛伐克共和国军队从北面和南面以及中央三个方向对苏联发起了猛烈的进攻。德军的精锐航空军闪电般出现在苏联的上空，苏联西部66个机场轰炸声四起，铺天盖地的炸弹像暴雨泻落在西部的机场上，半天之内苏军的飞机就损失了1 200架，其中800架未起飞就被炸毁于机场。苏联西部城市、海军基地和通信设施都遭到了严重的损毁。边境已经不能收到指挥中心的指示，前方已经乱作一团。斯大林看着边境作战素质一般的指挥军官在本能地指挥军队抵抗着早有准备的希特勒部队，节节败退，坐立不安，条件反射地发布了要求边境实施猛烈反击的命令，结果这种无序的反击根本不能起到任何作用。德军一天之内就前进了50~60公里。其实，早在"巴巴罗萨计划"施行之前，英国就有间谍跟斯大林通报过，告诉他德军将在1941年的夏天对苏联发起进攻，当时斯大林不信，权当那是英国在遭到德军的进攻后情急想出来的拉拢之计，结果现在真的是欲哭无泪后悔不已。

德军是从列宁格勒的南面方向发起进攻的，为了配合德军，芬兰从北面自北向南配合作战。不到三周，德国法西斯的铁蹄已经兵临卢加河，离列宁格勒这个苏德战争爆发后三个战略方向之一的北方目标非常之近了。

1941年7月10日，德军采取南北对进的战法，南面以德国国防军、北面以芬兰军队对列宁格勒进行夹击。1941年8月6日，希特勒重复他的命令："列宁格勒第一、顿涅茨克平原第二、莫斯科第三。"希特勒对德军将领更进一步明确地说明："列宁格勒不但要被占领、还要被摧毁！我们必须让它从地图上彻底消失！"

为什么希特勒那么在意列宁格勒，而且要对这个城市下如此的狠手呢？原因在于这个城市的摧毁可以取得巨大的战略和政治上的意义。首先这是由它的特殊地理位置以及经济战略地位决定的。列宁格勒位于波罗的海西岸，是苏联通向欧洲的窗口，关闭了列宁格勒就等于关闭了苏联和欧洲的联系。而让希特勒决定对其下毒手的原因在于它的政治意义。十月革命的第一声炮响就发生在列宁格勒，它是苏联当时苏维埃政权的摇篮，攻占列宁格勒，就能在心理上让苏联军民的抵抗意志彻底瓦解。试想，无论是老祖宗的老窝还是新政权的摇篮，这一不同寻常的地方被毁灭，不但是对一个政权的打击而且是对一个民族的民族信念和自尊的打击，从这点意义上讲，列宁格勒的地位甚至是苏联首都莫斯科都不能比拟的。

变更部署：刻不容缓的进攻

为了加快进攻的速度，德军8月底变更部署后，沿着莫斯科—列宁格勒公路再度发起进攻，在付出巨大的损失后，先后占领了柳班、托斯诺，从南到北把战线推进抵达了涅瓦河，从而切断了所有通往列宁格勒的铁路线，北面的芬兰军也势如破竹，从北向南直逼列宁格勒。该市的陆上交通很快被南面的德军和北面的芬兰军封锁。

9月开始，德军的进攻走越发凌厉，9月8日，德军冲破了姆加车站，抵达了列宁格勒西南面的拉多加湖南岸，并一举夺得了利谢尔堡，从陆上彻底包围了列宁格勒。当时的形势是，北面的芬兰军和南面的德军把列宁格勒紧紧包围，而列宁格勒的西边则是拉多加湖，这座城市已经成了孤城一座。

斯大林眼看到列宁格勒即将被围死了，城中的军民甚至连撤退的机会都没有，苏联的首都莫斯科有被德军攻占的危险，于是求助于英国希望得到对方的援助，英国考虑到自己的战略需要，答应了苏联的要求，开始对芬兰和罗马尼亚发起进攻。

1941年11月8日，苏联唯一一条通向拉多加湖方向的物资运送铁路干线被德军掐断，列宁格勒的处境顿时变得异常艰难，重重包围之下的唯一缝隙就是拉多加湖面上一小段大约65公里宽的狭小水域。

寒风来临：列宁格勒全民参战

德军北方集团军群的总司令勒布命令在列宁格勒城外围不断进行炮轰，造成了170多处的火灾，装甲兵和步兵师随时准备进攻。为了阻止德军的进攻，斯大林动员列宁格勒的居民也投入了防御战斗，夜以继日地修建防御工事，沿着拉多加河畔，建筑了长达300公里的防御线，并且部署重兵，同时开始在列宁格勒附近构筑起第二、第三条防线，为保卫列宁格勒作好充分准备。

德军北方集团军群因此受阻于拉多加河畔。南方的德军北方集团军群辖两个集团军和一个装甲兵团，总共有22个步兵师、3个坦克师和3个摩托化步兵师。此外在北方配合作战的还有芬兰军队的15个师。而苏军进行防御任务的是北方面军、西北方面军和波罗的海舰队，总共37个师。从双方的兵力对比来看，德军的总兵力是占有数量上的优势的，特别是德军的航空舰队的数量竟是苏军航空兵的近10倍。

1941年6月22日的"巴巴罗萨计划"实施得太过迅速，苏军在完全没有准备的情况下就遭到了德军的突然袭击，损失相当惨重，所以战备工作还没有展开，在列宁格勒周围还没有建立起坚固的战略防御体系，整个战场态势的对比，对苏军来讲是十分不利的。

军队远远不够，就只能发动城里的居民一起投入战斗。1941年6月27日，列宁格勒当局市议会号召平民组织反抗，得到了一致响应，整座列宁格勒都开始去面对即将到来的战争了。当天全市市民被通知进入危急状态，随即有超过一百万名市民被动员去修筑防御工事，在沿城区域构筑了数条防线，以击退从北面及南面入侵的敌军。妇女参加到挖战壕、建工事的劳动中，拿起沉重的铁锹日以继夜地修筑反坦克战壕，没有一个人叫苦，没有一个人要求换班。这些市民共同建起了三条防线：就连俄

★列宁格勒的保卫者

罗斯阿芙乐尔号巡洋舰上的大炮也被拆下来部署在列宁格勒南面的普尔科沃高地上。

这是一座在等待着战争、也将要迎来战争的城市，城市里的每一个人几乎都成为了视死如归的战士，他们已经时而能够看到掠过天空的德国飞机，能听到远处传来的嘶喊和轰炸声，面对德军对列宁格勒城的包围，苏联西北方面军总司令伏罗希洛夫元帅向当地军民发出号召："在列宁格勒大门口，用我们的胸膛阻挡敌人前进的道路。"就是这样，列宁格勒城的守军和市民的抵抗阻挡了德军的进攻。

这是德军从未面对过的情况，正如波兰人和苏联人第一次面对"闪电战"时显露出的无措，熟稔"闪电战"的德国人在遭受到阻击后，也一时找不到了解决的办法，无坚不摧的"闪电战"撞上了苏联民众共同建造的坚盾。不可一世的勒布元帅这才认识到，列宁格勒不是华沙，曾经抗击过亚历山大、拿破仑的俄罗斯人，再一次阻挡住了新一代野心家前进的脚步。勒布元帅原本的计划是攻占列宁格勒，但由于苏军的顽强抵抗加上希特勒又临时召回了第四装甲集团，因此他到达拉多加湖湖边的时候，决定将计划改为围城战。同时尝试包围该城，并尝试与北面的芬兰军会师。

就当前的情况来看，勒布元帅的选择是正确的，但同时也是无奈的，因为短时间内无法攻下列宁格勒，如果贸然攻城，恐怕会付出非常惨重的代价，可能造成军队的大规模减员，一旦出现变故，自己很可能会遭受惨败，他深知此时的一点儿打击都可能会打击日耳曼军队的信心。于是，勒布元帅指挥着他的士兵们慢慢侵蚀着列宁格勒周边的防御，使得德军的包围圈越缩越紧、越缩越小。

战幕拉开：意志力的决战

"意志力超过了天赋，超过了顺境，超过了你所能拥有的最好运气；如果没有意志力，任凭你如何强大，都只能接受失败的命运。"——俄国著名统帅米哈伊尔·库图佐夫。意志力本身就是在某种无法破解的情况下，自我引导的精神之力。

为了早日攻下列宁格勒，希特勒命令中央集团军群以一部分兵力切断列宁格勒至莫斯科之间的交通线，并协助北方集团军群进攻列宁格勒。7月21日，希特勒专程赶往北方前线，召见了北方集团军群司令勒布，下达了不论牺牲不惜代价攻下列宁格勒的命令。调整部署后的德军，以每天两公里的速度向前推进，到9月8日，德军已经切断了列宁格勒通往外界的最后一条陆路交通线，南北都是敌军，西面是波罗的海，列宁格勒三面都已经被围死，成为一座孤城，仅靠东面一个狭小的拉多加湖南面的一边，还能与外界保持水上和空中的联系。

战场形势十分严峻，斯大林异常焦急，这个时候他忽然想到了在叶利尼亚频频给他传来捷报的朱可夫将军。这朱可夫是个性格耿直之人，之前也是由于战略上与斯大林发生了分歧当面顶撞斯大林被"流放"到边远前线去的，虽然面子上挂不住，但列宁格勒危在旦夕，此时的斯大林也顾不了那么多，当即通知朱可夫于当晚8点到他办公室。斯大林这人有个原则，他很讨厌部下迟到，哪怕是一分钟，他也会极为不满。然而前线战场，怎能说来就来，虽说知道斯大林的脾气，但是朱可夫还是迟到了。当朱可夫到达斯大林办公室的时候，本以为会面露青筋的斯大林却面带笑容，顿时有些惴惴不安："对不起，斯大林同志，我迟到了一个小时。"斯大林继续微笑："朱可夫同志，你迟到了一个小时零五分。让我们来讲讲列宁格勒的事情吧。"

这次谈话之后，苏联最高统帅部下达命令立刻组建列宁格勒方面军，由原来大本营预备队方面军司令朱可夫出任列宁格勒方面军司令员，朱可夫临危受命，于谈话当晚飞抵列宁格勒，接替指挥西北方面军和波罗的海舰队。斯大林果然没有看错人，朱可夫这人出身贫寒，深知人民疾苦，他说："人民是我们的母亲，军人的职责就是不让人民在战争中受苦。"朱可夫到达列宁格勒后，制订了一系列的防御计划，从卡累利阿地峡调来了大量步兵，同时各个方面军得到了民兵的补充，他还要求波罗的海舰队的水兵上岸，直接参加陆上的防御作战。

为了打破僵局，德军决定不惜一切代价作最后一搏，9月19日，德军炮兵对列宁格勒实施了连续17个小时的袭击，航空兵出动了近300架飞机，进行了六个拨次的轰炸，尽管德军已经能通过双筒望远镜清晰地看到列宁格勒城内圣伊萨克斯教堂的屋顶和海军部大厦的尖顶，但是却没有能力再突破这钢铁一般的防线。英勇的列宁格勒军民以顽强的防御一次又一次地顶住了德军的疯狂攻击。9月底，德军的装甲兵力被调往莫斯科方向，在列宁格勒方向的突击

★列宁格勒城外的德国官兵

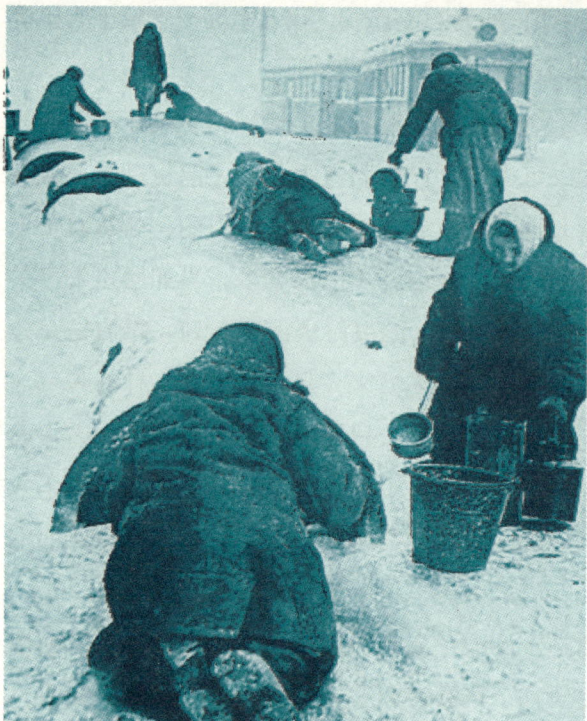

★德军900天的围困让这座城市经历了生命的考验

★列宁格勒被围期间饿死的人有65万

力明显下降，战役处于胶着状态，双方战线趋于稳定。战争由此进入艰苦而悲壮的第二阶段——德军封锁和列宁格勒军民的反围困斗争阶段。

希特勒的目的非常明确，他宣称德军的目的在于包围这座城市，用炮击和连续不断的空中轰炸，把它夷为平地，一定要困死列宁格勒人，不要接受这个城市任何意义的谈判，一定要把这座城市从地图上抹去！

由于拉多加湖上狭窄的通道成为了唯一能够运送食物和物资补给的路线，300万列宁格勒军民开始面临着饥饿和严寒的威胁，从9月到11月，军民的面包定量先后降低五次。11月下旬，拉多加湖开始封冻，水上运输被迫中止。这对于列宁格勒来说，无疑是雪上加霜。在这段饥寒交迫的日子里，列宁格勒城里，每天都有数以千计的人因饥饿而丧生。正在生产的工人，饿死在机床边，指挥交通的民警饿死在岗亭里，正在抢救危重病人的医生饿死在手术台前，年老体弱的居民饿死在购买粮食的途中。饥饿、疾病、寒冷三大杀手威胁着列宁格勒的军民和保卫者。战后对列宁格勒伤亡人数的统计，平均每天饿死4 000人，在整个列宁格勒保卫战中，有65万人被活生生地饿死。在这种情况下，列宁格勒的军民，靠着战前那些仅有的储备来支撑着他们的顽强的抵抗意志，支撑着他们的血肉之躯。

苏联军民最终坚守了九百个日日夜夜而取得了胜利。

战略反攻："生命之路"的奇迹

对于一个伟大的民族来说，艰难只会激发他们的斗志，困苦只会激发他们的智慧。在1941年冬季那段最艰难的日子里，列宁格勒的居民奇迹般地在拉多加湖上开辟了一条冰上公路，这条公路被称为"生命之路"。

因为该道路非常危险，芬兰军队在德军的胁迫下，对该条补给线不断进行炮轰从而造成湖面冰封的路面裂开沉入湖中。运输人员的死亡率非常高，因而又被称为死亡之路。通过这条唯一得以与外界联系的冰上之路，粮食被源源不断地运进列宁格勒，受伤的居民也从这条路撤出城。

法西斯的炮火并没有切断这条承载着希望的道路，在战争最胶着的阶段，战术与武器往往并不是决定胜利的最后因素，胜利女神最终会挽起哪一方的手臂，要看的是人的精神和毅力。在这方面，日耳曼人堪称是欧洲的典范，他们往往依靠意志力赢得重大战争的关键胜利。可是在寒冷的苏联，他们遭遇到了在意志力上与他们不相上下的对手，苏联人用他们强大的内心艰难地推动着战争机器，一直等待着西伯利亚的风雪为他们带来战争的转机。哪怕希特勒怎样暴跳如雷，德军的现代化武装却只能在冰天雪地里毫无作为，只能眼睁睁看着他们的对手养精蓄锐，卷土重来。

当年冬季，经该线向列宁格勒输送物资达36万多吨，兵力六个师又一个旅，输送居民近54万人，工业设备约3 700节车皮。依靠这条奇迹般的生命之路，列宁格勒的军民们，战胜了严寒和饥饿的威胁，挫败了德军围死列宁格勒人的企图。正是这种精神力量，使得列宁格勒的军民们，创造出了战争史上的奇迹。

1943年1月12日清晨，一尊尊威武雄壮的"马兰特"炮和"喀秋莎"火箭炮悄悄地指向了涅瓦河对岸的德军前沿阵地，当阳光刚刚穿

★在拉多加湖上运送物资的苏联军民

141

★冲向胜利的苏联战士

过薄薄的云雾，两千多门火炮一齐发出了复仇的怒吼，打破了严冬的沉寂。

苏军列宁格勒方面军并同沃尔霍夫方面军和红旗波罗的海舰队一起展开了紧密的协作，沿着拉多加湖打开了一条8～11公里宽的走廊，随后用17个昼夜的时间，抢修铁路、公路各一条，初步恢复了列宁格勒的陆上联系，改善了己方态势。严冬正在渐渐逝去，就像俄国的大文豪普希金的诗句写的：忧郁的日子需要镇静，相信吧，美好的日子即将来临。

1944年1月14日，列宁格勒人民盼望已久的反攻战终于开始了。从1944年1月到3月，苏军列宁格勒方面军、沃尔霍夫方面军和波罗的海沿岸第二方面军，在海、空军的协同下，实施了列宁格勒—诺夫哥罗德战役，解放了列宁格勒大部及加里宁一部。

1944年1月27日，列宁格勒围城战役终于取得了胜利，历史将永远记住这一天，天气尽管寒冷依旧，但是列宁格勒人民的心里却像春天一样温暖。正是在这一天，列宁格勒方面军军事委员会庄严宣布列宁格勒城现在已经从敌人的包围中，从敌人的野蛮炮击中，获得了彻底解放。被围困长达900天的列宁格勒人终于等到了扬眉吐气的这一刻。到8月9日，苏军的战线稳定在库达姆古巴—库奥利斯马—皮特基亚兰一线，列宁格勒战役至此结束。

战典回响

列宁格勒拖住了德国闪电的脚步

在战役中，列宁格勒被围困长达900天，有65万人因冰冻饥饿致死，有2.1万人被德军空袭炮轰致死，但是英雄的列宁格勒人民不屈不挠，艰苦奋战，终于挫败了德军占领列宁格勒的战略目标。它不仅坚定了苏联人民抵抗德国法西斯的斗志，而且还消耗了德军大量的有生力量，把兵力雄厚的北方集团军群始终紧紧地拖在了西北战场上，为苏军取得莫斯科、斯大林格勒等地的胜利，为最终战胜法西斯，立下了不可磨灭的功勋，它是20世纪人类战争史上的一个奇迹。

在开战之初，由于苏军"大雷雨计划"的军事部署都是按进攻部署的，但又没有完全作好进攻的准备，所以当德军对苏联发动突然袭击时，在部署上就差得很远，使得苏军来不及建立纵深防御，遭到惨重的损失。在列宁格勒战役的过程中，不仅消耗了德军的大量有生力量、鼓舞了士气，而且为苏军建立战略纵深赢得了时间，为苏军转入战略进攻赢得了先机。

从战役战术上来说，列宁格勒战役也为其他战役提供了一个典范，它让苏军统帅部看到了克制德军"闪电战"的方法，就是利用集中的持久战，使德军在速度上的优势无法发挥，"闪电战"自然也就无法发挥出它的威力。但是集中作战并不是哪个国家都可以完成，比如像德军之前进攻的芬兰、波兰等国家，不具备大量的兵力、武器可以和德军对峙，而作为军事大国的苏联来说，它的战争机器完全可以帮助苏军长时间牵制住德军。德国的闪电战无法奏效，自然就会陷入战争僵局，而这对于综合国力还不及苏联的德国来说，陷入这种僵局就面临着增加国内工业压力、加大军费支出，不论对于整个战争还是德国的发展稳定都充满了隐患。

而德军因为被苏军牵制在列宁格勒，苏军统帅部拥有了相对比较充裕的时间调集部队，进行协防。而另一方面，因为德军无法及时跟进，随着时间的推移，气候势必会发生变化，而一旦苏联的隆冬到来，德军必然无法继续战斗。而只要苏联和英国得到了充足的时间休养，德军自然将面临多线作战的麻烦。所以，列宁格勒战役对于整个第二次世界大战局势的发展，可以说起着至关重要的作用。

★沙场点兵★

人物：朱可夫

第二次世界大战中功勋卓著的一名元帅，他几乎参加和指挥了苏德战争中所有具有决定性意义的战役，可以说哪里有危机、哪里形势危急，哪里就有他的身影，他就是被斯大林称为"胜利的象征"的格奥尔基·康斯坦丁诺维奇·朱可夫。他被俄罗斯人民尊称为"苏沃洛夫式"的民族英雄，是仅有的四次荣膺苏联英雄荣誉称号的两人之一。

朱可夫元帅出身贫寒，因此特别能体会人民的疾苦，在列宁格勒被围城期间，城里的面包定额被连续下降了五次，他作为主帅也严格遵照配额规定，毫不例外。在他的指挥下，列宁格勒军民付出了惨烈的代价后最终取得了这场旷日持久的拉锯战的胜利。虽然朱可夫帅有着显赫战功，但由于耿直的个性，伴随着苏联的政治斗争，一生的经历也相当坎坷。

武器：全民参战

在列宁格勒被围困期间，由于苏联方面的准备不足，兵力不足以对抗围城的德军。于是大量的城市居民加入到了战斗当中，其中包括妇女和小孩，而原来军工厂的工人也投入到了新组编的预备队当中。工人们同时加班加点生产坦克，但却没有足够的士兵驾驶，再加上时间紧迫，最终都是由工厂中的工人民兵驾驶，他们在那时成了苏军依赖的战斗生力军，组建了装甲部队。平民也自告奋勇地驾驶坦克，以取代阵亡和受伤的士兵，即使他们没有接受过战斗训练。德军往往在战争结束后，发现与自己顽强作战的敌人竟是女性或者仅十几岁的孩子。

在运输物资的拉多加湖上的唯一一条生命之路上发生的故事也令人感动。在列宁格勒附近的妇女们不顾生命危险，以最快的速度为前线提供粮食和物资。在前线的战壕里，作战的战士仍能常常吃到热腾腾的饭菜。供应队伍在夜间把食物送过来，有些食品就是用手抱过来的，很多还是苏联女人亲自送达的。这种全民作战的精神使得坚守城池的苏军士兵们始终保持着高昂的士气，增强了他们为保卫列宁格勒坚强抵抗并最终赶走侵略者的决心。

战术：突围

苏军在列宁格勒战役中，在极其艰苦的条件下，最终取得了战争的胜利，应该说在作战的指挥战略上，有许多可圈可点之处。第一就是苏军的战役协同组织得非常好，参加列宁格勒战役的各军兵种部队，密切配合、相互支援、共同作战，发挥了整体作战的威力。第二，就是苏军灵活地运用了多种作战形式，将顽强的防御作战与坚决的反突击作战和积极的进攻作战等几种作战形式灵活巧妙地运用在一起，有效地阻止了德军的长驱直入。可以说列宁格勒战役在世界战争史上，在军事学术研究史上都是一场成功的经典战例。

反突击的突围方式，是朱可夫元帅在列宁格勒战役中运用得最为明智的战术。在敌人以志在必得的气势对城市发动猛烈进攻的时候，一时间以硬碰硬只能导致双方的战况胶着，而己方的兵力在敌人的猛烈势头下迅速消耗，这对于被围的苏军是相当不利的。俗话说得好：只有收紧拳头再打人，这样才能有力量。运用避实就虚的反突击突围方式，朱可夫率领军队一次又一次地收复了各个据点。

　　在此次战役的突围中，各军种的协作也是亮点之一。1943年1月12日，苏军在远程航空兵、炮兵和红旗波罗的海舰队的支援下，发动了水陆空三个兵种的联动，兵分两路由列宁格勒方面军和沃尔库霍夫方面军在拉多加湖以南什利谢尔堡、锡尼亚维诺之间狭小突出部实施了相向突击，打破德军对列宁格勒的封锁。1月18日，两路苏军成功突破德军防线，在拉多加湖与战线之间形成了8~11公里宽的走廊，并日以继夜地以常人无法想象的速度，仅用了17个昼夜就铺设了铁路和公路各一条，可通过其对城中被围的居民运送救济物品。

战典

尖矛与利盾的较量
THE CLASSIC WARS

攻坚战

第十章

莫斯科会战
——绝处逢生的奇迹

▲在围攻列宁格勒的同时，希特勒对苏联的首都莫斯科展开全面的攻势，莫斯科是苏联的心脏，是苏联的政治、科教和军事中心。虽然苏联幅员辽阔，拥有极大的战略纵深，可一旦失去莫斯科，苏联将在对德战争中陷入万劫不复的深渊，将无力对德国构成威胁。因而苏联倾注全力拼死抵抗。对德国而言，在占领斯摩棱斯克后，希特勒将战略调整为南攻乌克兰、北击列宁格勒，对莫斯科的中路突进迟滞了下来，给苏联以喘息之机。待希特勒决定围攻莫斯科时，已是秋季，冬季的严寒将成为德军无法克服的敌人。双方的态势决定了莫斯科会战胜利天平的倒向，而此战的结局，也成为了苏德战争的一个转折。

前奏：德国的进攻路线选择

　　1941年6月22日凌晨4点，在晨雾的掩护下，希特勒发动了"巴巴罗萨计划"。德军以德国国防军、罗马尼亚王国和捷克斯洛伐克共和国军队，从南、北、中央三个方向对苏联发起了猛烈的进攻，其中中央集团军肩负着围歼白俄罗斯方面军的任务，进而进攻苏联的心脏莫斯科。中央集团军群由著名的元帅博克统领，直扑白俄罗斯，对莫斯科虎视眈眈。斯大林赫然心惊，德国人居然会在没有攻下英国之前，就敢如此狂妄地转头攻向广袤的西伯利亚。

　　德军的精锐航空军忽然出现在苏联的上空，一开始就对苏联西部66个机场进行了铺天盖地的轰炸，炸弹像冰雹一样噼里啪啦地落在了西部的机场上，半天之内苏军的飞机就损失了1 200架，其中800架未起飞就被炸毁于机场。苏联西部城市、海军基地和通信设施都遭到了严重的损毁。边境军队下意识的反击根本不能阻挡德军的脚步，德军一天之内就前进了50~60公里。

　　战争的头一周，凭着闪电式的突击、武器装备上的优势，加上任用了富有经验的指挥官，南方集团军群司令龙德施泰特进攻乌克兰，苏军被打了个猝不及防，所以全线溃退，到7月5日，北路和南路集团军群已经分别推进了400~450公里，北方集团军群已经逼近了西北重镇列宁格勒。接着，中央集团军群从南北两路往东逼近，以楔形在后方形成合围，将包围圈里的苏军加以歼灭。德军已经深入到苏联境内600公里，几乎占领了白俄罗斯的全境，而下一个目标就是莫斯科。

　　这种结果斯大林是完全没有料到的，他召开紧急会议，组建了苏军统战部，对这个忽然而来的大危机进行分析。众将官赶紧开始清点国内的部队和装备，结果他们发现，德国当时使用的装备是世界上最先进的，而苏联的军备尤

★ "巴巴罗萨计划"开始前苏德边境上集结的纳粹军队

其是坦克很大一部分都是旧式的。斯大林赶紧把前沿军区改成了方面军，分散进行抵抗，但始终把握不了正确的主攻方向，在开头的18天，苏联竟有28个师被全歼，70个师人员武器损失过半。眼看着中央集团军群马上就要从西面推进莫斯科了，南面又有南方集团军牵制了苏联南方的增援，北面的列宁格勒方面的军队展开了激烈的围城战，战况非常严峻。斯大林焦急地一口一口地吸着烟，他不时望着克里姆林宫的大堂顶，心里盘算着：说不定下一刻，德军的导弹就会冲破这楼顶。

没料到这种结果的除了斯大林，还有这次计划的始作俑者希特勒。他也没有料到苏联红军是那么不堪一击，奇袭带来的如此好的战果也让他大吃一惊。

然而，苏联西部疆域像喇叭口，越向纵深发展就越宽，兵力越不够用，除非先攻占南面的基辅，才能把战线的宽度限制住。在南北方面，也不是那么顺利，红军在那座城市对德军进行了顽强的抵抗。到了7月15日，中央集团军群终于成功占领了莫斯科的门户斯摩棱斯克，而这儿离莫斯科只有380公里。此时，德军内部展开了如何进行下一步攻击的激烈讨论，而这一讨论，又经过了一个月的时间。

这场激烈的争论的内容是：一旦到达斯摩棱斯克，接下来的计划是继续向东拿下莫斯科，还是按照希特勒的计划行事，向北进攻列宁格勒，向南进攻乌克兰。换句话说，德军到底是进攻莫斯科呢，还是进攻列宁格勒和乌克兰，这

★向莫斯科进发的德军装甲部队

涉及兵力的使用重点。如果以莫斯科为主要方向，那么要将兵力集中在中部。以勃劳希奇和哈尔德为首的陆军司令部认为德军当前唯一的目标是歼灭苏军的主力，所以他们坚决主张进攻莫斯科，因为莫斯科是苏军的大本营，部署着苏军大部分兵力。它还是苏联的首都，同时它还是全苏铁路交通的中心，也是文化、军事、政治、经济的中心。从战略上讲，占领了莫斯科，就破坏了苏联的整个交通枢纽。铁路的瘫痪必定会导致苏军调动的自由度受到限制。但希特勒偏偏要放下莫斯科，要先攻打列宁格勒和乌克兰。因为列宁格勒是十月革命的摇篮，冬宫的一声炮响，苏维埃政权就此诞生。另外彼得大帝是从这里走向欧洲的，列宁格勒在苏联人的心里的位置很重要，是个重心。攻下列宁格勒可以大大打击苏联军民的抵抗意志。至于乌克兰，它是苏联的大粮仓，又碰上那年还是小麦大丰收。东部又毗邻顿巴斯工业区，顿巴斯有丰富的煤矿和石油。占领了乌克兰可以导致苏联经济的完全瘫痪，同时给德国开辟了重要的经济支柱。

在以往的战争中，希特勒总是能以不一样的思路取得闪电战的胜利，这使得他信心满满，对其他军事专家的建议也充耳不闻，权当是陈旧保守的战术。陆军司令部无法说服希特勒，于是希特勒宣布，所以德国在入冬前主要目标在列宁格勒和乌克兰。所以德国在入侵苏联的第一个夏天，在最适合战争的时节、在战况最有利的情况下，一直在攻打列宁格勒和南方的乌克兰。

台风行动：野心勃勃的希特勒

由于主力分流，莫斯科的进攻变得缓慢下来，在南方，大量德军和苏军在基辅一直处在胶着状态。斯大林想跟希特勒在基辅进行针锋相对的决战，但是大将朱可夫却并不这么认为，他向斯大林建议，"斯大林同志，不要在这地方跟希特勒做无谓的决战，先退一退，等他进来了，再进行迂回包抄如何？你想想，拳头直接打出去有力量，还是先缩回来打出去有力量？"但是斯大林并没有听从朱可夫的建议，随后还把朱可夫从莫斯科调走。

德军南方集团军群得到了古德里安的装甲部队的支持，这场战役从盛夏打到了初秋，于9月19日攻占了基辅。苏军在基辅战役中遭遇了从来没有过的惨重损失，伤亡人数达100万，希特勒评价基辅战役为历史上最伟大的战斗。可是希特勒很快发现了尽管一次战役消灭了100万苏军，但是苏军的抵抗没有任何减弱的迹象。而且所有顽强抵抗苏军的命令，都来自莫斯科，它就像全苏联人的心脏，不断给战争中的官兵们输送顽强斗争的血液。

但莫斯科依然是战争的关键，只要一天不拿下苏联的首都莫斯科，苏军的抵抗就会越发顽强。反正现在基辅也已经拿下来了，南面的乌克兰问题也不会很大，当务之急是拿下莫斯科，让苏联人的心脏彻底破碎。主意已定，希特勒马上挥师北上，调动大量兵力，直指莫斯科。

★战争初期被俘虏的苏军士兵

莫斯科是当时苏联最大的城市，是苏联的首都，也是苏联的政治、经济、科学、文化及交通中心。所以莫斯科的战略意义对苏军统战部来讲绝对是无法替代的。莫斯科位于东欧平原的中心，从13世纪下半叶开始就一直是独立的莫斯科大公国的首都。14世纪开始，俄国人以莫斯科为中心，集合周围力量进行了反对蒙古贵族统治的斗争，并于15世纪统一了俄国，建立了一个中央集权的封建国家，莫斯科则成为了俄国的首都。到1712年俄国沙皇彼得一世迁都圣彼得堡（即列宁格勒）。1917年列宁领导的十月革命取得了胜利，苏维埃政府和共产党中央委员会于1918年3月从列宁格勒迁到莫斯科，1922年12月莫斯科正式成为苏联的首都。

莫斯科这座城市的意义不仅在于它作为首都的地位，它同时也象征着斯拉夫民族顽强抵抗外来侵略的意志。曾经在拿破仑的铁蹄踏入这个城市的1812年，俄国著名的将军库图佐夫就在此地打败了远征俄国的60万法军，将拿破仑拉落下马。当法军希望谈判的时候，当时的国王亚历山大一世坚决地说："只要俄罗斯的土地上有一个法国士兵就绝不谈判。"

为了占领这个城市，1941年9月6日，希特勒发布第35号作战命令；代号"台风行动"。用的还是屡试不爽的闪电战战术。"台风行动"计划先将莫斯科正面的苏军分为两个包围圈加以歼灭，然后顺势攻占莫斯科。为了这次战役的成功，德军出动180万军队、1 700辆坦克、14 000门火炮和迫击炮，以及大约1 700架飞机。希特勒预感到天气是个不利因素，命令在冬季到来前占领莫斯科。9月30日，德军中央集团军群由古德里安统率的坦克集群发起了凌厉的攻势，拉开了莫斯科会战的帷幕。从乌克兰到莫斯科，古德里安的军队进展神速，第一天就能向前推进80公里，不到三天他们就占领了莫斯科南面布良斯克以东200公里的奥廖尔。

当德军坦克隆隆开入奥廖尔城时，电车上的苏联乘客却纷纷向他们招手致意，这些乘客竟以为他们是苏军的装甲部队，可见推进速度是多么出人意

★长驱直入的德军机械化部队

料。占领奥廖尔后，德军迅速切断布良斯克和奥廖尔的公路，并一举攻占周边的城市，紧接着又向布良斯克迂回包抄前进。10月6日，布良斯克被德军攻占，与此同时，德军第九和第四集团军分别以第三和第四装甲集群，在莫斯科的西部由杜霍夫希纳和罗斯拉夫尔联手实施了猛烈进攻，很快突破了苏联防御阵地，进而从这两个城市以南以北两个方向急速地向东面的维亚济马冲去。维亚济马是个平原区，根本无险可守，莫斯科处于万分危急之中。德国坦克手就在这条又宽又平坦的通往莫斯科的道路上长驱直入，并在公路上立了界标，用德文写道：通往莫斯科。

这年夏天，德国坦克一路向东方冲来，冲向莫斯科。为防止空袭，克里姆林宫钟楼上的红星第一次罩上了灰绿色的伪装外套，连莫斯科旅馆也架上了高射炮，整个莫斯科笼罩着战争气氛。德军来势汹汹，就像一场台风，自西向东横扫苏联，所到之处炮声隆隆，灰飞烟灭。德军在俯冲式轰炸机上装上了发声装置，那种特别的装置在投弹的时候会发出呼啸声，在苏德战场上，这种呼啸声就像死神的信号，给地上的军民带来了极大的恐惧阴影。

大地封冻：闪电也会无计可施

德军的攻势锐不可当，这让希特勒非常高兴。1941年9月21日中午，在东普鲁士的拉登斯堡指挥部，希特勒召开了高级会议，发表了著名的室内演说。他用他那煽动过无数德国人的坚毅又略带兴奋的语调说道："6月22日，世界上最伟大的一次战役开始了。这场战役一切都按照我们的计划发展：在北翼我们围困了列宁格勒，在南翼占领了基辅，在中央占领了斯摩棱斯克，通往莫斯科的门户已经被打开了，敌人已经被打倒再也爬不起来了！"希特勒的声调越来越高，在演讲到最后一句时，忽然猛地把手敲在餐桌上。顿时底下的人高呼："希特勒万岁！法西斯万岁！"

希特勒看着这样的场景，显得有些急不可待。在他脑子中浮现出接下来战争进展的画面：第一占领共产党莫斯科市委，第二占领国际援助工人的指挥部，然后占领银行、电报局、电话局和警察局。最后他将在苏联的国庆日时，最后他将在红场高高的检阅台上，举行他的常胜军的大阅兵。

德军踏着当年拿破仑军队的原路，向莫斯科逐渐挺进，气势锐不可当，的确像一场台风。德国人的目标是10天攻占莫斯科。顽强的苏联人同样没有屈服，

★苏联泥泞的道路严重迟滞了德军的推进速度

坚持抵御德国人。苏军当时流传得最广的一个口号是：俄罗斯虽大，已无后路可退，我们的背后就是莫斯科。然而就像当年与拿破仑的战役一样，这次上帝看着西伯利亚平原上的子民斯拉夫民族，正在自己祖辈的土地上遭受外族的侵略的时候，再也坐不住了，也加入了战斗。随着时间的推进，阴霾的天空中飘起了鹅毛大雪，东欧的严冬提前来临了。

1941年10月7日，莫斯科下起了冬雨，同时又下了第一场雪，这种雪在夜间结冰，白天却很快融化，变成泥状。这种现象在俄国被称为"大沼泽地"。德军的闪电攻势被天气拖累，攻势很快被阻止，装甲集团的推进大幅度被拖慢并且未能轻易调动。即便是这样，德军的破坏力仍难以阻挡，进攻依然疯狂。10月13日开始，所有通往莫斯科的重要方向都展开了激烈的战斗。莫斯科西南方向的卢卡加已经被占领，离莫斯科150公里的加里宁也被占领了，还有鲍罗季诺，距离莫斯科只有100公里也遭到了德军的致命打击。德军向莫斯科的进攻已经完成了三分之二的进程。以南北两个方向合击莫斯科的攻势已经取得了重大的成功。博克指挥的中央集团军群已经俘虏了

67万苏军、3 500门火炮、1200辆坦克，纳粹德国的宣传部门已经宣布东线的问题已经解决。苏联被击溃了。10月16日，德军完成了对莫斯科的包围。

可就在德军大肆进攻的时候，苏联就动员了530万预备役官兵，仅在莫斯科就征召了数十万。当时担任莫斯科防御的有三个方面军：一个是科涅夫领导的西方方面军，另一个是布琼尼指挥的预备队方面军，第三个是叶廖缅科指挥的布良斯克方面军。当时苏军40%的兵力集中在莫斯科，一共15个集团军群，共125万人。这个时候，斯大林所想的不只是防守，还要反攻！他想的是在防御战中大量杀伤德军之后，然后集结兵力，对德军发动大规模反击。当然，如果要达到那样的效果，目前的兵力自然就不够了。在这个时候，斯大林想到了被他"流放"远东的朱可夫，在朱可夫的手里还有几十万军队，这支部队尤其擅长冬季作战。但远东部队的作用是防守那个方向的德国盟军日本，要是撤走远东部队，日军如果发难那对苏联来说才是真正的灭顶之灾。但是自从德军入侵苏联以来，它的东方盟友日本并没有做出什么动作，斯大林觉得有必要了解一下这个东方法西斯国家真实的想法。

红场阅兵：苏联军队气势如虹

当希特勒的军队正向莫斯科步步紧逼的时候，处心积虑地要把噩运降临在莫斯科头上时，著名谍报人员佐尔格从日本东京送来一份情报，该情报的内容为：日本政府在1942年以前不会对苏联采取任何行动。

佐尔格是世界谍报史上最著名的双料间谍，他本人实际上是德俄混血，其父是沙皇俄国聘请的德国石油专家，母亲是俄国人。他出生在苏联，三岁的时候回到德国，住了20多年，后来又回到了苏联。随后就走上了革命道路，自从中国九一八事变之后，他参加了谍报工作，为苏联在远东地区搜集日本与中国国民政府的情报。两年后，他回到德国，而此时纳粹已经上台，他就伪装成纳粹党的崇拜者，取得了纳粹的信任，也恰好被纳粹德国派到了日本进行谍报工作。

有了这份情报，斯大林终于放心，赶紧召回远东的朱可夫来拯救莫斯科于危难之中。时间又继续向前推进，眼看着11月7日就要到了，这个日子非同一般，它是苏联传统的红场阅兵日。此时莫斯科形势危急，德国大军压境，莫斯科城内全民皆兵。妇女们建筑工事，战士们正紧张地进行着战斗的准备。在这个千钧一发之际，全城的军民都在猜测，今年国庆日的传统阅兵可能不得不取消了。

"阅兵"一词来源于拉丁文，它的原意就是"时刻准备着"，是军队的一种礼仪，一般在重大的全国性的节日里或者是在重大演习结束之后举行。阅兵的历史可以追溯到古埃及和古罗马。苏联最早的阅兵在1918年5月1日，在莫斯科的霍登广场举行的。在苏维埃政权建立之后，就正式定在每年的国庆日和五一劳动节都要进行阅兵，以展现苏联国家军队的风貌和战斗力。当年的5月1日也照例举行过红场阅兵，而国庆日是否还要再进行阅兵呢？眼看着11月7日就要到了，斯大林开始踌躇了。

　　其实，斯大林很清楚，这是一个两难的问题：一难，按照传统应该举行阅兵式。但是在战争的状况下，天上时不时有轰炸机盘旋，阅兵就让军队变成了靶子，从安全角度讲应该取消阅兵式。但这阅兵从建立政权以来，每年都会举行，若因为德军来犯而取消了这次阅兵，会对苏联民众和官兵都造成负面影响，这个时候就更应该鼓足这个劲，树立坚定的信念，让全民一心为前线、一切为战胜德寇，从这层来讲应该举行阅兵。

　　其实斯大林还是倾向于举行阅兵的，但也不能胡来啊，至少德军的空军威胁仍然存在。于是他找来了莫斯科防御军的所有高级军官，召开了讨论会，当然其中也包括被他从远东召回来的朱可夫将军。斯大林沉重地看着所有的军官，询问他们的意见结果没有一个人吭声。于是他把目光落在了朱可夫将军身上："朱可夫，你来谈一下你的看法。"此时的朱可夫已经被提拔为了莫斯科会战的主要负责人。朱可夫望了一眼斯大林，这次他们的意见却出乎意料地统一了。他用平稳而坚定的语气说："我同意斯大林同志的意见。在前一阶段的抵抗中，德军的损失也比较大，目前正处于调整补充的阶段，敌人在最近几天不会发动大规模的进攻。"斯大林似乎还是不大满意，趁朱可夫停顿之际，忽然直截了当地抛出了在座所有军官的疑问："德军忽然空袭怎么办？"大家都紧张地望着朱可夫。显然朱可夫是早料到斯大林会如此提问，他坚决地说："首先增大高射炮的密度，加强空中防御。同时还要把歼击航空兵从其他战区调往莫斯科。"斯

★斯大林（左）和朱可夫（右）

大林更近一步地问："你就说你能不能在阅兵那一天，保证莫斯科天空上不飞过一架德军飞机？"朱可夫回答："我向大家保证，一周之内，敌人的飞机不会飞到莫斯科上空！"斯大林放下手上的烟斗，悬着的一颗心终于放下。他激动地说："在目前的形势下举行阅兵式是多么重要，我们就是要让希特勒看看苏联人民是打不垮的，红色的首都仍然在苏联人的手中！"

于是从11月5日开始，苏联出动了1 000多架飞机，猛烈轰炸了德军在莫斯科附近的28个机场，击毁了60架德国飞机。空战中又击落了56架德国飞机，这保证了莫斯科阅兵前后上空的空中安全。

11月7日史无前例的莫斯科大阅兵开始了。莫

★莫斯科红场阅兵

斯科照例在国庆日召开了庆祝大会，并举行了传统的红场大阅兵仪式，在初冬茫茫的雾气中，斯大林站在列宁墓上方观礼台上发表了演说，受阅部队在经过首长检阅后，直接开赴战场。在阅兵后，斯大林发表了最著名的战时大阅兵的讲话。此时远处炮声隆隆，天空中苏联的巡逻机飞过，维系空中安全。

在讲话的最后，斯大林在提及了俄罗斯历史上一些著名的将帅名字之后说：

"让我们伟大的先辈，让他们英勇的形象在这次战争中鼓舞我们！让伟大的列宁旗帜在战争中引导我们！"苏军的士气得到了极大的鼓舞，所有的受阅部队在最高统帅面前走过检阅台，开赴战场与德军展开了殊死搏斗。在战争时代举行阅兵，并且阅兵的将士走下检阅场马上开进战场，也是世界战争史上绝无仅有的。在莫斯科会战最激烈的日子里，在全国的国庆日，斯大林利用红场大阅兵来动员莫斯科城内的全体军民抵抗来犯的德军。"朋友们，敌人是残酷的，不值得同情的。"当斯大林说这番话时，战争已经在周围全面展开。这次大阅兵对苏联军民的鼓舞作用甚至是对世界反法西斯人民的鼓舞作用都是不可估量的。

无处可退：全民皆兵保卫首都

虽然增强了气势，但是敌人仍然是相当强大的，此后德军展开的攻势越发猛烈，战争也越发残酷。德军从北、西、南三个方向包围了莫斯科，总兵力达80多个齐装满员的装甲师和步兵师，在航空兵和火炮的掩护下，向莫斯科的守卫部队展开了猛烈的攻击。

德军的进攻遇到了最顽强的防御，这一刻似乎连莫斯科的空气都全副武装地来对抗德军。谁都曾记得，当年拿破仑纵马长驱直入莫斯科的故事，在那久远的年代，莫斯科的荣耀与光芒完全黯淡，莫斯科人经历了前所未有的耻辱。然而，斯拉夫人越是面对外来侵略就越是不会屈服，他们从不会束手就擒，从不会轻言放弃。

克里姆林宫里的斯大林不断地对外讲话，他号召每一个莫斯科人都将钢铁般的意志植入自己的体内，并且告诉他们，他们的领导人斯大林就在克里姆林宫里，跟他们一起面对外敌的侵略，他不能畏缩和退让，他们也不能，"保卫莫斯科！"斯大林用他那口浑厚的嗓音喊道。

苏联军民都知道莫斯科对于这场战争的意义，莫斯科一旦沦陷，就等于苏联业已走向覆灭。莫斯科人纷纷投入战场，他们将像斯大林所说的那样：不惜任何代价，坚决把德国人顶住。

在纳粹的暴行面前，苏联人迸发出了前所未有的抗战激情。在前线，苏联人浴血奋战拼死抵抗德军；在敌占区，游击队围铁路炸碉堡，破坏通信和哨岗，使敌人困扰万分；在后方，工人们夜以继日，大批坦克、飞机、大炮走下了流水线。三天之内，莫斯科工人和军民组成了12万人的民兵师，开赴前线，组建了

25个工人营、169个巷战小组和数百个摧毁坦克班。莫斯科的妇女们在日渐寒冷的天气中，拿起沉重的铁锹，在莫斯科外围构筑起长达160公里的壕沟。

斯大林在动用整个苏联阻止德军的深入，每一个苏联人都以能够投入保卫首都的战斗为荣。在莫斯科城内，庞大的战争机器在轰然运

★响应祖国的号召，莫斯科全民皆兵，图为正在挖战壕的莫斯科人民。

转，工厂车间的烟囱里的烟冒个不停，几乎笼罩了整个莫斯科的天空，无数的战士在接到新的枪械之后，就不顾一切地奔向战场。连希特勒似乎都听到了苏联人的脚步声，那脚步声急促、坚定，让他寝食难安，使得他在接连几天里，不止一次把他的将军们请到了作战室，召开会议，他那铿锵的声音总是响彻整间屋子，他要他们前进，他要莫斯科，要胜利。

德军在科林地区开始大范围的集结，所有的火力都开始集中到一起，德军的300多辆坦克在炮兵火力和航空兵火力的掩护下猛冲猛打。苏联军队则是拼死抵抗，当时负责抵抗德军的苏联第16集团军只剩下了几十辆坦克，但就是靠着这些武器，苏联军队和德军展开了旷日持久的战斗。此时的德军和苏军，就如同是拳击台上的拳击手，擅长重拳的德军做梦都想用一记重拳将敌人打倒在擂台上，苏军并不想依靠击倒对手赢得胜利，他们的想法显然是靠最后的点数来决出胜负。战斗从11月16日一直持续到20日，双方都损失了大量的武器和人员，但是德军始终没有在第16集团军316师守卫的阵地上获得突破。

在莫斯科会战中，最著名的一个故事就发生在第16集团军16师5连士兵镇守的阵地上，正是在这场胶着的战斗中，该连的士兵最后都阵亡了，剩下的指导员克罗奇科夫拿起两颗手雷，向着冲上来的敌人发出了最后的吼声："虽然我们的祖国俄罗斯大地辽阔，可我们已无路可退，后面就是莫斯科！"随着一声巨响，他与冲上阵地的德军同归于尽。

是的，"后面就是莫斯科"，这其实是每一个莫斯科保卫者的心声。在这场战争中，以苏联第16集团军的损失最为惨重，他们几乎是以老弱残兵抵抗着德军的疯狂进攻。战斗到最后，该集团军的指挥官罗科索夫斯基手下几乎只剩下了不到一半的兵力，眼看着就有伤亡殆尽的危险，于是他打电话向最高指挥部请求撤退，而朱可夫非常生气地打电话给罗科索夫斯基，让他回头看看莫斯科的楼顶，告诉他后面已经无路可退。罗科索夫斯基端正了自己的衣领，服从了朱可夫的命令，告诉他的士兵们，如果他们退却，莫斯科就会成为一堆瓦砾，他们就会成为祖国的罪人。

苏军反击：希特勒要求寸土必争

战争状况前所未有地惨烈，苏联第16集团军107师打到最后剩下不到300人，坦克第58师也只有几十辆坦克。还有25旅，只有几辆坦克了，剩下全部被消灭。斯大林下令要不惜一切代价坚守，而希特勒也下令要以不计损失地进行进攻，寸土必争。在双方争夺的每一个据点上，都发生了白热化的战斗。

也许是上帝又一次站在了斯拉夫民族这一边，也许是西伯利亚之神保佑了生长在这片土地上的人民。1941年莫斯科迎来了前所未有的寒冬。早在10月6日，西伯利亚就降临了多年不遇的极冷寒流。11月13日，莫斯科的气温已经到了零下8度。11月27日，莫斯科在两个小时内，气温降到了零下40度。其实德国的气象部门已经事先知道这个冬天特别冷，并且会提前到来，希望希特勒及早作防寒准备。但是希特勒相信在冬季来临之前，中央集团军群总司令博克元帅的军队已经行进在了莫斯科的大街上，所以对这样的提醒根本没有在意。

实际上德军的进攻趋势也是令希特勒满意的，12月3日德军已经推进到了莫斯科郊外，在莫斯科西北27公里有一个叫做

★冰雪中冲锋的苏联战士

★德军向苏军投降

红波利亚娜的地方（今梅希季），从这里出发坦克最多一个小时就能到达莫斯科城。博克元帅登上了红波利亚娜的塔楼用望远镜向莫斯科方向望去，这一望让他心脏抑制不住地跳动，他当时都有点不敢相信自己的眼睛，因为他的望远镜里面出现了克里姆林宫的红星。苏联全国的心脏、战斗指挥的大脑中枢，已经近在咫尺，攻下它已经如同探囊取物般那么容易。

然而出乎他意料的是，寒冷再一次地阻止了德军的攻势，在连续降温后，德国士兵们只能在莫斯科郊外的战壕里瑟瑟发抖，失去了战斗力。莫斯科的地面结了厚厚的冰，大量德军士兵被冻残。严寒使得大量大炮瞄准镜也失去了作用，坦克中的燃料都被冻成了半固体，必须用火烤暖后才能正常使用。许多士兵在严峻的寒冷天气面前，丧失了斗志。眼瞅着莫斯科指日可拿下，却没有办法。严寒增强了苏军的抵抗意志，紧紧地扼制住了德军对莫斯科方向的新的攻势。

从12月5日开始，苏军就在红波利亚娜发起了反击。此时擅长冬季作战的远东作战预备队也赶到了莫斯科，源源不断地加入了战斗。他们有完备的保暖装备，有白色的滑雪服，枪上有枪套防止枪被冻住，武器上都有冬季润滑油，不会在战斗中被冻住。更重要的是，他们还研制了T34坦克，该坦克就是为了在严寒地带条件下作战而设计的，根本不怕冻，甚至都不怕德军的炮火，同时乌拉尔工业区以东能大批量生产这种坦克。这个时候博克元帅意识到德军再也不能前进了。

德军的防线不断被突破，士兵们的战斗意志也被动摇了。苏联人用重型坦克和数量巨大的步兵袭击德军，而德军的机关枪因严寒打不响，弹药又用光了。士兵们毫无秩序地不断后退，即便后面有军官拿着手枪命令他们不得撤退，但是仍然挡不住这场溃退的势头，也无法恢复这混乱的秩序。钢盔、大炮、防毒面具等装备丢得满地都是。

12月13日莫斯科所有的报纸在第一版刊登了为莫斯科作战的将领们的照片。在肖像的上方大标题写着最高统帅部关于苏军在莫斯科城下大规模反攻的报道。1942年，110多万苏军士兵按照斯大林的命令不给德军喘息的机会，不停顿地向他们发起了进攻，粉碎了德军在南北两个方向占领莫斯科的企图，并终结了德军在西欧屡试不爽的闪电战战略。希特勒遭受了第二次世界大战以来的第一次惨重失败。

战典回响

苏联的东部防线巍然屹立

在莫斯科持会战中，苏军将德军向西击退100~350公里，从而使得莫斯科州、加里宁州、图拉州、梁赞州全部以及斯摩棱斯克州、奥廖尔州各一部宣告解放。而苏军在莫斯科郊外的这场胜利，大大提升了苏联的军事政治的国际地位。莫斯科会战的胜利为第二次世界大战的根本转折奠定了基础，彻底打破了德军不可战胜的神话，尤其是在物质损失上，让德军付出了无法弥补的代价。

但尽管如此，苏军并没有按计划完成围歼德中央集团军群的意图。德军则在莫斯科会战中损失50多万人(其中冻死冻伤10万多人)、坦克1 300辆、火炮2 500门、汽车1.5万多辆，以及许多其他技术装备。在莫斯科会战的初期，德军也曾经取得了一定的战果，但是因为希特勒过于急功近利，使得战线过长，导致补给不足，加上德军本身缺乏预备队和冬季作战准备，更是在斯摩棱斯克战役、基辅战役、维亚济马—布良斯克战役中消耗过大，以及随后到来的天气因素，最终给了苏军集结部队并完成反攻的时间和机会。德军的失败使德军士气更加低落，在冬季战局中，德军军事法庭以临阵脱逃、擅自退却、违抗军令等罪名给6.2万名官兵判刑。有35名高级将领受到了严惩，其中包括布劳希奇元帅、博克元帅、古德里安上将、施特劳斯上将等被撤职，而这对于正在激战的德国来说，等于是自毁长城，为它最终败走苏联埋下了伏笔。

另外，莫斯科会战具有重大的国际意义，它使得反法西斯同盟更加稳固，而法西斯轴心国集团则受到了削弱，因为德军的溃败，使得日本和土耳其等国不敢再继续一味追随德国。而苏联军事科学技术则在这次战役中达到了新的发展阶段，苏军最高统帅部大本营和总参谋部在复杂条件下筹建和隐蔽集中预备队以粉碎敌人，同时组织各方面军和各战略方向之间的密切协同，并且充分使用陆军、航空兵和游击队的力量共同粉碎中央集团军群。

在莫斯科会战中，苏军士兵得到了充分的实战经验，苏军找到了组织防御和进攻的方法，并且找到了更合理地使用炮兵、坦克和航空兵的方法。除此之外，积累了大量集中使用各兵种的经验，从而使得苏联军事首长在战略和战役战术上有所成熟以及各兵种军人的战斗技能有所提高。

苏军约有40个部队和兵团，包括14个步兵师、3个骑兵军、2个海军步兵旅、5个坦克旅、9个炮兵团和6个航空兵团因模范地完成战斗任务和英勇善战而被授予近卫军称号。100多万名城市保卫者被授予1944年颁发的"保卫莫斯科"奖章。362.6万名军人被授予勋章和奖章，110人荣获"苏联英雄"称号。1965年5月，为纪念苏联人民伟大卫国战争胜利20周年，莫斯科被授予"英雄城市"的荣誉称号。

★沙场点兵★

人物：斯大林

斯大林，原名约瑟夫·维萨里奥诺维奇·朱加施维里，苏联重要的领导人之一、国际共产主义运动活动家、政治家、军事家，对20世纪的苏联和世界产生了深远的影响。第二次世界大战中，斯大林领导的苏联和盟军共同击败了纳粹德国和日本帝国，取得了战争的胜利。战后他扶植了东方集团，在冷战中与美国、英国等资本主义国家对峙。

莫斯科会战可以说是在斯大林的直接领导下取得胜利的，斯大林在这次战役中表现出了惊人的意志，其对局势的掌控、对将领的运用皆为后人所称道，尤其是对于朱可夫的使用。斯大林在莫斯科危难之际，摒弃前嫌，重用朱可夫。而其看似是做"表面文章"的红场阅兵，给予了当时莫斯科军民极大的动力与信心，而这种动力与信心在之后的战争中，成为了苏军坚持到冬季迎来反攻良机的重要因素。

武器：全民参战

在德军侵入莫斯科时，德军的武器装备是全世界最先进的。然而在入城后却发现原来世界上还有一种比枪炮更为凶猛的武器，那就是全民皆兵。为了保卫自己的首都，莫斯科全城的男女老少都自动加入了战斗。莫斯科在朱可夫的指挥下被改造成了一个要塞。25万名妇女及十几岁的青少年协同工作，在莫斯科周围建立起了沟渠和反坦克壕沟，并在没有机械帮助的情况下挖走了近300万立方米的泥土。莫斯科的工厂被转入战时体制：摩托车厂被转为冲锋枪兵工厂，一间钟表店被转变成生产地雷、雷管的地方。

1941年冬天，莫斯科下起了冬雨，夜间结冰，白天化成了泥，给修建防御工事带来了极大的困难。参与修建工事的妇女们没有一个人叫苦，没有一个人要求换班。她们说前线比我们更艰难。只要能够保卫莫斯科，什么样的苦难都能忍受，心中只有仇恨德国法西斯。她们都有一个共同的心愿就是让侵略者血债血还。苏联国防委员会号召首都人民不惜一切代价配合红军，誓死保卫莫斯科。

战术：外围攻势

德军之所以在一开始的战场中能所向披靡，也基于他们并没有直接攻占一个目标城市，而是采用了外围攻势。这种攻势又被称为"钳形攻势"。这种战术在防守反击战中运用比较多，但是对于进攻也同样适用，它的特点是可以迫使敌方拉长战线、两面作战，避实就虚，从而巧妙地避免利剑攻势带来的阻力和损害，并且在敌方薄弱的两侧进行突破，最终形成包围圈，就像一把钳子从外围包围目标，最后形成包围圈，从而达到围歼的效果。苏军的主力一开始就是处于这种攻势下，而德军攻占布良斯克也是运用了这个攻势。

战
典

THE CLASSIC WARS

尖矛与利盾的较量

THE CLASSIC WARS

攻坚战

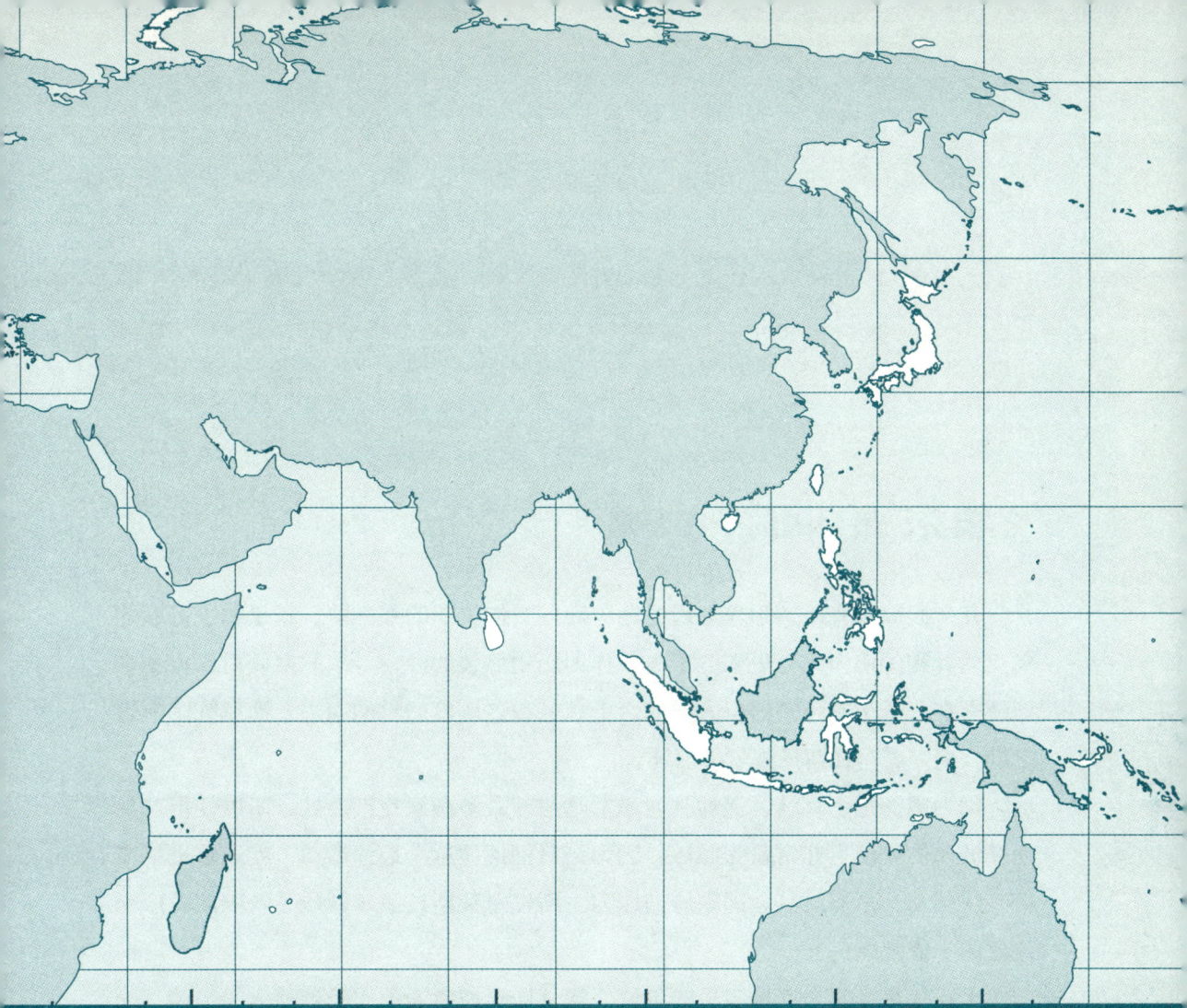

第十一章

塞瓦斯托波尔攻坚战
——最强的矛对抗最强的盾

　　▲克里米亚半岛以其丰富的战略资源储备及至关重要的战略位置而成为了苏德战争中的双方关注的焦点。对德国而言，假若攻下塞瓦斯托波尔要塞，控制住克里米亚半岛，就可以控制住黑海的出海口，也可用战斗机空袭位于罗马尼亚的普洛耶什蒂油田，保障其扩张所需的石油供应。对苏联而言，守住塞瓦斯托波尔要塞，不但有利于未来对德国进行战略迂回包围，而且可以通过空袭轰炸的方式威胁到德国的后方战略据点，并且要塞的良好防御体系也使得苏军对于坚守要塞充满了信心。1941 年冬季，一场最强的矛对抗最坚硬的盾的战争拉开了序幕，塞瓦斯托波尔要塞攻坚战开始了。

前奏：最坚固的千年要塞

在气候凉爽宜人、阳光灿烂的地中海向黑海突出的那一块，就是属于苏联的乌克兰共和国境内的克里米亚半岛。作为历史悠久的沙皇专享的度假村，克里米亚建立在一个牢不可破的巨大要塞之上。就在这座度假村的南边，海风阵阵吹过之处，矗立着塞瓦斯托波尔市原址。

因为黑海是土耳其、保加利亚和罗马尼亚众多国家交汇之处，所以使得塞瓦斯托波尔的处境也非常紧张微妙，因为一旦把握住这个最佳港口，就能够进一步控制住黑海，从而对其他国家施加压力。所以塞瓦斯托波尔就成了各国流着口水觊觎的一块肥肉。

千百年来，因为这样宝贵的价值，塞瓦斯托波尔无数次受到战火的侵袭，无论是9世纪彪悍的正教希腊人，还是13世纪暴戾的景教鞑靼人，都曾经血洗过这颗明珠。而到了15世纪，伊斯兰教的土耳其人强有力地开始了他们的侵袭，这样异族的统治持续到了19世纪的中期，在大规模克里米亚战争中，英法联军和俄国掌权势力的血拼使得11万欧洲士兵牺牲了年轻的生命，正教沙皇重新拥抱了他美妙的度假村。

在不断的战争中，塞瓦斯托波尔逐渐巩固进化，终于成为了一个拥有大量堡垒、壕沟纵横的庞大迷宫式要塞。尤其到了20世纪30年代，整个塞瓦斯托波尔进行了现代化的改造，军用机场、大量攻防措施的加入使得要塞固若金汤。希特勒眼见它变成了一根尖刺，苏军完全可以利用这个地方随时从黑海登陆，把向苏联南线推进的德军包抄打尽，所以他一直为这个心腹大患所牵制，无法贸然入侵东方。更让他忧虑的是在克里米亚屯驻的苏联战斗机可以直飞罗马尼亚的普洛耶什蒂油田，这相当于往轴心国的生命线插下一把尖刀。

★克里米亚半岛

　　但是希特勒也看到了，要是能够帮助土耳其把苏联人打出这个半岛，说不定土耳其就会心甘情愿地加入轴心国的阵营，成为德意志有力的辅佐。

　　所以无论从什么角度来看，塞瓦斯托波尔要塞是必须攻克的。

　　希特勒虽然虎视眈眈，但是也明白经历千年暴虐洗礼的坚固要塞可不是那么简单就能到手的，首先可以看到细长的赛维纳亚湾支撑住了整个塞瓦斯托波尔市区，而绵延漫长的这个地带的北岸与别别克峡谷更是重重把守，12个永久要塞群错落有致，"莫洛托夫"、"奇卡"和"柯别乌"尤为硕大，像黑色的奇兽盘踞在矩形的要塞。西南部的棱角处还有"列宁"和"北堡垒"，正东则陈列着"斯大林"、"伏尔加"、"顿涅茨"、"西伯利亚"和"乌拉尔"，显得稍微薄弱的只有最北边的"马克西姆高尔基一号"。这个缺口也不算毫无防备，305毫米火力巨大的双联装大炮紧紧护卫，几十厘米厚的装甲板牢牢包围，三层混凝土永固工事，在它东侧还挡着"巴斯季昂一号"要塞。总体看来，成百上千的小型铁路，数以万计的暗堡与火力点，塞瓦斯托波尔要塞偏北真正算得上是万无一失。

　　但是毕竟人力有限，北方充足的准备势必带来南方配备的不足，在南边仅有三个要塞，分别是"巴斯季昂二号"、"巴勒库勒瓦"和"库贝"要塞。七个一线步兵阵地埋藏其中，名字相当有民族风情："白糖帽子"、"废墟山"、"荆棘山"和"北方鼻子"、"红色高地1、2、3"。在最前面的一线阵地则是"上坡高地"、"风车高地"和"秃鹫高地"。

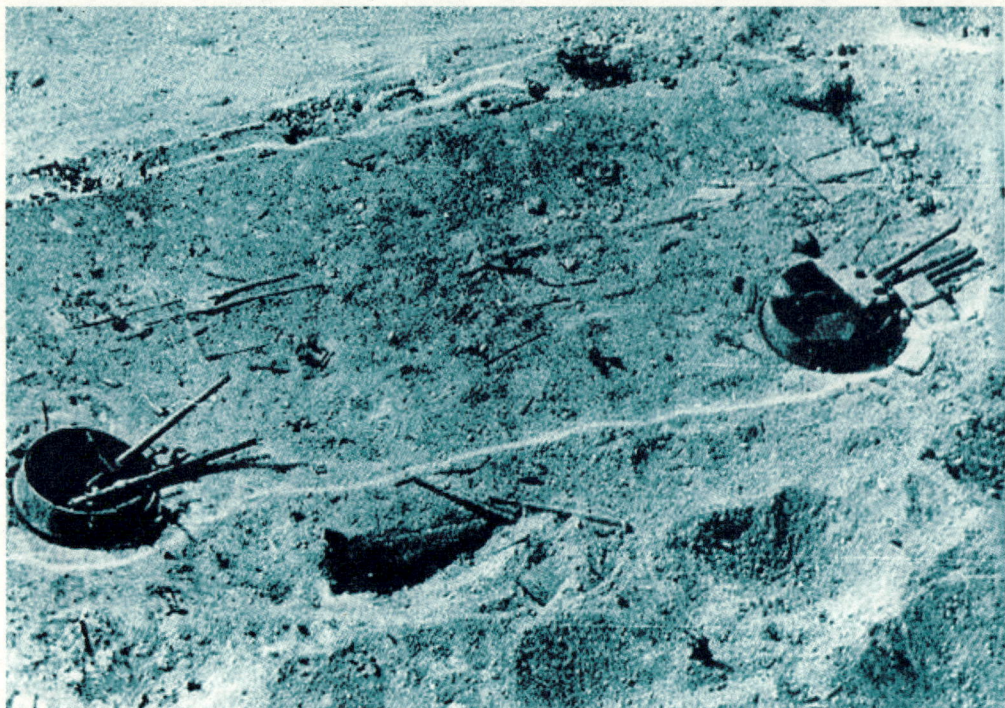

★塞瓦斯托波尔攻坚战中的苏军阵地

　　守卫阵地的苏联士兵都不简单，虽然大部分由普通红军构成，但是高配比的海军陆战队和秘密警察使得整个队伍精英化。但是苏联并没有多少硬武器，十万精兵仅有40辆坦克。

　　初步评估完整个克里米亚半岛的形势后，希特勒迫不及待地要开始进行冲击。

　　"不管是多么坚固的工事，德意志沉重的碾轮必将其夷为平地！"

包围要塞：第一拨冲击

　　这场战争卷着硝烟刚刚开始的时候，岛上的防御工事并没有全部完成，海岸炮兵和黑海舰队负责了海上战斗防御。塞瓦斯托波尔急需军力补充，1月9日，苏联增派了北海集团军的三个师赶赴支援。考虑到德国炮兵和战斗机火力过于强大，如果贸然前冲只能徒劳消耗人力，所以黑海舰队分舰队大部分撤向了高加索地区，一方面殿后，一方面借前方战列舰和巡洋舰来消耗德军战斗力。

　　1941年12月17日，寒风萧瑟，黄草遍地，德军派出七个步兵师以及两个山地师，越过平原丘陵和陡峭山崖，开始对着塞瓦斯托波尔展开第一次攻防战。

　　德军狡猾地绕过横成一线的要塞群中的"马克西姆高尔基一号"，从西侧开始挑选了"斯大林"要塞进行进攻。但是一如预期，坚固的防御工事纹丝不动，任这些步兵师山地兵师一个劲开枪冲锋，始终稳稳地矗立着丝毫无损。

2月7日，德军再度整装来袭，七个步兵师和两个罗马尼亚旅与成千上百门火炮的攻势，显示出他们不惜一切的决心。苏军的情况变得颇为棘手，因为当时无论从人员还是从技术装备上来说，苏军都不到德军的二分之一，处于明显的弱势。

尽管苏军抵抗顽强，要塞也坚固异常，但是在德军主要火力突击方向却颇为吃紧。情势紧急之下，苏军统帅紧急集结，把防御力量再度增强。既然德军进行突击，那么苏军就执行反突击，同样派出一股精锐力量迎着德军侧翼的锋芒而上。这样一来德军终于有所松散，整个局面缓了下来，被突破的危险暂时消除。但让德军想不到的是，两天前苏联就派遣了海军陆战队登陆了刻赤半岛，二话不说就粉碎掉德军精心组成的包围圈，所以德军的第一拨攻击简直可以说是全面溃败，被穿着黑色水兵服的苏军赶得七零八落。

这些突然出现的海军陆战队让德军措手不及，甚至出于恐怖给他们起了"黑色死亡"的代号。为了摆平这个烂摊子，希特勒不得不从塞瓦斯托波尔抽走大量兵力，应付这一面的焦头烂额。

德军虽然狼狈暂停了，甚至五个月内没办法把人手召回展开行动，但是眼中钉肉中刺的克里米亚半岛却还是烙印在希特勒心里。他发誓无论付出多少代价，都要把这个塞子给拔掉。

在德军奔来赶去的五个月内，苏军并没有闲着，而是积极地进一步改进防御工事，把消耗掉的物资补齐充实，同时还将屯扎在周围的德军赶出几公里。

而这边驻守克里米亚半岛的德军司令曼施坦因脑子也在不停琢磨："这些要塞简直是没有缝的钢铁！要想成功攻下这些堡垒，没有空中飞鹰的帮忙是万万不行的！"

曼施坦因想到的空中飞鹰正是第八航空志愿军。除了借调空中火力，

★遭到轰炸的塞瓦斯托波尔要塞

曼施坦因需要自己手中的剑更加坚硬，于是整个第306炮兵司令部都被调来，配合形成了强有力的陆军炮兵团。

德军需要更多的人，但是相当一部分力量正在刻赤半岛上被牵制着。所以当务之急是把那边的战争速战速决，不然克里米亚半岛可能永远都没有攻克的一天！

1942年5月8日，希特勒出动一个装甲师与四个步兵师，连同罗马尼亚山地师开始反击苏军。5月16日，德军再次把刻赤半岛据为己有，歼灭苏军26个师，俘获了17 000人。

重炮出阵：最强与最强的对抗

突破了刻赤以后，6月6日，第二轮正式的塞瓦斯托波尔攻坚战开始了。7日，刚刚拂晓，德军的炮兵就推弹上膛，集中了火力对着战前分配好的目标要塞发起攻击。而天空中盘旋的德军战斗机也俯冲下来，还带着道道火光。苏军人数装备都极为不利，但是他们凭借之前的布防，不仅进行着艰苦卓绝的抵抗，而且还异常顽强地进行反击。大型要塞上炮弹开花，小型碉堡中也是浓烟滚滚，苏军烧焦的尸体纵横错落，德军这方也被苏军时不时的火力打个踉跄，每一步的推移都在拉锯，你来我往，血流成河。6月11日，忍无可忍的德军冲着"斯大林"要塞再度猛烈开火。同时多门大大小小的火炮也一溜排开，逐步推进，一点点靠近同样呈一线的中部要塞群。因为在空中战斗机的轰炸中，德军火力还是有效破坏了各个要塞之间的交通和电话联络，各个要塞呈现孤立的状态，没办法取得联系，也无法获得一致的指挥。更要命的是每个要塞里面安排的指挥员绝大多数都是新手，老练的军官早就在以前的战役中身亡。因此面对德军如此猛烈的攻击，即使堡垒再坚固也有点吃力。

6月13日，德军即将攻克一向是排头兵风向标的"斯大林"要塞。德

★塞瓦斯托波尔战役中的苏军炮兵阵地

军付出了惨重的代价，苏军火舌吞吐不停，"斯大林"堡垒看起来神圣不可侵犯。上次就参加过攻坚战的一个德国伤兵，端着枪一路狂奔，身体被子弹打出透明窟窿，一起冲锋的德军鲜血已经模糊了脸庞，他用最后一口气冲到"斯大林"千疮百孔的垒壁面前，缓缓倒下。而那些用着88毫米火炮以及新式火箭炮的德军炮兵连，正近距离猛攻其他要塞。因为焦急连眼睛都红了的曼施坦因此刻已经不管不顾，脑中充斥着："火炮！火炮！火炮！"

但是在他面前还有一座不可逾越的碉堡，那就是"马克西姆高尔基一号"要塞，通往北方的道路和别别克峡谷都由它把守，德军的疯狂进攻到那儿只会戛然而止。因为这座要塞实在是太强大了，305毫米的炮弹瞬间就可以让德军步兵师灰飞烟灭，44公里的射程会将德军远远挡在门外。而德军目前所用的火炮虽然威力刚猛，但是面对牢固数倍于其他要塞的"马克西姆高尔基一号"，只能束手无策。

最强的盾，只能用上最强的矛！最强的要塞必定要对应最强的火炮！

德军喷火怪兽的现身机会到了。经过紧急商议反复策划，三门超级火炮运送到了前线。固定式臼炮"刚玛"拥有着420毫米的口径，而610毫米口径的机动臼炮"卡尔"号称无坚不摧，最厉害的是800毫米的列车加农炮——炮中霸王"古斯塔夫"。尺有所短寸有所长，虽然"古斯塔夫"巨炮火力猛烈，但是因为它的射程只有38公里，这也就是说，它必须进入苏军的强炮攻击阵中才能发挥作用。

德国人这一次的目标是苏军弹药库，他们想一举切断苏军的武器供给，让"马克西姆高尔基一号"的巨炮变成彻底的哑巴。所以他们计划由"古斯塔夫"巨炮出列，连续发射几千吨穿甲弹直接轰垮八米厚的混凝土防护层，引爆地下弹药库的中部，从而连爆全岛，连带把其他要塞的弹药库一起毁掉。

四轨大型铁路运送着无比沉重的"古斯塔夫"，就此停放到了"斯大林"要塞之下。全部炮兵围绕着它集体待命，所有其他火炮严阵以待准备辅佐。

小前锋是"卡尔"大炮，外号叫做"雷神之锤"射速极快，它担任着事先攻击削弱"马克西姆高尔基一号"的作用。随着快速连发，四五吨610毫米高爆弹如冰雹般砸向要塞。垒壁四米厚永久水泥装甲板逐渐抵挡不住，慢慢变成碎片开始剥落。只要有一个洞，那么接下来就可以掀开整体。要塞的顶很快被掀翻，里面隐藏的一切通通暴露。曼施坦因寄予厚望的第八航空兵蜂拥而至，像是一群黄蜂拼命围剿。波状俯冲轰炸带着呼啸声和爆炸声，要塞生活区很快变成断壁残垣，侥幸捡得性命的苏军只能一步步往要塞更深处退避。

曼施坦因考虑到苏军很可能会赶派增援进行突围，这时候轰炸范围广的"刚玛"就开始大显身手。420毫米子弹如满地滚珠，炸起层层黄土，要塞周边变成烂泥堆，所有的道路，只要是地面存在的，通通化成一片废墟！

没人能救得了"马克西姆高尔基一号"。

总攻开始：要塞再一次门户大开

1942年6月17日，几轮轰炸后的"马克西姆高尔基一号"四周已经是一片焦土，曼施坦因觉得时机已到："我的士兵们，复仇的时候到了！现在开始总攻！"

这片战场仅仅35公里，千余门德军火炮隆隆作响，听不见士兵冲锋的呐喊，听不见死者悲切的惨呼，除了已经把耳膜震得麻木的炮声，什么都听不见。地上的石头被热浪席卷，细沙已经开始熔化，不再有任何设备痕迹的存在。冲击波覆盖了要塞，就像是在进行一场空前火力的高温蒸煮。但是"马克西姆高尔基一号"还没有消亡，它生命力的中心——联装炮塔依旧顽强存在，因为炮塔目标太小了，德军的狂炸一气反而没有伤到它的皮毛。这些炮塔依旧发射着愤怒的子弹，一批炮手死于流弹，另一批炮手紧急填补。

"看来这帮苏联人不流尽最后一滴血，是不会离开的！"知道自己已经胜券在握的曼施坦因看着执著抵御的苏军，禁不住感叹道。

虽然钦佩苏军的毅力，但是战争就是要分个你死我活。曼施坦因并没有放过这些炮塔的打算，在他的命令下，从别别克峡谷北边运来两门小口径白炮。

曼施坦因说："现在，就让我们在乱军中取敌首级吧！"

千百枚穿甲弹又朝要塞发出去，已经满目疮痍的要塞依旧在苦苦支撑。"马克西姆高尔基一号"在用最后的火力嘶吼，等到精疲力竭暂无声息时，小口径白炮射出十余枚榴弹，这些炮弹经过了精确的校准，直插炮塔装甲板。装有延迟引信的榴弹并不会马上爆炸，相反它们将会在接下来的数分钟，从内部开始接二连三地溅出苏军的血花！

短暂沉默后一声巨响，赤炎热浪掀翻整个装甲炮塔楼，不管还有没有人生还，曼施坦因的目的就是赶尽杀绝。德军早就准备好的火箭炮冲向敞开的炮塔，高爆弹也加入了狂欢的行列。

塞瓦斯托波尔最坚固的北部防御破碎了。

南部的德军也趁着大涨的士气，和苏军林立的防御线开始交战。6月11日，北部炮声隆隆的时候，德军第30军兵分三路，而第72军则挥师北上，在罗马尼亚山地师的掩护和牵制下，第72军攻克"上坡高地"，而紧接着"秃鹫高地"、"荆棘山"、"红色高地1、2、3"也相继失守，因为德军实行包抄然后从身后突袭的战术，诡秘莫测，苏军完全没有预料到德军出现的方向，一击即溃。

仅仅十天，就在这短短的十天以内，在强大的炮火压力之下，坚不可摧的苏军防御节节败退，南北两方都被突破，南部德国第30军已经逼到"苏联山脉阵地"脚下，静静等待北部第54军的合围。

时候到了。

全面轰击：防御系统完全崩溃

苏军目前已经完全丧失了还手的能力，唯一可以做的就是借着风中飘摇的剩下的掩体，作着垂死挣扎。这时塞瓦斯托波尔北边，"马克西姆高尔基一号"已经是风中残烛，装甲炮台顶盖被高高炸起，但是在下部厚厚的两层永固工事中，还未血肉横飞的1 000名苏联士兵正用生命作着顽强的护卫。

因为苏军炮塔被炸毁，对德军而言没有了威胁力，所以大量88毫米高射炮得以长驱直入，逼近堡垒直面墙壁进行零距离的雷暴式轰炸。大量穿甲弹与榴霰弹犹如岩浆倾泻而下，将层层工事熔化殆尽，苏联士兵无法再待在这块区域，眼看二层工事都要化为灰烬，他们依旧拒绝投降，带着枪支火炮转而进入地下第三层继续防御。

因为目标过于深入，德军火炮也毫无办法，这时候战斗工兵出现了，他们冲到苏联防御工事门口，将一块块塑料炸药埋设后引爆，但是即使能够夺门而入，工事内部纵横交错复杂的暗道和安置精巧的隐蔽火力点还是起到了很好的

★攻入塞瓦斯托波尔要塞城内的德军

★被德军占领的苏军巨炮阵地

屏蔽作用。既然火炮已经失去了意义，就让战争来得更加直接吧！德国人重新拿起刺刀，举起手枪，抄了工兵铲，钻入地下与那坚守的苏军展开白刃战，而这也注定成为人类战争史上在最为狭小空间里展开的殊死战斗。

工事底部狭小弯曲，战斗的房间尤为逼仄，殊死搏斗的苏军重创入侵的德军，双方用最原始的方式展开了血腥的厮杀，人的惨叫充斥了整个房间，鲜血喷涂到房间墙壁上，溅落在地面上，缓缓汇成一条暗色的河流充溢了下水道，连射击口最后都溢出鲜血。如此残酷的战争最后结果也是惨烈，德军伤亡远大于放手一搏的苏军，而苏军也大多战死，仅仅被俘了不到40人。

塞瓦斯托波尔的北边就此失去了苏联的力量，德军的旗帜如黑色的旋风插在了这片土地上。第54军收到南方大捷的消息，集结一番开始横渡赛维纳亚湾前去会合。

"苏联山脉阵地"终于惨遭围拢，南北两方的德军炮火横飞，以绝对的军备和人力优势将这条最后的防御线扯了个粉碎。

第72步兵师三路急追猛赶，塞瓦斯托波尔的英国军人墓告急！北部三个步兵师突击，市区东部沦陷！北岸第132步兵师火炮运到！第306炮兵司令部巨炮架好！

塞瓦斯托波尔攻坚战进行到了最后一章，那就是最疯狂最压迫性的围剿！

狂风暴雨：不败之城陷落

6月30日，德军基本会合完毕，1 300门火炮簇拥着之前的功臣"卡尔"、"古斯塔夫"和"刚玛"巨炮，展开它们娴熟的地毯式轰炸。 当天数万吨炮弹在市区全面开花，炎炎火焰将楼房烧得通红，烟火焚城，生灵涂炭，整个天空被浓密的硝烟密密遮住，暗无天日。第二天德军改成了激进的高速持续射击，近两千架飞机盘旋在空中，投放下十几万枚燃烧弹，密密麻麻耀眼的亮光混合着浓烟，犹如巨大的火球，甚至像来自天外的流星，景象之奇异之骇人世间少见。在熊熊火光中，公路、公园、学校、图书馆……众多市区建筑都灰飞烟灭，化做一片瓦砾，这时候德军还不肯罢休，重型燃烧弹和火箭弹上阵推波助澜，骇人的烈焰吞噬着城市，简直让人瞠目结舌。

值得庆幸的是，塞瓦斯托波尔市具有一个神奇的特点，它的地下建筑相当发达，跟地面设施基本相当，所以市民和守兵尽数退入地下得以逃脱。在这五天里面，德军在地上炸个不停，而苏联士兵也毫不慌张，他们继续在地下城市里面有条不紊地生活，紧急制造了大量的火炮弹药，市民们鼓足勇气继续战斗。他们的乐观不是没有道理的，市区地面的厚度相当安全，德军巨大的装甲弹并不能够击穿这个钢壳，而地下的生活设施早就布置得相当完善，甚至比起地面有过之而无不及。

★德军装备的"古斯塔夫"巨炮

★德军坦克开进塞瓦斯托波尔要塞

　　他们只害怕一点，就是德军的炮中霸王"古斯塔夫"巨炮。在这尊巨炮的威力下，任何厚重的保护都只有土崩瓦解的份儿。

　　7月2日，发现苏联有生力量并没有受到多大损伤的德军气急败坏，发动了总攻。"马克西姆高尔基二号"要塞驻守着与地下相联系的一队苏军，此刻他们已经被德军170步兵师包围。"马克西姆高尔基二号"本来就不是特别灵活的要塞，当德军一下逼近的时候，射角太小的火炮毫无用武之地，170全师占领要塞，苏联守军大多遇难，连接通道被紧急关闭。7月4日，英国军人墓的柏树已成焦木，德军第72步兵师取得突破，进一步压制了市区外的苏军。

　　现在苏联所能凭借的只有克里米亚半岛三个小小的滩涂了。

　　其实这个时候苏联守军表现怎样已经扭转不了任何局势，市区已经被全面包围，重点要塞全被攻克，德军步兵和装甲师已经把市区地面布满。而且更加致命的是他们还有"古斯塔夫"巨炮在手，谁知道丧心病狂的德国人会不会突然就开炮，把地底的无辜人民炸得尸横遍野呢？

　　苏联守军的压力太大了，一直以来持续的炮火攻击已经消耗了他们绝大多数力量，无望的局面更让士兵失去斗志，加上担忧百姓的生命，苏联守军终于表示同意投降。

　　7月4日下午，正在稳稳推进的德军停住脚步，一时间全城鸦雀无声，世纪般漫长的炮火声骤然停止，让习惯了轰炸的人们耳中一片静谧，这静谧却如此尖锐哀伤。德军停止炮轰，苏军暗堡与火力点徐徐走出投降的士兵。

苏军本来寄予希望的黑海舰队终于来了，可是已经来得太晚了，他们只能接走半岛西部的苏军残部撤离，远在城外的塞瓦斯托波尔苏联守军总司令克斯罗夫中将，也只能在一片死寂中踏上沉重摇晃的军舰。

塞瓦斯托波尔，沦陷了。

最强的堡垒，最坚固的地下城市，最牢不可破的不败之都，终于输了。输给拥有大量高新尖端武器的纳粹德国，残酷的侵略者硬生生踢开了通往巴库油田的大门，展现在贪婪的德军面前的，将是黄金遍地的富贵之乡。

这次战役中，苏联方面包括民兵和志愿兵在内，共有九万余人被俘，战死的不计其数。而曼施坦因成了本战最大的功臣，一举成为德国野战军元帅。

垂头丧气登舰的克斯罗夫中将，不得不回到莫斯科，接受降级的处分。

战典回响

防御作战的典范

因为燃料短缺问题以及想切断苏军的燃料供给，德军曾计划制造一个高加索产油地，从而切断顿河到斯大林格勒的运输线，用来夺取苏联的石油煤矿和金属等生产资料，这个计划在1941年末正式宣告破产。但是德军对苏联石油的渴望有增无减，即使困难重重，南方集团军也在为来年对高加索的进攻作着不懈的努力。

所以从1941年6月22日起大规模德军高火力攻击的目的，很大一部分是冲着油田而去的。塞瓦斯托波尔的攻克使得德军能直入高加索，侵入巴库油田，从而获得他们梦寐以求的战争资源。虽然塞瓦斯托波尔最终被德军攻破，但是因为身处敌人的深远后方，而且在已经面临合围的情况下，它还能够长期坚持、顽强防御，从而成为了反攻坚战的典范。塞瓦斯托波尔能够坚持如此长的时间，有以下原因：

首先，在塞瓦斯托波尔攻坚战之前，苏军提前巩固了防御，并及时完善了指挥机构。在战斗开始以后，根据战况发展苏军又及时建立和完善了对陆上防御和抗登陆作战的准备，并且以塞瓦斯托波尔为中心，在陆上构筑了三道防线，分别建立了三个防区，划分了四个防御地境，并给这些防区和地境分派了任务。为了加强统一指挥，苏军及时地完善了指挥机构，任命黑海舰队司令员兼任防区司令统一指挥陆海空三军的行动。

其次，苏军以外围作战为重点，建立了纵深的防御体系，而这正是在面临合围之后仍然能够长期坚守的重要原因。在战斗初期，苏军在仅仅拥有七个师左右兵力的情况下，将四个师的兵力部署在外围。随着战役的发展和兵力的增加，逐步加大火力密度，由开始时平均每公里正面四个支撑点，增加到17个支撑点。正是因为将作战重点放到了防御体系的外围，增加了自身的防御纵深，从而增强了防御弹性，得以将德军长期阻挡在外围，这样内部就可以提供较为充足的补给和支援火力。

正是因为苏军将重点防守设置在外围，使得内部有充足的时间进行调整。德军无法及时攻占防御体系的中枢，从而使得苏军的舰炮和航空火力得到充分使用，使得德军连续三次一次比一次猛烈的进攻都必须面对顽强的防守。随后，苏军在海上和空中被严密封锁，处在了德军的合围之下，但是苏军充分利用纵深，与德军展开激战，虽然在装备和兵力上都已经处于下风，但是苏军在精神上却完全不输给德军。

当然，苏军能够抵挡住德军一次又一次的猛烈进攻，最关键的一点在于苏军密切协同，发挥了整体作战的威力。在整个战役中，苏军的陆海空军和诸兵种部队达到了密切协同，虽然处在劣势，但是互相支援，将所拥有的火力配置发挥到了最大化。在战斗最紧张的时候，苏军海军的岸炮和舰炮曾构成城防火力配置的主体，以火力保障了地面部队的作战，舰艇部队在战斗中还曾一度控制海域，保障了海上交通的顺畅。另外，塞瓦斯托波尔市民也积极参战，帮助军队修筑工事、抢救伤员，对防御作战起到了非常重要的作用。

★沙场点兵★

人物：曼施坦因

曼施坦因全名弗里茨·埃里希·冯·曼施坦因，作为第二次世界大战中极负盛名的可怕将领，他拥有优秀深邃的战略思想和杰出精密的战术手段，他所参与的每次战役都会赢来一场让对方肝胆俱裂的胜利。曼施坦因精通现代科技，博古通今，融会贯通，在军事上的成就用天才来比喻也不为过。

细数他的战争生涯，从1939年开始，他就以南方集团军的参谋长身份参加了波兰战役。次年，他出其不意地调整了对法作战方案，将全部装甲军集合到法军防守最薄弱的地方，在密林中攻破联军。

1941年，曼施坦因荣升军长，受命从东普鲁士开往苏德战争的疆野，他率领部队日以继夜，急行四百里，来到德军久攻不克的塞瓦斯托波尔要塞，利用自己对高科技武器的认识进行强攻，一举征服了克里米亚半岛。随后以少胜多，在刻赤半岛也大获全胜。

曼施坦因的声誉就此如日中天，在随后的列宁格勒保卫战及拉多加湖战役中，他取得了节节胜利，将苏军逼得步步倒退。

此后的斯大林格勒会战中，他却遭遇了战争生涯的第一次失利，但是并不是由于他的战略或者战术错误，恰恰相反，如果按照他的方法，苏军将会在这场战役里失去全部实力，德意志将取得决定性胜利。使得德军功败垂成的原因正是来自希特勒的坚守命令。

受挫以后的曼施坦因并没有放弃他对战局的努力，以一比八的不利兵力，选择苏联大军的侧翼进行打击，在迅疾的指挥调整下，占尽优势的苏联士兵大举溃逃，他因为这次战役的胜利获得铁十字勋章。

武器：重炮

在第二次世界大战时期，德国多用重炮，通常使用210毫米重型臼炮，榴弹炮和加农炮的加入使得重炮家族多姿多彩。早期的普通型德国重炮贯穿了第二次世界大战的整个进程，在攻打要塞和堡垒的时候起到了相当明显的效果，不足的是该炮威力较小，射程较短，在面对尤为坚固的要塞，例如塞瓦斯托波尔要塞时便起不到让人满意的作用。"古斯塔夫"、"卡尔"、"刚玛"这三门重炮在这场艰苦卓绝的战役中起到了重大作用，"古斯塔夫"大口径的改良使得穿甲弹威力更加凶猛，射程较远的"卡尔"和"刚玛"配合普通重炮的火力便可以起到很好的掩护作用。

重炮在行军时可以拆卸成两部分，每部分都有独立的两个负重轮，方便运送，在使用时只需极短的时间就能够组装安放到360度旋转的炮台上进行攻击。

塞瓦斯托波尔要塞最终在苏联重炮的轰击下陷落，"不败之城"的威名随之作古。

✦ 战术：空中轰炸与地面炮击结合

轰炸一般运用战术轰炸机、攻击机及战斗机等武装飞机射击敌方部队或者军备储藏部位。通常来说战术轰炸的目标主要是敌军的城市或者工厂等关系着对方火力的地点，从而削弱对方的作战能力。战术轰炸一方面可以近距离地提供强大的空中火力支援，配合地面火炮步兵装甲师等行动，另外一方面可以借助俯冲压低的绵密火力线封锁对方进攻，使得己方可以进逼目标。

塞瓦斯托波尔攻坚战中，德军之所以能攻陷这座看似不可击破的堡垒，其战术运用是成功的关键。对付最强的盾必须使用最利的矛，曼施坦因在最初的攻击未果后，调整战术，运用"卡尔"、"刚玛"、"古斯塔夫"巨炮作为击破苏军堡垒的利器。同时，曼施坦因还调动第八航空军与步兵、炮兵部队协同作战，德军5月16日占领刻赤半岛即是协同作战所取得的战果。在6月30日的攻城战中，巨炮与空中轰炸的结合，彻底瓦解了苏军的军事及心理防线。

战典

尖矛与利盾的较量

THE CLASSIC WARS

攻坚战

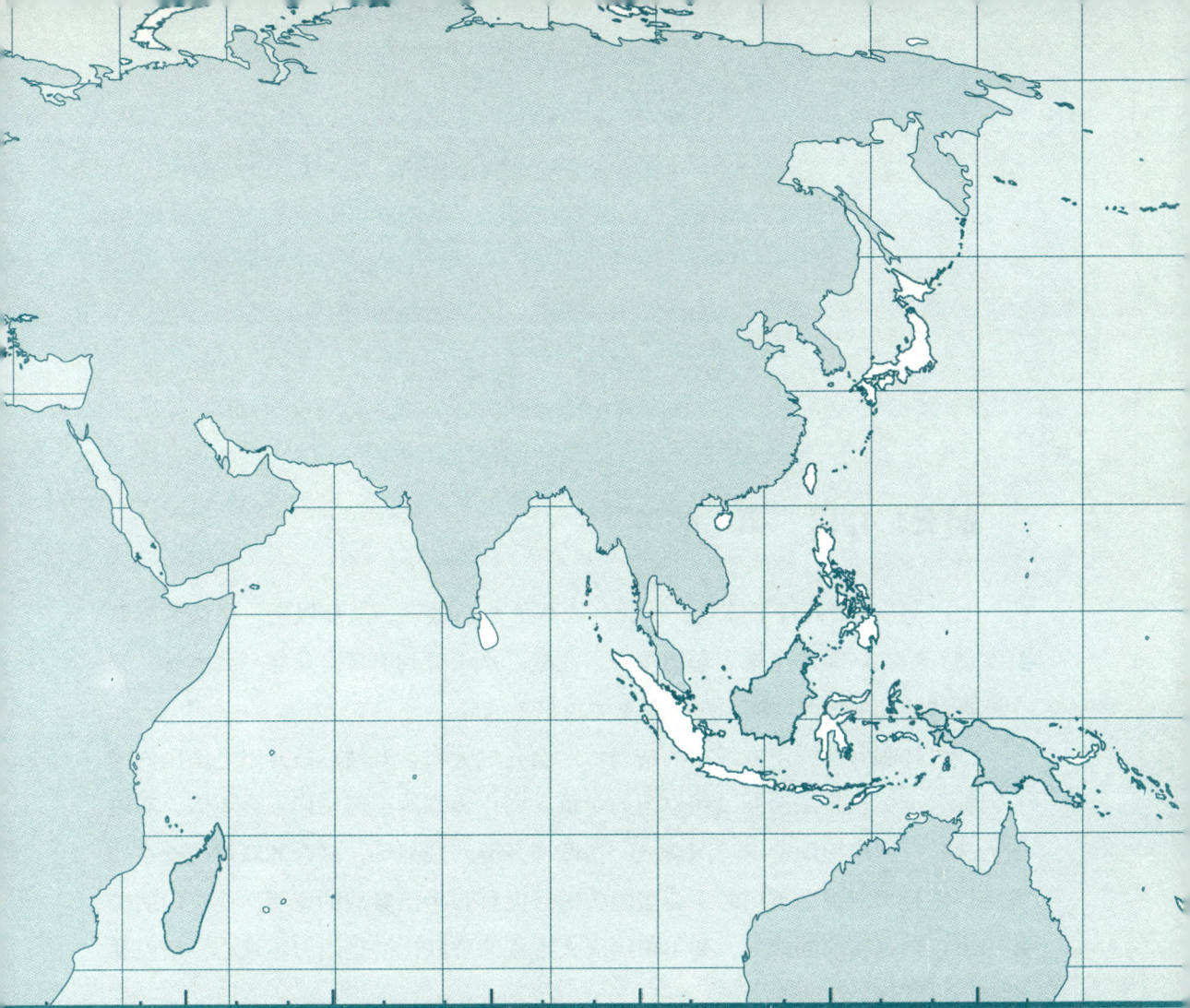

第十二章

诺曼底登陆
——强攻"大西洋堡垒"

▲随着苏德战场上苏军逐步开始由守转攻，盟军也开始筹划开辟欧洲第二战场，以协助苏军对法西斯的战争。在离英国最近的法国西岸登陆无疑是盟军的最佳选择，然而德军对盟军的意图也是了然于胸，在法国西海岸布置了严密的防御工事，并驻守了大量的军队。于是，盟军的登陆便成为了强攻大西洋沿岸堡垒的一次作战。战争永远都是由两部分组成：将自己的优势完全发挥而限制敌人优势的精细的智力工作与残忍的战场拼杀。在诺曼底登陆中，盟军从战前的迷惑到登陆时伞兵与登陆军队的协同，以至具体的登陆舰的使用，都足以被永远铭记于战争史中。

前奏：开辟"第二战场"

　　1941年德军入侵了苏联，从此苏德战争全面爆发，从那以后，勇敢的苏联红军就开始在广袤的土地上和德军拼力血战。从山林到原野，从寒冬到酷暑，整个欧洲战场几乎是苏联红军在一力支撑着整个战局。

　　斯大林眼看这样下去红军的结果肯定会元气大伤，既然苏联并不是德国的唯一目标，英美也是法西斯试图侵袭的对象，唇亡齿寒的道理它们不会不懂，所以斯大林对丘吉尔提出要求英国参战，在欧洲开辟西线战场，联合苏联对抗德军的铁蹄。但是当时因为英国的重要盟国美国还没有表示出参战的意愿，而英国估算了一下以自己目前的能力，要组织这么大规模的登陆作战恐怕力不从心，所以并没有给出最强势的回应。

　　但对于世界反法西斯同盟来说，随着战争的深入，开辟欧洲第二战场已经成为了箭在弦上的事情。1943年5月，英美首脑在华盛顿召开会议，在此次会议上，与会各方决定在欧洲完成登陆，开辟欧洲第二战场，以配合苏联从西线进攻德国。于是1944年5月登陆欧洲大陆的计划至此敲定。

　　既然必须要做，英美军首领当即展开具体探讨，首先是选择登陆地点的问题，因为英国过去也曾经在登陆作战中吃过败仗，他们甚至如果要顺利完成抢滩，那么第一肯定要把登陆地点定在英国战斗机起飞后能作战的半径范围内，第二要把航渡的距离缩到最短，这样才能避免在水中遭受打击的危险，第三附近必须要有大港口，这样士兵到了就不会堵在滩头无法分散。

　　两军于是对着地图画来画去，从荷兰到法国这么一条长长的海岸线上只有三个地点勉强符合要求，康坦丁半岛、加来以及诺曼底。但是又各有利弊，康坦丁半岛地形过于狭窄，真打起来连手脚都施展不开，先被否定了；加来离英国够近，而且靠德国也不远，但是考虑到加来是德军重点的防御地区，那里驻守着德军的精锐，如果在加来登陆，不仅要遭遇登陆计划失败的风险，就算是完成登陆，也会付出惨重的代价。于是剩下了诺曼底，虽然相比较加来要远一些，但是守卫这里的德军作战能力平平，加上诺曼底地势开阔平坦，30个师可以在这里排开，还有一个优势是这边离法国的最大港口很近。 所以，盟军还是选择了诺曼底。

随后盟军开始制订具体作战计划，还为这套计划起了"君主"的代号，其中海军行动称为"海王"。

霸王计划：历史的豪赌

为了取得这次战役的胜利，英美盟军开始完全启动战争机器，美国本土源源不断运来大批物资，英国几乎成了一个大军营，来自11个支持国家的部队驻扎得密密麻麻，每个港口都挤满舰船，在短短的时间内集结了近三百万人的大部队。其中包括36个陆军师和5300艘海军军舰，步兵装甲兵空降兵占了一大半，机场也一排排安置了万余架战斗机。

战役正式开始前，盟军先进行了一轮战略轰炸，重点由德国工业区转向交通线，随着登陆日的越来越近，轰炸机降临到海滩上空，准备破坏德军防御工事。但是因为经验不足，盟军对诺曼底的空中打击在最初并没有达到预期的效果。

1943年8月，盟军首脑在魁北克会面，召开了战前动员会议，制订了一项"霸王"计划。同年的11月，盟军又确定了发动"霸王"计划的时间，整项行动将会在1944年5月启动。

1943年末，盟军动作不断，异常频繁。欧洲同盟国远征军的最高司令也确定了，美国赫赫有名的铁血老将艾森豪威尔上将将统率大军，负责此次战役。

当艾森豪威尔抵达伦敦之后，细细研究了整个计划，发现里面还是有不少

★欧洲同盟国远征军最高司令艾森豪威尔

187

问题，首先突击正面定得太窄，使得最初的攻击冲击力不够，必须拓宽，让突击部队的作用发挥到最大。于是登陆正面就被扩充到了80公里，突击先锋由最初安排的三个师增加到了五个师，同时登陆滩头也从三个变成了五个，同时骑兵空降兵旅也增加到了三个师。因为艾森豪威尔如此考虑确实有他的道理，最高司令部三军司令一致表示支持。

东去春来，转瞬到了1944年2月，"霸王"计划由构想变成了具体的计划大纲，作战计划也经过了反复修改，英美联合参谋委员会多次定夺后终于批准，要求扩大登陆舰艇的规模。但是此时的登陆舰艇还没有达到理想的数量，为了确保万无一失，登录日期被推迟到6月。

虽然登陆日大致已经确定推迟，但是具体的日期和时刻还有待讨论。这个过程相当让人头疼，所谓人多嘴杂不无道理，各军兵种都有自己的诉求。陆军忧心忡忡，担心部队暴露在海滩上的时间过长而遭受毁灭性的打击，所以要求在高潮时登陆。而海军也有自己的顾虑，为了防止登陆艇被德军设置的障碍物破坏，他们坚持在比较保险的低潮时期登陆。空军则要求必须要有月光，不然的话空军无法有效识别地面目标，到时候起不了任何作用。

三个要求各有冲突，最后盟军首脑还是采取了较为折中的方案。这时还有一个现实问题，作战计划中有五登陆滩头，可这五个滩头的潮汐节奏并不一致，于是具体问题具体解决，干脆安排了五个登陆时刻，而正式登陆日必须是满月的一天，空军将在凌晨1点借着月光降落，最合适的就是6月5日。

★德军严密布防的加来海滩，图为隆美尔正在视察海滩防务。

这一次登陆战背负着横渡英吉利海峡，直奔法国北部创造一个登陆场的任务，这就是欧洲第二战场的起点，如果成功就能够和苏联对德国进行两线牵制，获得胜利。

计划在登陆诺曼底成功以后，12小时以内就扩开一个长宽都达到100公里的登陆战场，两支美国伞兵师从右翼降落，如一把利刃斩断德军来自瑟堡的增援。一支英国伞兵师则遥遥相对在左翼着陆，抢先把康恩运河的渡河点拿到手上，在左右都布下力量以后，八个先锋加强营从中间五个滩头登陆，达成扩展战场的目标。随着人员不断增派，队伍右侧连同伞兵攻占瑟堡，左翼则往康恩河边上发展，接着就是冈城、贝叶、伊基尼、卡郎坦，最终攻占布列塔尼，冲向塞纳河，拿下巴黎。

战略欺骗：德军统帅被蒙上了眼睛

为了使得登陆战役阻力更小，在1943年的年末，盟军最高司令部副参谋长摩根中将提出了一份草案，内容是制定一系列欺骗保密措施，用来迷惑德军判断。这份草案的代号叫做"杰伊"。这份计划牵扯极大，保密性又极高，操作难度异常艰难。英国军事情报局、特别行动局、反情报局和双十字委员会等安全部门和美国中情局前身战略情报局、联邦调查局和三军情报部都涉入其中。

摩根中将把英国伦敦监督处作为核心部分，协调盟军各大机关组织每一项行动。这个欺骗中心的口号是狡猾、机智、精致。灵活机警的英国陆军中校约翰·比万担任处长，以小小职位做大戏，甚至首相有时都必须听从他的安排。

这场构思巧妙、复杂精密的大规模战略欺骗最终得以通过，在1944年1月代号改为"卫士"。这个部分的目的是通过各种手段分散德军，使诺曼底守军数量降低，其次是在战役发生时也要麻痹德军统帅部的思想，让他们误以为这只是一场佯攻，德军必须囤积力量准备后面真正的战斗。

后一个目的是真正的关键，必须虚实结合真假参半，使德军的严密推理最后得出盟军想要的结果。

分散德军的目的相对比较简单，约翰·比万首先安排在南欧进行"齐柏林"计划。当时苏军已经打到了罗马尼亚和匈牙利附近，这两个小国不得不派出密使向英美讲和，谁知这件事情被英国的广播和报纸"不小心"泄露了，德国的情报机关顿时有所察觉，得知东欧局势出现动荡之后，当即派兵前往东线稳定局势。

可是东线战场的德军正被苏联人拖着分不开身，只好在法国抽调三个装甲师和一个步兵师前往东欧。就这样，法国内部少了四个师的精锐德军。约翰·比万在北欧则布置了"北方坚韧"计划。在1944年初比万已经跟苏联通好气，取得了苏联情报机关的配合，制造了一系列进攻瑞典、挪威的迹象。在苏格兰的爱丁堡，英国设立了一个子虚乌有的第四集团军群司令部，和苏军同样假扮的司令部进行无线电联系。这时候德军情报机关又一次侦听到了他们的通信，还悄无声息地判断出英军这个莫须有的司令部位置，派了飞机过来一顿轰炸。同时德国情报机关还观察到，驻扎在苏格兰的英军部队正在进行着有趣的准备，发送发动机保养手册、滑雪板等等，还开始进行滑雪训练，这明显就是为了在严寒的北欧作战而进行的准备。德军立刻往挪威、瑞典派兵，13个师被下令一步不许离开这两个国家，严格待命。

这时苏联也觉得这项战略欺骗很有意思，开始积极活动，他们不发动新攻击，只是时不时调动一下队伍，德军看这阵势怎么也搞不清楚苏联人究竟想做什么，只能把主力留在根据地不敢轻举妄动。

到诺曼底登陆之前，"卫士"计划的第一个目的算是达到了，但是最关键的第二点，让德军认为诺曼底登陆只是一场佯攻，却颇为艰巨。因为任何人看到诺曼底登陆的规模就明白这绝对是货真价实的主攻，光是八个师的先锋部队就足以证明这场战争的严重性。所以比万作好了即使不能瞒过德军，也要拖延德军判断的准备。

首先欺骗中心在英格兰虚构出美国第一集团军群，三百多名报务员煞有介事地每日互相联系，假司令部里面更是无线电收发频繁，但是这个花招的复杂在于，真正的登陆部队也发送部分命令到这个虚拟的司令部，使得德军全部侦听一一分析。

德军统计这些情报之后，认为盟军确实要登陆，英格兰东南部的大批军事活动也证实了他们的判断，德军航空拍下照片之后，哪知道那些大炮坦克，不过是好莱坞道具师的杰作而已。

再看这个大规模集团军的统帅，果不其然是美国著名的巴顿将军，英格兰的报纸和广播都在欢欣鼓舞地报道着这位伟大将军的到来，时刻汇报他的行踪，而真正的登录战役总司令蒙哥马利则远在朴次茅斯，正钻研着具体的作战方案。

德军行动：大西洋堡垒顺利完工

根据所有信息，德军判断盟军在英格兰组成了至少40个师的军群，登陆主攻方向是加来。

欺骗中心唯恐这些准备还不够，还嘱咐空军进行大量电子干扰，德军的无线电侦听基地也被摧毁，使得德军更加认为消息是真的。此时德军的雷达站也遭受了大规模空袭，故意留下少数雷达，让德军好不容易获取空军正携带炸弹飞往加来的假消息。

这些计划的顺利推进必须要提防的就是德国间谍组织，但是道高一尺，魔高一丈，英国反间谍机关更是个中好手，"双十字委员会"的特殊任务是将抓获的德国间谍策反，成为双面间谍。这种无间道战术异常细致小心，最终能被信任的只剩四个德国间谍。其中一名叫做"加宝"的西班牙人成绩辉煌，在英国情报机关的配合下，他以德国间谍的身份将大量真假各半的消息送入德国，成为深受德国情报机关重用的王牌间谍。获取这一信任之后，他就大量报告关于第一集团军的情报，而就在诺曼底即将登陆之前半个小时，他又通报了真正的消息，德军尽管知道了诺曼底登陆的消息，但是已经来不及作出反应。"加宝"的叙述显得更加诚恳可靠，在诺曼底战役进行到后期，德国情报机关收到"加宝"密报说"第一集团军群"正在多弗尔准备真正的登陆，一下子将德军推入云里雾里，失去了正确判断。

除此以外，比万还采用了更多残忍异常、绝密坚决的计划，牺牲了许多忠勇的特工，把整套方案实施得滴水不漏，目前看起来是做得十分详尽，关键就看德军的反应了。

★德军的防御工事

事实上德军西线的总司令龙德施泰特元帅，从头到尾都没有把这番弥天大谎放在眼里，他只相信自己的直觉，诺曼底登陆一定是盟军蓄谋已久的主攻。所以他向希特勒要来17个师的兵力加固诺曼底的防守。

当盟军发现驻守在波兰和加来的德国集团军居然都开始移往诺曼底时，顿时一片慌乱，他们虽然故作镇定，但还是隐隐不安，难道之前作的种种努力全都白费了吗？

这时一具偶然漂流的美军尸体被德国人发现，身上带了几份关于诺曼底登陆作战的文件，这对盟军来说是意想不到的走漏风声，却意外地让德国人转变了心意。因为德军早在西西里登陆战就领教过"肉馅计划"的厉害，这一次不过也都是故技重演而已。所以德军情报处处长罗恩纳和约德尔上将极力劝阻希特勒在诺曼底布防的动作，反复强调这次只是牵制性的佯攻，于是希特勒动摇了，最后命令原有守军撤回，所有西欧部队支援加来。

这样大的反转总算是给盟军吃了一颗定心丸。

接下来盟军要对付的，就是德军早在1941年就开始建筑的沿海永久工事。

德军动工不久，希特勒就在次年下令建立一个起点为挪威北方、终点为西班牙海岸的坚固防线，这条由一万五千个密集支撑点组成的强大工事，就是大西洋堡垒。

工程直到1944年5月才全部完工。事实上这条防线虽然庞大，但是疏密不一，加来地区集中了最大量的支撑点，其他几百公里的海岸线则稀疏许多。

沿着大西洋堡垒，德军部署了众多火炮与炮兵，在法国西部的沿海有四门280毫米三门381毫米、三门305毫米、三门406毫米的岸炮，因为德军被盟军迷惑将在挪威抢先争夺炮台，所以投入了大量的资本在挪威沿海一口气修筑了350座各口径炮台。同时德军在紧锣密鼓展开的还有海峡群岛设防工程，同样投入无数人力物力修建炮台。

但是这一切都是在盟军情报机关的诱使下部署的，实际上就战略意义而言已经毫无价值。

所以德国媒体宣传部门整天大吹大擂，说得大西洋堡垒似乎是坚不可摧。但是这一点却提醒了隆美尔元帅，从他担任上B集团军群的司令以后，就因为大西洋堡垒的存在而非常看重沿海防御，他率团亲自实地考察，历览丹麦、荷兰以及法国，观察它们的沿海布防，研究里面的精妙之处。他心知大西洋堡垒并不可靠，所以强调一定要把沿海防御继续前推，从海水高潮线就开始布防，在海中布设水雷，靠近岸的地带就往淤泥沙土中插上成片的木桩，它们就像石笋一样高高竖起，阻挡军舰的前进。同时在海滩上浇筑混凝土堆，外观犹如一颗颗尖齿，专门用来对付坦克。不时还在空隙补上地雷。在海滩之后的大部分宽阔地带，也插上了密密麻麻的防止空降的木桩，这一切都是为了弥补大西洋堡垒的不足。

★隆美尔与龙德施泰特正在研究大西洋防务

布置完这一切之后，隆美尔选择了一块制高点，方便俯视海滩，在这里构筑火力点，隐蔽在掩体后面。虽然隆美尔料想得非常周到，但是因为工程庞杂，实施起来耗时耗力，所以等到战役爆发，也没有全部完成。但是就光凭他们已经做完的部分，已经给了盟军不少苦头吃。

神兵天降：盟军顺利登陆

负责空降着陆作战的空降师任务是在诺曼底战役中，从两翼插入，阻止德国援军，配合登陆部队进攻。

因为登陆部队上岸以后，要拓展出足够的场地才能进行正常的部署，所以头两天顶多只有八个师在战斗，装甲师随后才会加入进来，所以如果德军趁盟军拓展战场的时机发动进攻，那么后果将不堪设想。所以登陆作战的最终胜利首先要看空降兵能不能抵挡住前两天的压力。

最先行动的是英国第一空降师，6月5日0时16分，一群伞兵搭乘飞机来到登陆地区的左翼部位，他们将在混乱的气流中摸准着陆点，一旦踏上土地就全力奔去夺取佩嘉索斯周围的桥梁，堵住德军前来支援的装甲部队。

这些英勇的伞兵出色地完成了任务，他们训练有素地迅速集结，占领目的地以后一直牢牢控制。

而安排在右翼落地的美军第82和第101空降师因为相对缺乏经验，而且右侧地形十分复杂，这时德军也发现了盟军的空降兵，随即纷纷开炮阻截。盟军的空降部队一下分散得七零八落。相当数量的伞兵因为不幸降落到浅海区以及德军挖出的低洼水塘中，被沉重的装备拖曳直至淹死。所以经过了一天时间，第101

★正在空降的盟军伞兵

空降师集合的人数只有三千。

因祸得福的是，因为伞兵被分散之后分布的区域更广了，整个诺曼底都有同盟国士兵的身影，德军顿时一片慌乱，分不清此刻敌人究竟有多少兵力。这些落单的伞兵异常英勇顽强，在对自己极为不利的情况下拼力死战，给德军造成了相当程度的伤害。此时因为伞兵的神勇，德军指挥官认为这批空降师一定来者众多，为了专门针对伞兵，他特地调动军力离开前线进行围剿，这相当于伞兵成功牵制住了德军的力量。登陆部队交给他们的嘱托变相完成了。

盟军空降的过程中，可以看出经验不足、行动生涩等多种问题，但是士兵的英勇顽强和随机应变弥补了这个缺憾，也证明了艾森豪威尔指挥的正确。空降师在第一时间夺取了最为关键的交通枢纽，占领了桥梁，封锁了海滩，甚至炸毁了德国的炮兵基地，搞得德军一片混乱，空降取得了非常出色的效果。

海滩激战：史上"最长的一天"

马上就是登陆部队的抢滩战役，为了替他们铺平道路，盟军从6月5日夜间就开始了火力准备，首批重轰炸机共1 000架呼啸冲到德军战略地点上空，对着通信中心、指挥部和炮兵阵投下数千吨炸弹。这一拨狂轰滥炸还没完，更加密集的第二批重型轰炸机约1 600架又在德军防御战场同样投以大量炸弹，第三批的战斗机开始压低盘旋，以精确扫射来压制德军火力。近百支艇炮舰队也加入火力准备，在陆地喷射出长达40分钟的烈焰，迅猛的阵势初步把德军打得一时措手不及，登陆舰队上岸基本有了较为安全的环境。

6月6日的凌晨2点半，浩浩荡荡的登陆舰队运载着荷枪实弹的士兵靠近海岸，沿着运输船上垂放下的绳网，盟军战士开始陆续转移到登陆舰艇上，劈风斩浪地往岸上冲去。

最早的一批是犹他海滩登陆分队，时间为6时30分整。

这块海滩宽约五公里，覆盖着低矮不平的沙丘。盟军士兵在三个小时内就跨越了滩头，一口气冲到沿海公路进行了成功的占领。还没到中午，他们便遇见了五个小时前的空降部队，会合之后这支登陆部队不但完成了目标，更是连夜推进6.4公里，两万多名战士仅有197名官兵伤亡，算是登陆部队里面最为幸运的一支。

在最东边宝剑海滩登陆的部队一边登陆，一边击退赶来的德军轻装步兵，他们也顺利在中午时分找到了伞兵部队，但是在往西移的过程中，德军第21师坦克部队杀气腾腾赶到，这支德军部队已经知道大事不好，尽自己一切努力顽强抵抗，英军在牺牲近600人以后，炮火直到黄昏才打出结局，德军坦克部队未战死的匆匆退往后线作下一步的反击准备。

而因为这一拖延，宝剑海滩的盟军无法跟朱诺海滩的加拿大战士会师，而早已登陆的这支加拿大队伍也遇到了不小的威胁，德军轻装步兵在他们登陆之前已经隐藏在沙丘后面的村落中，这也意味着盟军必须一路穿越沙丘，迎着德军的枪

★正在登陆的盟军

林弹雨前进。因此这支部队刚踏上海滩便遭遇了密集的打击，甚至还在海边的盟军的登陆艇都有三分之一被德军水雷损坏。加拿大登陆队在沙丘处伤亡了一半人之后，直到中午才攻占沿岸城镇，艰难地挺进内陆，和黄金海滩英军会合。

而黄金海滩处于整条登陆战线的中央，因为潮汐的缘故，登陆时间比最早的海滩晚了近一个小时。德军事先布下的水雷等障碍物再一次发挥作用，登陆艇和英军损失惨重，而临近的小城里维拉还安置着德军的四门重炮，对着密密麻麻上岸的英军一顿猛轰，幸亏英军皇家海军军舰也回击了强劲的炮火，四门重炮最终不敌，英军才得以顺利上岸，这一海滩夺走了400名盟军士兵的生命。

在其他海滩虽然各有损失但并不影响整体实力的时候，奥马哈海滩此时却血流成河。这片全长六公里多的海滩两岸基本上都是高高的悬崖峭壁，是典型的易守难攻地形，之前盟军获得情报在这里只有一个团的德国守军，战斗力较差，没有装甲车辆，所以登陆美军并没有多加准备。但事实上，隆美尔已经在3月的时候就调来德军骁勇善战的第352师，这支英武之师的主力团就在奥马哈。情报的延误加上恶劣的天气状况，使得美军首先因为风浪损失了部分登陆舰和士兵，接着又遭遇水陆坦克被掀入水中无法使用的噩运，整支美军上岸之后因为晕船而头

★诺曼底登陆成功，希特勒不得不面对两线作战的困境。

★占领滩头后，盟军开始向内陆进发，巩固阵地并步步为营。

昏脑涨，失去方向，此时德军炮火大开，一片炮弹横扫，长达两个小时内美军都无法作出反应，被动地挨打使得这个部分的登陆战役几乎失败。这时美国海军因为长时间联系不到登陆部队，意识到可能他们已经遭遇不测，于是不顾危险派了17艘驱逐舰逼近海滩，发现情况混乱之后，立刻用火力为登陆部队进行支援。美军这才起死回生，士气大振，这时第二梯队也提前登陆，补充了牺牲人数，德军的防御在空军和海军战舰的射击之下，基本完全摧毁。这场激烈的战役直到天黑才宣告结束。

德军此时方寸大乱，在登陆日当天只有第21装甲师可以组织反击，但是因为师长不在，于是参谋长只能派出24辆坦克截击英军，这点可怜的反击很快就被瓦解。当这支装甲师的师长赶回组织攻击时，因为盟军还未完全会师，第21装甲师攻打目标正是盟军薄弱的空隙处，可因为此时的德国人知道这场战役对手数量实力完全不是一个等级，早就已经失去信心，就连盟军的运输机都给他们带来极大的恐慌，很快就放弃了反击开始撤退。

6月6日，整整24个小时，在诺曼底进行的战役漫长得让人筋疲力尽，艾森豪威尔在诺曼底登陆后说："毫无疑问，诺曼底战场是战争领域所出现过的最大屠宰场之一，那儿一带的通道、公路和田野上，到处塞满了毁弃的武器装备以及人和牲畜的尸体，甚至要通过这个地区也极为困难。我所见到的那幅景象，只有但丁能够加以描述。一口气走上几百码，而脚全是踩在死人和腐烂的尸体上。"

历史上最长的一天终于过去了，盟军登陆取得了全面的胜利。

全方位攻坚战的典范

虽然从日后来看，"诺曼底登陆"是一次经过周密计划、万无一失的登陆作战，但其实它所肩负的责任非常重大，它的成败可以说是关系到了此后第二次世界大战的发展方向。如果"诺曼底登陆"作战失败，英美盟军会遭受重大损失，从而在短时间内难以继续进行开辟欧洲第二战场的计划，而德国则有可能借此机会完成对"大西洋堡垒"的建设和巩固，英美军队如果再想登陆将变得非常困难，而且经过"诺曼底登陆"一战，英军的大量舰船将因此受到损伤，英国海军将会基本陷入难以继续作战的情势下。这样德军就可以投入比较多的兵力到东线抵御苏军，一旦盟军在欧洲无法深入，给德军喘息的机会，那么第二次世界大战必然不会很快结束。

在整个诺曼底登陆作战前后，为了能够做到万无一失，盟军不仅动用了陆军、空军、海军的全方位作战体系，甚至用了谍报组织、电子设备等多种方法。在作战之前，盟军先是通过谍报人员扰乱德军的视线，接着在加来地区的对岸作好充足的伪装，通过电子设备、双面间谍等向德军提供假情报，使得德军最终断定盟军登陆的场地是加来地区，而不是诺曼底地区，成功将德军的大批精锐部队诱往加来地区，而让诺曼底地区变得空虚，从而为盟军登陆准备好登陆场。

同时，盟军在开始登陆之前，使用空军对加来地区的重点轰炸更是让德军认为盟军在加来地区的登陆确定无疑。另一方面，盟军空军对德军的工业地区和防空设施进行了轰炸，对交通设施通过空中火力给予了破坏性打击。这样在盟军进行诺曼底登陆时，可以完全掌握制空权，德军地面部队也无法及时赶到诺曼底增援，而一旦开始长期战争，因为后方的工业生产受到损坏，德军的战争机器就无法顺利运行，盟军就能在最短的时间里掌握欧洲第二战场的主动权。在登陆作战发动之初，因为盟军掌握了制空权，所以空降兵作战也能够成功，虽然也遭受了一定的损失，但最终还是完成了空降任务，基本达到了预期的效果。

登陆作战开始之后，盟军先通过空降部队控制登陆场，同时吸引德军的火力点。另一方面，盟军的海军迅速发动登陆作战，将步兵及装甲部队运送到岸上，在地面部队对登陆场发动攻击的同时，岸边和近海的海军通过炮火给予支援，而空军航空兵继续从空中给予打击。德军不仅要面对空中和近海炮火的攻击。还不得不面对地面部队的冲击。加上自身人员和武器性能的限制，溃败自然就只是时间问题。

在完成登陆之后，盟军的地面部队迅速展开，在空军的火力支援下向纵深发展，最终实现了欧洲第二战场的开辟，加速了德军的溃败和法西斯政权的最终垮台。可以说，盟军对诺曼底海岸发起的这次攻坚战非常成功，它是攻坚战中最为成功的案例之一，各军种在此次战斗中真正实现了协同作战，各司其职。在整个登陆作战中，除了因为情报疏忽造成的奥马哈海滩作战的大量伤亡，几乎是无可挑剔的。

★ 沙场点兵 ★

人物：艾森豪威尔

艾森豪威尔出生于1890年，是美国历史上最为传奇的人物之一，作为一名职业军人出身的总统，他拥有最贫穷的出身和最迅速的晋升，指挥了美国规模最大的战争，同时他也是唯一一位做了总统的五星上将。西西里岛战役中，他一手准备了进攻意大利的计划，并且力排众议，选择了率先攻击西西里岛和北非中间的班泰雷利亚岛，投放了数百吨炸药轰炸了这个小岛屿，开启了西西里岛之战。

一生之中，艾森豪威尔经历了西西里岛战役、诺曼底登陆等炮火洗礼，他的战功并不是体现在天才的指挥和战术的掌控上，而是表现为强大的协调能力与组织能力。他坚韧温和的态度使得他身后聚集起一群愿意为他效力的人才，蒙哥马利与巴顿等众多闪耀的群星，都曾为他所用。

退役之后，他从事写作，著有《远征欧陆》《白宫岁月》等书。

武器：登陆艇

登陆艇指的是在登陆战役中负责运输登陆士兵和武器装备的作战艇只。登陆艇既可以登陆直接作战，也可以充当士兵在运输军舰和登岸过程中的换乘工具。按照装载对象来区分，登陆艇可以分为人员登陆艇、坦克登陆艇和车辆登陆艇。按照排水量和装载能力区分，登陆艇可以分为小型、中型和大型登陆艇、登陆艇航速一般在12节之内，在登陆艇的头部有着和船体同宽的跳板，整个装载舱敞开。艇上自备机枪与小口径火炮。登陆艇的优点为吃水浅、运动灵活、可以直达浅水区和岸滩，缺点是续航能力差、速度较慢、在波浪中容易失误。

在诺曼底登陆中，看似不起眼的登陆艇起到了重要的作用。盟军的登陆面积设定为80公里宽，这就要求登陆人员应该在最短的时间内上岸，在德军尚未对登陆作出及时的回应时立足脚跟，因而登陆艇的运输作用至关重要。并且盟军在登陆时，运用登陆艇连成平台，用于调配物资，为登陆作战提供了良好的保障。

战术：战略欺骗

战略欺骗是通过各种欺瞒手段，使得对方对己方军力、攻击目标、作战计划等作出错误的判断。在诺曼底登陆战中盟军采用的"卫士计划"就是典型战略欺骗的成功范例。为了达到德军统帅部错误判断登陆地点以及轻视诺曼底战况的目的，这个计划运用了相当庞杂的手段，成功利用双面间谍、电子干扰、伪装部队等手段，极端精密和诡诈，虚实相生，真假参半，可以说是前所未有的一场大骗局。这次的战略欺骗导致德军统帅部在相当一段时间内都无法正确判断盟军的登陆地点和时间，也误判了诺曼底登陆的性质，更使得德军西线大量兵力浪费在加来，不仅保障了登陆作战的突击效果，而且保障了最后的胜利。

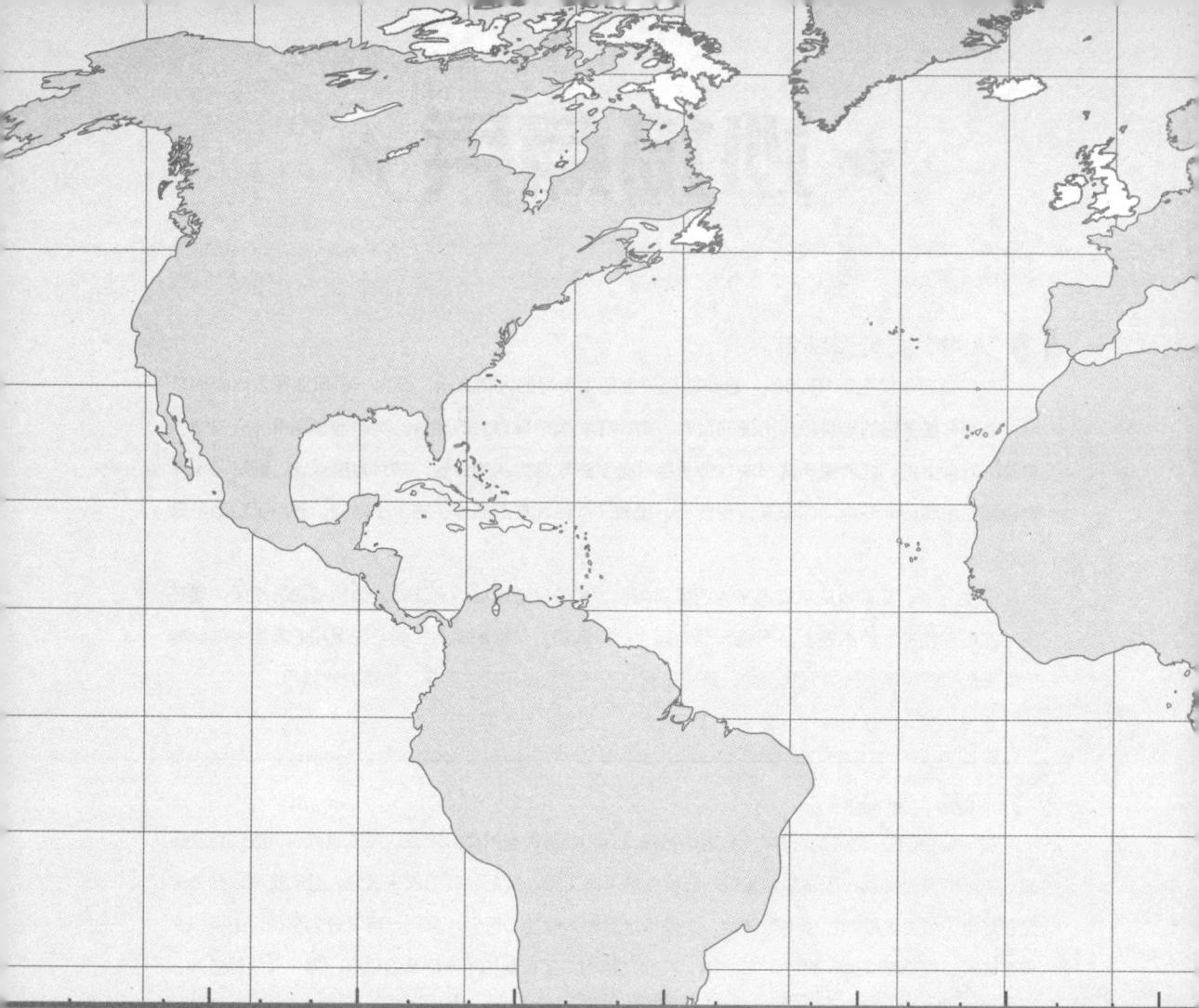

尖矛与利盾的较量　THE CLASSIC WARS　攻坚战

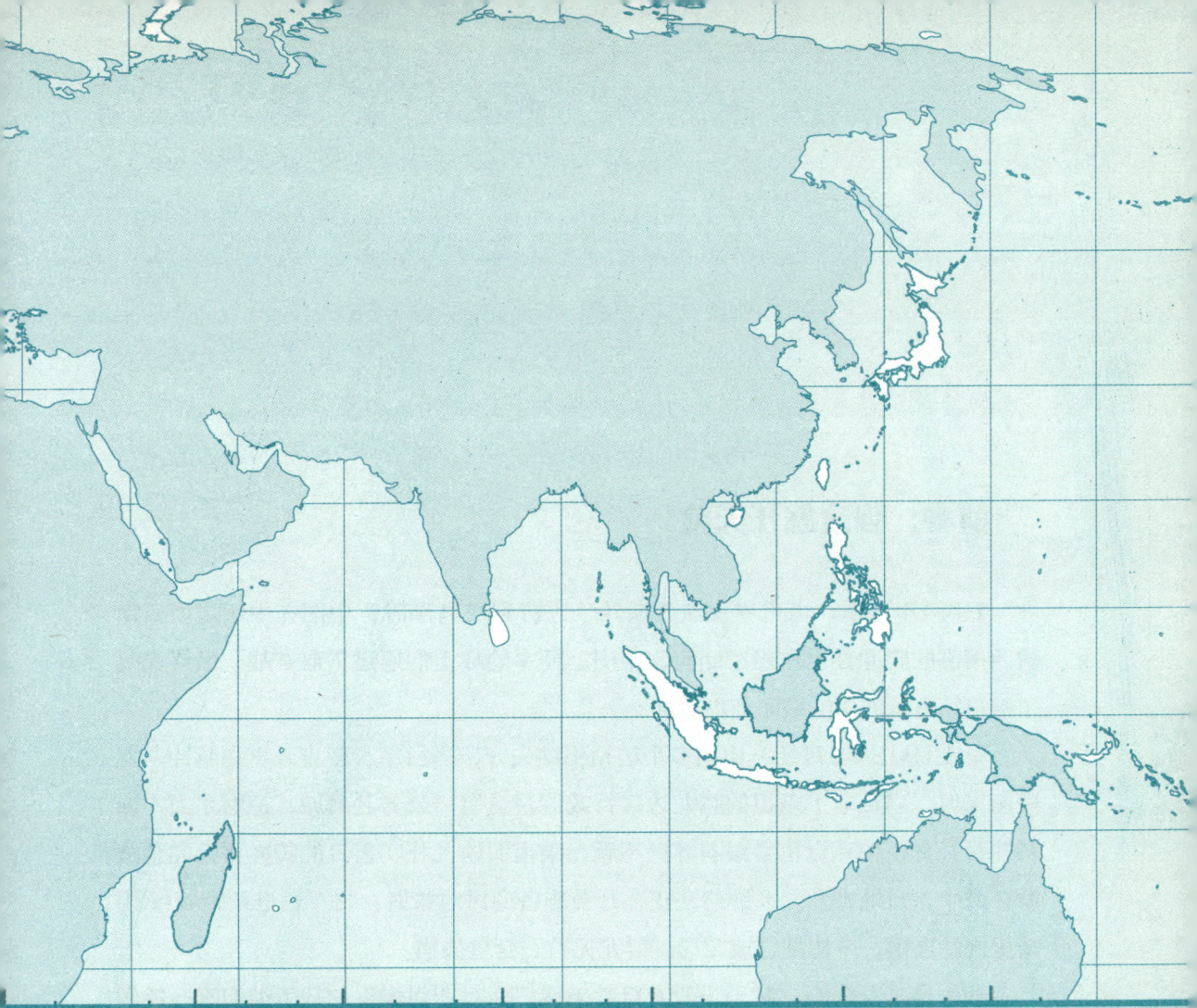

第十三章

腾冲攻坚战
——第二次世界大战中最成功的攻坚战

　　▲随着抗日战争的日渐深入，日军已不复战争之初的锋芒，在盟军的不断进攻下，日军节节败退，为了挽回太平洋战场上的不利局面，日军决定打通大陆交通线，为此而发动了"豫湘桂会战"，虽然表面上日寇赢得了胜利，控制了中国西南的一些空城。但日军强弩之末的败象已经显露无疑。为了打破日本对中国西南通向境外补给线的限制，中国军队也一直筹划着进行反击，畅通境外补给线，并配合世界反法西斯战争。而腾冲则成为这一战略构想的关键点，而此次腾冲攻坚战更是被誉为"东方的诺曼底登陆"，是第二次世界大战中最成功的攻坚战。

前奏：强渡怒江天险

1944年夏季，当世界反法西斯斗争进行到最高潮时，中国在中缅边境云南省西南部的腾冲县也作出了回应，中国远征军的战士们通过浴血奋战，最终光复了被日军占领的印缅战略要地腾冲。

早在1942年5月初，中国多个边镇相继失守，当日军长驱直入直逼腾冲、龙陵而来时，肩负守土重担的腾龙边区行政监督竟借口公务赴省城，掠财东去。而腾冲县长贪生怕死竟也紧跟着弃民不顾，乘夜而逃。朴实善良的腾冲百姓完全被蒙在鼓中，当地方爱国乡绅们还正在开会准备商讨对策时，日军已进到距城仅20公里的勐连镇，一切都已成定局。群龙无首、仓皇失措。

战争总是无情的，对于一般老百姓来说，面对即将爆发的战争他们唯一能做的就是逃离自己的故乡，躲避战乱，求得一丝生的希望。难民们根本不知道可以往哪里躲，只能凭着感觉逃窜，一路上携儿带女，不分老幼都在尽量躲避这是非之地。一路上哀鸿遍野，走失的孩子，被遗弃的老人也能见到。

1942年5月10日，290名日军闯入腾冲城并占领此地，最令人难以置信的是这些日军始终没有遭遇到任何的抵抗。

中国远征军第20集团军在缅北滇西战役中，与位于怒江之畔的日第33军展开战斗。在这场战斗中美军给予中国远征军很大的帮助，地面上包括火力支援，提供战斗中所需的各种装备、后勤补给，空中则提供飞机掩护以及针对日军阵进行全天候的狂轰滥炸。

中国远征军此时的目标是要尽可能快地占领腾冲、龙陵，与友军在缅北会师，如此一来便可以恢复陆路交通。于是，第20军和第11军开始向驻守龙陵、芒市的日军展开进攻。在5月初，第71军以及第二军则通过惠通桥一线渡江。

3月11日夜，怒江东岸，两万多人的中国远征军整装待发，在怒江之上通过12个渡口开始强渡怒江。另一方面怒江东岸由第20军留守保卫后方安全，其余的部队则从其他渡口横渡怒江，攻击指定目标。第76师加强团在平达街与日军遭遇并展开激战，中国远征军英勇作

★中国军队渡过怒江

战，日军不敌只得带着上百具尸体逃向西北后方。然后，远征军继续扩大战果，包围平达，保证了主力部队第20军侧翼的安全。

在5月11日到25五日这十多天的时间里，中国远征军横渡怒江天堑，占领高黎贡山，为其后战事的发展奠定了坚实的基础。在强渡怒江的行动中天气情况对渡江的成功起到了很大的帮助作用，漫江的大雾掩护了渡江部队，大大减少了渡江作战人员的损失，只是有一艘渡江艇因触礁而沉没，因此损失17人。这次渡江作战除了美军之外，中国远征军还受到当地百姓的大力协助。

这次作战无疑鼓舞了中国军队的士气，更加坚定了中国人民抗日必胜的信心。史汀生这位美国陆军的部长表示："中国远征军横渡怒江的大获全胜，是过去一周之内，联军中最重要的新闻之一。"中国远征军强渡怒江、围攻高黎贡山尽管算不上是大规模的军事行动，但战斗却是极为惨烈的。中国政府考虑到中国驻印军对密支那的攻击，使得日军无力再在短时间内调动足够的增援部队去支援滇西，因此命令远征军全部转为攻击作战。第20军、第54军等部队攻击目标为腾冲，第11军、第71军等部队攻击目标直指龙陵、芒市。

第71军第28师于6月4日成功攻克腊猛向松山进攻，当地日军抵抗顽强，再加上坚固的防御工事，对中国远征军的前进起到很大的阻碍作用。随后，沿着毕龙大道南侧，中国远征军开始向龙陵前进，终于在10日抵达龙陵附近。

日军固守据点，拼死抵抗，中国远征军则是不断展开攻势。腾冲地理位置十分重要，无论付出多大的代价也要把它拿下来！15日，经过短暂的休整，第28师再次展开进攻。此时的日军经历数场战斗已疲惫至极，再一次面对如此

凶猛的进攻已毫无招架之力，中国军队势如破竹。最后，日军只剩下据守内城的部队。

猛烈攻击：逼近腾冲

就在这个时候，日军又有1 500人的增援部队赶往腾冲。第71军第87师则主动出击阻击敌人的增援部队。尽管部队右翼被击破，受到前后夹击，仍顽强战斗。日军另一拨增援部队六百多人则从芒市出发与新编第28师在马桥附近遭遇，展开激战。到18日，龙陵的日军兵力已达到五千多人，并开始向中国远征军反扑。

第二军渡江后，第76师进攻平戛，其他部队则仍继续前进，目标直指龙陵。尽管第76师得到增援，但战况仍不容乐观。就在此时，第八军于6月初渡江成功，因为有第一师的加入，第71军终于攻克龙陵，对战事的发展起到了非常重要的作用。随后在28日，第71军再接再厉，趁着士气高昂的大好时机，再一次对日军发起了凶猛的攻势。面对第71军的狂风暴雨式的攻击，日军只得于7月7日后撤，退守在龙陵的近郊。

经历过怒江战役，一位看到过无数悲壮战争场面的美国人仍被眼前的景象所震撼，并作出如下记录：战士们前仆后继，一排排地冲向前方的敌人。他们无视迎面飞来的子弹，尽管不时有人倒在由数挺机关枪所组成的火力网下。这种无视死亡的行为实在是令人震撼，更有一些军队中的指挥官竟亲自冲在最前线，因此已经有一些队长、连长为此殉职，令人感到惋惜。在这片战场上，每一个人都是勇猛无比的勇士。

成功强渡怒江的中国远征军为了巩固战果，迅速在缅甸北部建立起坚固的防御工事，并以此抵挡住日军数次猛烈的反攻，成功保住了来之不易的胜利。另一方面，日军第56军及第53军看到反攻失败，便改变策略死守龙陵

★腾冲攻坚战中正在进攻的中国将士

松山。面对日军的拼死反抗，中国远征军伤亡巨大，日军第56师也因此付出巨大代价，有数万日军被消灭。

强渡怒江之战不过是随后大战的一个简单开场，镇守在灰坡、北斋公房的日军受到由叶佩高为师长的第198师的攻击。当地的地理环境为叶师长出了不小的难题，当地山高路险，尤其是海拔达3 000米以上的高黎贡山，更是陡峭异常。5月正是北半球的夏季，然而这位于滇西的高黎贡山却是另一番景象，海拔高气温低，有时候甚至降到零摄氏度以下。中国远征军由于条件的限制加之准备不充分，在这样的情况下困难是可想而知的。经过之前的大战士兵们本已疲惫不堪，可此时他们却连肚子都不能填饱，在这样的高海拔地区身上穿的只有单衣单裤，可以说是饥寒交迫。再加上时不时的降雨，更是对士兵们生存的挑战。有很多人就是因为缺少一口粮食或是一件能够御寒的衣服，而永远地留在了高黎贡山上。

如果不是亲身经历，你很难想象出高黎贡山气候是何等的残酷。曾经有人在当地村民的带领下来到高黎贡山，寻找当年的中国远征军遗留下来的痕迹，却几乎因寒冷在山上丧命，由此可知当时那些士兵的处境了。除了恶劣的天气，山上日军的防御工事也是摆在中国远征军面前的一个大难题。这些要塞堡垒早在数年前便已修筑完成，等待着进攻者的到来。这些永久工事布置在山间的各个重要战略位置，对远征军来说是巨大的威胁。除此之外设置在山中的还有不计其数的竹签、地雷和陷阱，日军依仗着这些优势坚守阵地，而且打算把这些饥寒交迫的远征军全部消灭干净。毫无疑问，面对这样的情况中国远征军如想取得胜利必然要付出巨大的代价，而且是否真的能够到达北斋公房仍然是个未知数，第198师仍然在向目的地北斋公房挺进着。

日军独守阵地，为此付出的代价便是无法得到来自外面的补给。第198师将这队孤军团团围住，不露丝毫的空隙。又是一次惨烈的战斗，最终中国军队还是拿下了北斋公房以及冷水沟阵地。

国民政府高层对前线没有取得显著优势的进展颇为担忧，几次下达了铁命令要求迅速完成攻占任务。远征军士兵在精神状态高度紧张的情况下，近乎崩溃。每个人心中都明白，拿下北斋公房实际上仅仅是一个持久战，谁坚持到最后谁就能取得最后的胜利。但是在当前恶劣的条件下，即使抱着美好的愿望，远征军士兵心里也没有太大的把握可以将愿望实现。没有武器，没有补给，身边的战友们一个又一个倒下……

跨过重重障碍的远征军几乎没有时间休息，战事不断，值得高兴的是当地一位老乡在知道中国远征军的到来后，为第198师师长指出了一条可以通往日军阵地的道路，那是一条位于山顶上的小路，为远征军随后的战斗提供了很大的便利。

白刃格斗：每一步都用血肉铺就

1944年7月1日，第八军赶赴顶替，上来继续进攻松山。5日，远征军直属炮团及军、师炮群百余门大炮一齐轰击，掩护第八军三个步兵师从四个方向向松山阵地轮番进攻。叶佩高将军率领第198师在滇西的第一仗是负责对灰坡、北斋公房的日军据点发起攻击。该师以第592团担负主攻任务，受陶达纲指挥，其中大部分主力干将都是四川人，这些爱吃辣椒的四川人一大优势便是不怕吃苦。面对高黎贡山上坚固的工事以及不计其数的陷阱、竹签，这些勇士就像是饿虎扑食一样展开了猛烈的进攻，誓要把日军彻底清除。双方展开惨烈的拉锯战，一个阵地常常被两军交替掌控多次，有的战士倒下了，而另一些战士尽管身上有伤仍然坚守战线，营长、排长伤亡也不在少数，第592团已经损失300多人，可在这个关键的时刻，哪一方若是稍稍放松便会被对方迅速击垮，没有人敢松懈下来。

看着不断倒下的第592团战士以及困守阵地疯狂射击的日军，叶佩高师长的心中感到万分焦急，对身旁的人说："你快去看看！到底怎么回事，告诉陶达纲，拿不下这帮龟孙子就不用回来见我了！"好在此时的陶达纲已经控制住了局面，日军的反抗已经明显减弱了很多。

随后的战斗不过是对战场上残兵败将的清理而已，拿下阵地的同时，战利品也是足够使人惊喜的，山炮、军马、枪支弹药，这些收获对身处高黎贡山的中国远征军来说又是一次难得的补给。

随后，陶达纲带领第594团继续向前挺进，这一次的目标可以说是十分重要，那就是位于高黎贡山的敌总指挥部。这一次的攻击相比于之前的战斗规模可是要大得多，重炮、山炮只要是有利于战斗发展的资源全部都动用起来，其目的只有一个，那就是拿下敌人的总指挥部。

多日的战斗，数百人的伤亡，高黎贡山上的战斗仍在继续着。夜里，一支由200多人组成的偷袭部队在夜色的掩护之下，悄悄潜入敌人阵的内部，希望杀敌人一个出其不意。只是天不遂人愿，这次精心策划的偷袭反倒是中了敌人的奸计，偷袭部队出发没多久便闯入了日军的包围圈，山谷中枪炮声、喊杀声回荡不断，远处的大部队只能在营地焦急地等待却毫无办法。终于，第二天早上的时候才终于有人返回营地，报告战况。原来，偷袭部队是误闯入了一个碉堡群，一群小碉堡围绕着散布在一个大碉堡的周围，通过壕沟联通，相互之间再组成密集的火力网。

★战斗中的中国军队

针对这个碉堡群，远征军想尽了办法。大炮狂轰，没有效果，再派飞机从空中进行轰炸仍是收效甚微。时间在一点点地流逝，伤亡在不断地扩大，能否攻克眼前的这个碉堡群，将会对后面战争的发展产生巨大的影响。

有别于以往的战略战术，这次的松山之战应当以日军的碉堡为重点攻克目标，而不是像过去那样先占领山头。这些碉堡互为掎角之势，相互掩护，要想突破它们只能逐个击破，一点一点蚕食干净，否则只能自讨没趣。新的战略战术已经制定完毕，同时又配备美军的火焰喷射器，战况终于开始向好的一面发展，碉堡群被逐一清理，尽管有些费时间，但总算控制住了伤亡的人数。清理完碉堡群之后，进攻部队来到了松山主峰，把敌军围了个严严实实，水泄不通。

松山主峰山头只有两亩地大小，四周有十几个高高低低的小山包相连，互相依托。进攻到离高地还有两百米的地方，就再也没法前进了。由于山坡特别陡，打枪都得仰起头。进攻了半个多月，什么办法都想尽了，还是毫无进展，阵地前面白白丢了几百具远征军的尸体。

此时美军顾问提出从松山下面挖地道通到日军地堡下面，然后用炸药将地堡炸掉。

8月4日陶达纲即指挥工兵营负责挖掘地道，美军顾问亲自测量计算。为了不让敌人察觉，炮兵继续炮轰，步兵继续佯攻。工兵营分成四班，从阵地前开始挖，白天黑夜地干，大约掘了十来天，一直通到日军地堡下面。美军顾问爬进洞来一段一段地量了，说声"OK"，然后竖着往上掘，掘到了敌人脚底下。开始挖出两个弹药室，分别都有一座房间大小。敌人似乎已经察觉到了这些动静，开始在上面挖反击地道。于是工兵赶紧往洞里搬运炸药，大气也不敢出，生怕被敌人抢了先，前功尽弃。一天的分装没有停止，左边共装弹药120箱，右边160箱。

第二天的天气晴好，艳阳高照，仿佛预示战斗的胜利一样。大炮的轰鸣声在山谷间回荡，打破了清晨的寂静，然后步兵开始向敌人的阵地展开佯攻，日军在地堡处聚集。早上9点整，中国远征军撤出阵地，丝毫没有引起日军的注意，随后，陶达纲下令引爆炸药，工兵受命而动迅速起爆，巨大的轰鸣声随之而来，烟柱直冲天空，如同一把黑色利剑，整个场面可以用地动山摇来形容，敌人已经被炸得溃不成军，哀号之声不绝于耳。

爆炸成功，大局已定，远征军的战士们再一次冲向敌人的阵地，只是这回迎面而来的不再是呼啸的子弹，而是敌人的惊慌。冲锋进行得异常顺利，就像秋天喜悦的丰收。山顶上一个巨大的圆坑周围不规则地散落着一些人的肢体，周围的树木都已被冲击波拦腰斩断，有几个幸存的日军也是身负重伤。

这次战斗共有七千六百名中国士兵献出自己宝贵的生命，而日军则有一千五百人阵亡，战斗结局是胜利的，但代价却是巨大的。

居高临下：攻占来凤山

远征军打下了高黎贡山和北斋公房后，直逼腾冲城，腾冲原名腾越，是南方丝绸之路上的一座名城，1942年日军打到怒江边的时候，不费一枪一弹占领了腾冲，在占领腾冲的两年间，日军利用腾冲城这座石城坚固的城墙，把它修筑成坚固的堡垒，连城中的民宅都被改造成了碉堡和工事。

高黎贡山被远征军收复后，驻守在腾冲的日军第56师团第148联队决心死守来凤山及腾冲。 腾冲城是滇西最坚固的城池，兼有来凤山作为屏障，两地互为依托，易守难攻。加上日军经过两年多的经营，在两地筑有坚固工事及堡垒群，准备了充足的粮弹，是一块极难啃的硬骨头。守城日军奉命死守至10月底以待援军的到来。

7月23日，远征军第198师等部队对腾冲周边的日军外围阵地展开了进攻。7月26日午时，远征军在美国空军的配合下，以优势兵力向来凤山五个堡垒群同时猛攻，官兵们以高昂的斗志投入战斗。中国军队迎着日军的枪林弹雨不断地冲锋，伤亡，再冲锋，再伤亡。然而半个多月过去了，来凤山依然没有攻克。日军的气焰如此嚣张，和他们掌握了中国军队的密电码有关。这样对于日军来说，这就是一场先知先觉、知己知彼的战斗。开战前，预备第二师师长要攻来凤山了，就向霍揆彰报告弹药不足、缺乏火焰喷射器和大炮，这些情况报上去，都被日军破译了。日军后来又把这个电报传达给他们的守军，这就增强了日军的信心。而且中国军队部署如何，日军也从中国军队的密电破译中获悉。比如预备二师是负责攻来凤山，所以就增加了攻击的困难。但为了早日夺取来凤山，霍揆彰不停地用电报向他的军师长们施压，使用的依然是被日军掌握的密电码。

此外，中国军队还存在着战术上的问题，就是不能够集中火力去攻来凤山，霍揆彰通过几天的观察发现，他的手下只会利用人多枪多硬拼，战术上缺乏灵活性。为此他勃然大怒，问身边的军师长们："为什么不多用炮？"霍揆彰知道负责攻击来凤山的第54军，有

★霍揆彰将军戎装像

的是美式装备的火炮，但却不去使用。第54军军长方天受到了严厉斥责。这时，第54军副军长阙汉骞顺势提出：集中所有炮火狠攻来凤山，把日军明暗工事摧毁后，步兵再上。霍揆彰在这种情况之下，临阵换将，把第20集团军副总司令兼第54军军长方天免了，把第54军副军长阙汉骞提升为军长。在采纳阙汉骞建议的同时霍揆彰又电告卫立煌建议提拔这个副军长。除了在地面攻势上进行战术调整外，卫立煌还从祥云、保山机场调来了美国第14航空大队，对日军阵地增加了空中打击。飞机轰炸刚刚结束，地面的几百门大炮又开始轰击。

日军原来只重视地面防御，忽视了空中打击。他们为视野开阔，砍光了来凤山上所有的树木。现在面对美军飞机的轰炸，日军傻了眼，整座山上连个隐蔽的地方都找不到。由于没有遮挡，空中炸弹和地面炮弹的命中率极高。强大的立体攻势让远征军第一次有了畅快淋漓的感觉。立体攻势果然奏效，来凤山上日军的抵抗几乎停止。

这次负责攻击来凤山的远征军还配备了一种在当时最新式的武器——火焰喷射器。火焰喷射器在来凤山上所向披靡，日军的混凝土堡垒不但起不到之前的作用，也极大减少了中国军队的伤亡。

7月25日，经过23天的奋战，来凤山终于掌握在了远征军手中。7月28日，

城外日军的大小据点都被清理完毕。霍揆彰的部队终于可以直起身子打敌人了。中国军队血战三日，付出重大牺牲，最终攻占来凤山，旋即扫清南城外之敌，对腾冲城形成四面包围之势。城南来凤山上的残敌不得不向腾冲城中撤退。

日军知道，一旦丢掉了腾冲，那么他们苦心经营了两年的三角构架就会被拆掉一只脚，日军决定死守到底。腾冲城外是一马平川，进攻部队要通过水田，暴露在开阔地上。为了减小伤亡，叶佩高下令部队暂停进攻，进行休整，并在腾冲城外也搭了一座土城，两城遥遥相望，叶佩高等部队利用这个土城不断演练，演练了约三个星期。其间美国飞虎队的轰炸机起了非常大的作用，白天飞虎队的轰炸机和战斗机轰炸和骚扰城内的日军，炮兵部队也每天按时开炮。驻守日军并不了解中国军队的计划，同时他们畏惧美国飞虎队的实力，轰炸期间不敢贸然行动，这正是远征军的大好时机。其实叶佩高搞了一个幌子，利用飞机、大炮和城外的土城迷惑了日军，工兵部队则偷偷挖地道，直通到城墙下，用炮声和轰炸的掩护，工兵在城墙下凿出了一个装炸药的空间。飞虎队炸开城墙数处，但是城墙一有缺口，日军便在两侧以机枪封锁，并于缺口后配置掷弹筒，不啻为死亡陷阱，然而第592团官兵却毫无惧色，在炮火的掩护下强行攻入，虽死伤累累，最终攻入城中。

突进市区：又见巷战

8月2日，中国军队发动总攻，工兵炸开了一个城角，源源不断的远征军拥入这个缺口，将日本人逼进城内。敌人拼命反攻九次，都被远征军击退，战况极为惨烈。此后每天天一黑，敌人就趁着夜幕，向第592团占领的城墙缺口和饮马水河发动攻击，第592团官兵在陶达纲的率领下沉着应战，阵地巍然屹立。

8月9日，陈纳德的第14航空队出动飞机350架，对腾冲城作毁灭性的轰炸，投掷炸弹、凝固汽油弹上千吨，将城墙炸开1 300多处缺口。数百门大炮向城内猛轰。腾冲城内的建筑物全部摧毁，"极边第一城"被夷为平地。10多天后，美军轰炸机轰炸了东门的日军指挥部，藏重康美大佐被当场炸死。

15日凌晨4时，各师开始攻击。预二师攻占南城墙缺口后，再向南门城楼攻击时，日军从侧翼反击，没有成功；第36师向英领事馆攻击，日军工事坚固，进展困难，鏖战一天，仅占领碉堡一座。第592团一度攻入拐角楼，终因伤亡重大，在大盈江北岸与敌对峙。最后，飞虎队第14航空队把腾冲城炸成了一片焦土，炸毁两个城楼，炸开缺口六十余处，远征军才于8月20日突入城内200米。此后双方展开了激烈的巷战。

日军利用每一间民宅作为掩体，与远征军展开了激烈的争夺，远征军伤亡惨重，每一间民宅都被反复争夺，每天的推进只

★腾冲城内的中国军队

能以米来计算。由于城内日军火力配置复杂，进攻陷入僵局。远征军在经过战地侦察后认为腾冲城西北两面地形开阔不宜强攻，遂向叶佩高、阚汉骞（第54军军长）、霍揆彰（第20集团军总司令）三位将军上书《论腾冲巷战》，请示上级改变作战部署，提出各兵种协同作战。

8月19日拂晓，霍揆彰总司令下令开始攻击，各师进展顺利，至21日，预二师首先下城，攻占东岳庙、电报局、文天宫及督办公署，第592团攻占南门城楼西侧缺口，并向右扩张，与预二师取得联系后，第592团、第594团并肩突入城中，进抵田家巷，第36师则攻下英领事馆，第108团攻占西城墙三个缺口，并向北延伸300米。

各部随即继续进攻，第592团攻下高等学堂；预二师攻占女中及县党部；第36师攻占西城数处缺口，日寇全力反击，敌我双方逐屋逐巷短兵相接，展开肉搏。战斗异常激烈，艰苦程度难以想象，远征军和日军对一座残破建筑物的争夺往往要反复进行，短兵相接的肉搏战拼的是必死的勇气。远征军在前进中，不断遭到掩蔽在碉堡、阴沟、枯井烂瓦中的敌人近乎疯狂的袭击，激烈的枪战之后往往是血腥的肉搏。将士们以巨大的勇气一步步艰难推进，连排一级的军官几乎死伤殆尽。

"焦土"之战：一步一步攻占城区

腾冲战役进行到9月初的时候，远征军的包围圈已经越来越小，日军的抵抗已经只局限于城南和城西的几处地方了。但是，即便日军已经到了奄奄一息的地

步，他们依然在垂死挣扎着，远征军要前进一步，都非常艰难。因为街巷都很狭窄，枪械的威慑力并不能发挥到最大，远征军的士兵们不得不放下枪械，与日军在街巷间继续着短兵相接的战斗，历史似乎一下子又回到了血腥的冷兵器时代。

街巷间的墙壁上、道路上随处可见飞溅上去的鲜血和血肉模糊的尸体，一阵阵的嘶喊、惨叫伴着零星的枪炮声在城市间回荡，血液与死尸陈腐的气味在城市里弥漫。远征军第20集团总司令霍揆彰中将几乎是在地图上一米一米地丈量远征军士兵推进的距离，而日军方面的太田大尉则以最后的血肉捍卫着帝国军人的尊严。

9月7日，另一边松山阵地失守的信息终于传到腾冲，得到这个噩耗，所有在腾冲守卫的日军已经料到他们必然失败的命运。但是，巷战并未因此就告一段落，日军以死来面对他们即将到来的失败。松山胜利，中国远征军总司令卫立煌更加关注腾冲的战事，他不断打电话给霍揆彰，要求他必须尽快完全攻下腾冲。

到了9月9日，腾冲市区内的主要干道都插上了远征军的大旗，原本耀武扬威的日军不得不撤到城东北部的狭小地带。这里小巷纵横，逼仄复杂，所以巷战进行得更为惨烈。因为街巷更加狭窄，所以连武器都难以施展，远征军士兵与日军不得不使用匕首甚至赤手空拳地搏命，这样的战斗更加原始与粗暴。

就在当天，远征军接到了委员长蒋介石的电令，他要求中国远征军在9月18日前必须收回腾冲，一雪国耻！得知这个消息的远征军既壮怀激烈又压力倍增，因为步步为营的巷战推行起来极慢，要在规定日期前完成任务相当困难。这时候，他们的美国朋友为远征军送来了火焰喷射器，巷战经验丰富的美军曾经就利用它攻克了好几座城市。

★中国军民庆祝腾冲攻坚战的胜利

在火焰喷射器的辅助下，远征军在城中的推进速度明显加快，虽然拥有着视死如归的武士道精神，但日军也不过是血肉之躯，城中的日军士兵开始急速减少，街巷间到处可以看到日军被烧焦的尸体。

到了9月13日的凌

晨，日军所占据的阵地已经只剩几条街巷了。这一天，恰好是原腾冲日军指挥官前联队长藏重康美大佐阵亡一个月的祭日，太田大尉召集了剩余的日军213人，进行了神圣的祷告仪式。接着他用发报机发出了腾冲守军的最后一封电报，在电报里，太田大尉代表联队向师团长和军司令官表示了因为没有能够完成守卫腾冲的任务，自己罪责难脱，希望以"玉碎"完成帝国军人最后的使命。这封诀别电报发出以后，太田大尉随即烧毁军旗，砸烂电台。

9月14日的凌晨，远征军士兵迎着朝阳杀入最后的街巷，衣衫褴褛的日军与远征军展开了最后的肉搏，到上午11时左右，战斗只剩下了零零散散的枪声，经过中国远征军的浴血奋战，在历经130天之后，终于收复了这座几乎已经片瓦不存的"极边第一城"。

霍揆彰中将看着街巷间壮烈牺牲的中国军人，也不禁泪眼婆娑，为了这场胜利，又有不知道多少官兵死在了异国他乡。他踏过坍塌的残垣断壁，向所有刚刚经过激战的士兵脱帽行礼，然后回到指挥部，拨通了卫立煌的电话："……腾冲日军全部消灭，我军占领全城。"

战典回响

日本冷兵器神话的终结

曾经在半个世纪以前的日本，一所军校的教官正在上课，他问了学生们一个问题："就你们所知，历史上中国军队最成功的一次战役是哪次"？学生们绞尽脑汁，从古到今罗列无数著名战役，但是教官都摇摇头，最后他沉着脸宣布了正确答案：史上中国军队最为成功的，当数腾冲攻坚战。

当时的滇西战场，对整个中国抗日战争有着不言而喻的重要性，甚至关系着中缅战场的胜负问题。在这片广袤的战场上，腾冲一战成为最为惨烈的传奇。当时腾冲已经是一片焦土，日军的气焰相当嚣张，处于极端弱势的远征军最后反攻胜利，全歼日军，这种辉煌的成功极大地鼓舞了国民的信心，远征军此后更是一鼓作气，将滇西战场的日军清剿得一干二净，最后取得了滇西乃至缅北区域的全面胜利。

而这样的胜利使用的战术却恰恰是日军的长项——白刃战。作为崇尚冷兵器、向往武士道的国家，日本一直以自己的刺刀拼杀技术为傲，自古以来日本人就重视刀刃精神的培养，男孩子从儿童时期就要学习如何使用刺刀，但是这种长期传统带来的优秀技巧竟然被"不起眼"的中国人击败，甚至是用相同的方式光明正大地击败，这对日本人来说，打击是相当严重的。从此以后日本人在冷兵器战场上的王者地位成为了过去，无论是在白刃战还是在任何近身搏斗战中，日本人再也没有占到中国士兵的便宜。

★沙场点兵★

人物：霍揆彰

霍揆彰出生于1901年，是黄埔军校第一批毕业生。毕业后霍揆彰进入国民党军人系统，先后从排长任至旅长。抗日战争爆发后，霍揆彰出任了国民党军第54军军长，多次参与对日作战的指挥行动。1943年，经历了战争洗礼的霍揆彰得到了明显的成长。在腾冲攻坚战中，霍揆彰指挥自己所部经过血战夺回了被日军占领的腾冲，大振军威。

武器：刺刀

早期刺刀刀身呈剑形，全长30到60厘米不等，嵌在木质手柄上使用。后期用于插进枪管枪口，装配在步枪上，用来进行近身格斗，这种发展后的长刃武器即为我们常说的刺刀。第二次世界大战爆发以前，装有刺刀的单发步枪一直是步兵随身携带的必备武器。在早期战争中，因为刺刀在近身格斗、突击作战中的巨大作用而长盛不衰。

但是在一些军火不足的战区，刺刀作为冷兵器的经典范例依旧发挥着重大作用，特别是到攻坚战后期，重武器消耗完毕的时候，刺刀常常成为最后克敌制胜的武器。

腾冲攻坚战后期，刺刀在战争中发挥了重要作用，敌我双方进行了激烈的白刃战，中国军队用自己的勇气和血性，通过刺刀收复了腾冲城。

战术：白刃战

进行到白刃战的时候，战争也到了最为残酷的时刻。这种近乎于自杀式的战斗通常带来一比一的伤亡率，要想在白刃战中存活，不仅要有非凡的勇气，更加要有良好的刺杀技术。经过长期鲜血的洗礼，中国军队创造了在白刃战中的各种战术，例如有宋哲元大刀队的冷制热战术，这种神出鬼没、锐不可当的突袭常常让日寇魂不附体。

刚开始的时候中国军队因为练习不足，刺刀质量较差，在白刃战中经常处于下风，到了抗日战争后期，中国军队除了琢磨自己的训练方法，同时大力改进刺刀品质，有些部队还保留了大刀等兵器，这都让中国军队的白刃战最后成为了让敌人闻风丧胆的强项。

腾冲攻坚战中中国军队再次显示了白刃战的威力，在攻打腾冲城的战斗过程中，远征军更是将白刃战的优势发挥得淋漓尽致。前仆后继的战士们在巷战中与日本侵略者进行殊死搏斗，这种战斗已经不再需要依靠新科技带来的重型武器，纯粹拼着精神和意志力。日本人精良的刺杀技术和狂妄的武士道精神使他们在白刃战中的表现近乎疯狂，而有着强烈爱国心的远征军将士也饱含一腔怒火，勇敢地还以颜色。

战典

尖矛与利盾的较量
THE CLASSIC WARS

攻坚战

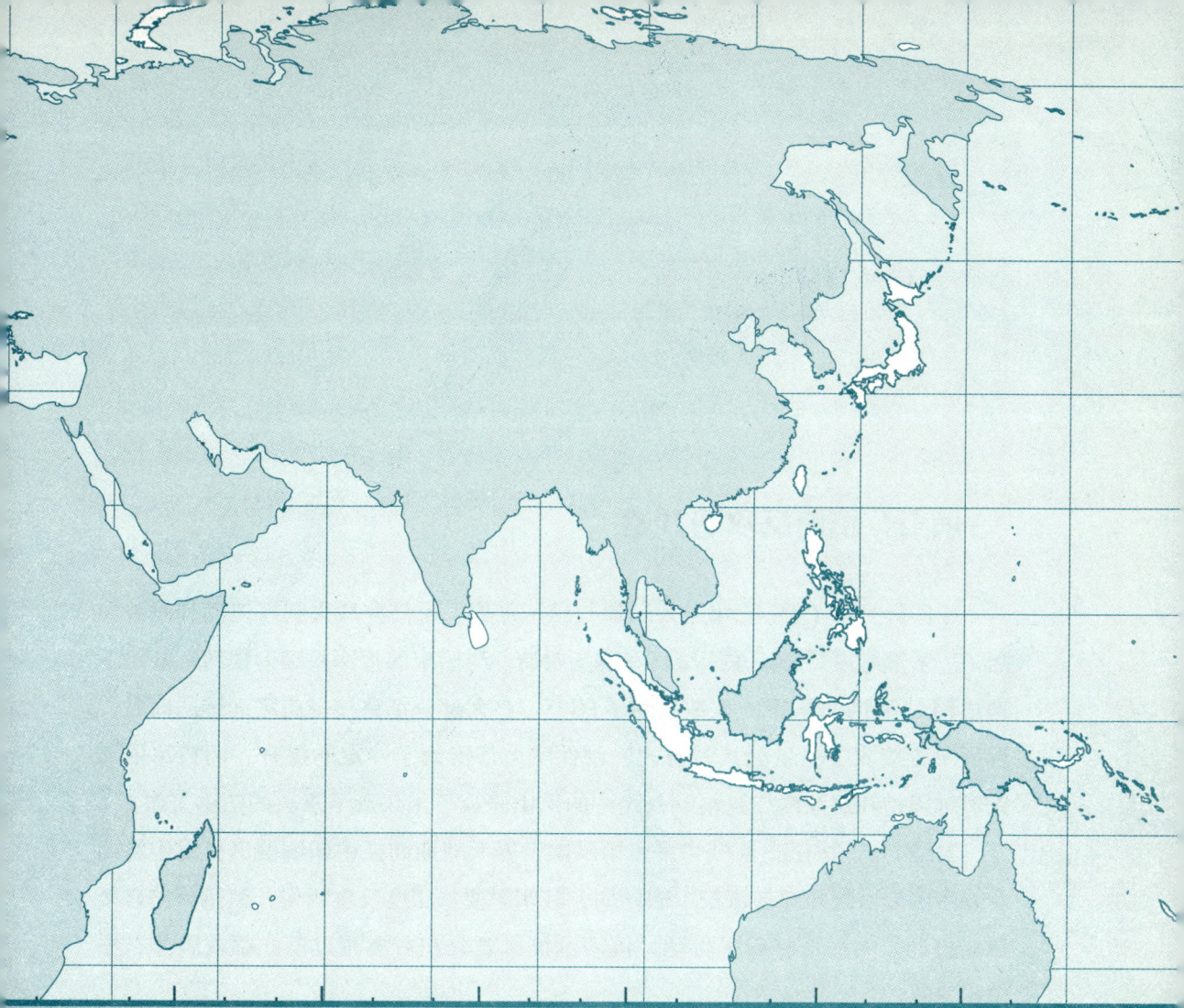

第十四章

松山攻坚战
——打破怒江战场的僵局

▲随着日军在太平洋战场上逐渐被动，其在中国战场上也渐露疲惫之态。在缅北战场上摆在中国军队面前的任务即是攻下松山，打通滇缅公路，在为自己争得补给线畅通的同时，与腾冲、龙陵的进攻部队形成掎角之势，互相呼应，进一步压迫日军，从而获得最终的胜利。松山之战就成为了此次军事计划的关键点。

前奏：滇西反攻的开始

中国远征军于1942年进入缅甸与日军作战，可惜首战失利，滇缅公路被切断了。余部撤退到怒江东岸与日军隔江对峙。与后来的援军整编为滇西远征军下辖第11、第12集团军，人数达到了16万。在大部分军官接受美军训练的同时，远征军也接收了少量美式装备。软硬件实力都得到了一定的提升。而日军依靠天然屏障，在怒江西岸及滇缅公路旁的松山修筑了永久及半永久的防御工事。

1944年，按照史迪威将军（第二次世界大战期间任中印缅战区美军中将司令兼中国战区统帅部参谋长）的计划，驻印军要从印度反攻缅甸，滇缅公路必须重新打通。为配合驻印军行动，滇西远征军要分左右翼渡过怒江强攻腾冲、松山、龙陵。

松山属于横断山脉的南麓，高2 690米。它位于怒江西岸，形如一座天然桥头堡，"前临深谷，背连大坡"，左右皆山；且紧靠怒江惠通桥；扼守着滇西进入怒江东岸的交通咽喉，大有"一夫当关，万夫莫开"之势，战略位置非常重要，有着滇缅路上的"直布罗陀"的美誉。

1942年远征军首战败退时，被迫撤退到怒江东岸，及时炸毁了惠通桥，才将日本人阻隔于怒江。此后，日军就派遣了一支精锐部队占据了战略位置极其重要的松山，并且用一年的时间建造了极为复杂的永久性工事，形成进可攻、退可守的战略据点，从而牢牢控制着怒江战场的主动权。要是能拿下松山，远征军就可与腾冲、龙陵的进攻部队形成掎角之势，互相呼应；反之则滇缅公路不通，交通运输困难，反攻龙陵、腾冲困难倍增之余还有被围剿的危险。

日军在松山建造的各种工事，都是以永久工事为标准的。主要地点在滚龙坡、阴登山、拉孟寨、大垭口以及主峰子高地。工事空间大而复杂，坦克、战车都可躲入地堡。母堡下含子堡，子堡下含一些散兵坑、战壕，如同一张巨大的蜘蛛网。所有的工事都是相通的，可以交叉形成没有死角的火力网。此外，这些工事修筑得极其隐蔽，顶部先是用圆木堆积，然后是钢板，再是一米多厚的土层，土层上还覆盖了植被。导致远征军

★连接怒江两岸的惠通桥

即便是面对面进攻，只要日军不开枪，都难以发现他们的火力点，更别说空军从飞机上观察了。据说，日军高级将领在松山工事完工之后亲赴现场检验其坚固性，发现不论怎么狂轰滥炸，工事都毫发无损。于是得意地向日军南方军总司令报告称："松山极为坚固，任何猛烈的攻击对它都不会奏效，坚守八个月以上是绝对没有问题的。"

为了打通滇缅公路，拿下松山是势在必行的。可是面对如此险要的地势及日军的顽强抵抗，中国远征军不付出惨烈的代价是不行的。腥风血雨的松山战役开战在即，中国远征军将在这里写下壮烈激荡的一页。

凭险死守：日军的负隅顽抗

为了一举拿下松山，中国远征军总司令卫立煌作足了战术配置。制定了空军、炮兵掩护，步兵地面进攻的策略。1944年6月4日，松山战役在飞虎队30架B-29轰炸机对日军的狂轰滥炸中开始，空中掩护之后，远征军71军新28师（配属有第六军新39师一部117团）官兵开始了地面进攻，如出山的猛兽一般扑向了拉孟寨的外围山头……奇怪的是，其间日军阵地未发一弹，远征军如入无人之境；直至28师的士兵们距离日军阵地只有几百米时，日军还是保持着沉默。

71军军长钟彬有些奇怪，但是也未作多想，因为根据情报，当时山上驻守的日军只有三四百人，火炮几门，机枪十多挺而已。这么点人和枪对于28师来说，小菜一碟。所以他命令28师将士继续挺进。悲剧的是，当远征军进入日军阵地百

米范围后，阵地像突然点燃的炮仗，开始了狂轰滥炸：机枪、小炮、掷弹筒……隐蔽的地堡中喷出火舌，形成交叉火网，将28师将士无情地射杀。将士们毫无防备地倒下。15分钟之内，主攻团一营只退回一排，营指挥官全部牺牲。第一轮进攻宣告失败。

日军的战术是，依靠坚固的军事阵地及隐蔽的火力输出点，先隐忍不发，待中国军队的先遣部队进入射程后，再开枪射杀。可惜的是，钟彬军长开始未能意识到这点，他以为第一轮只是偶然的失败，于是下令继续进攻。然而事与愿违，第二轮进攻的结果与第一轮无异，接下来的第三轮、第四轮……每次均是惨败而归。钟军长碰到这样的对手，打红了眼。在接下来的半个月，他命令部队层层督战、轮番进攻。战事进行得异常惨烈，日军的火力网像一张不可逾越的屏障，将远征军挡在工事之外。阵地前到处是我军将士的尸体；白天侥幸夺来的山头，夜晚又被日军抢走。这种章法单一的重复直线进攻，并没有给隐蔽在工事内的日军带来很大威胁；相反，28师剩余的士兵对无法逃避的死亡产生了恐惧与绝望，部队开始出现逃兵现象。半个月的时间，28师伤亡了3 000多将士，还有不少士兵逃亡，部队人心惶惶，从上到下都陷入了一蹶不振无计可施的境地。

松山拿不下，滇缅公路还是被日军掌握。远征军的粮食、弹药等补给物质只能依靠骡马由山间小道输送至松山和龙陵前线。6月中旬，滇西雨季又开始了，大雨造成多处暴发山洪、泥石流等灾害，导致山路中断，也就是陆路物质补给被迫中断了；后来甚至飞机都无法进行空投补给了。前线部队的境况惨不忍睹：一边是日军的火力猖獗，我军人员损失惨重；一边是大雨肆虐，且没有粮食弹药的供应……库存吃光之后，部队只能到处寻找野味充饥。最惨的是伤兵，没有食物和药品，又无法送回后方，只能在污水中看着伤口溃烂至死。

6月底，远征军以惨重的代价攻入了拉孟寨，打死日军一百余人。同时扫清了松山的外围阵地，将日军压制于松山主阵地。松山前线开始出现僵持状态。

★滇缅公路是抗战期间战略物资运送的重要通道

看到前线战事胶着，军心涣散，总司令卫立煌决意将远征军全部20万兵力投入战场。首先，急调第二军、第八军渡江增援。第二军和正在进攻松山的71军的新28师以及第六军的新39师绕到小路前往增援龙陵；而第八军接替28师专门攻打松山。同时，他还向71军的两名师长下死命令：哪怕打到只剩下最后一兵一将，都不许后退半步，否则军法处置！

心急火燎的总司令立刻紧急调动了第二军和第八军强行渡江赶来增援。

于是第二军就赶赴龙陵与71军新28师并肩作战，新八军则填补上28师的空缺力攻松山。中国远征军一共20万浩浩荡荡的大军就这样不遗余力地全面投入了战斗。

但是即使是这样，战场的情况还是没有好转，当时复杂的局面让人难以判断，在左边的松山、龙陵，远征军和日军各自赶来增援部队，接着前面的任务继续血拼，激战中的枪炮声一刻不停，阵地铺盖更是你来我往，犬牙交错，拉锯战正在艰难进行中。而右边的腾冲部分，第20集团军虽然有六个师的兵力，并且对日军已经形成了围歼之势，但是日军148联队实力依旧强劲，凭着顽强的毅力抵死守阵，双方极力拼抢，纠缠厮杀也达到了白热化的地步。

尽管局面变幻莫测，但是有一点是显而易见的，那就是松山的重要性。对于中日军队来说，谁能取得松山，谁就能够取得胜利。先从日本军队的角度来看，当时正逢雨季，泥泞不堪交通不便，中国军队在这种恶劣的天气之下已经切分成三块，一时无法集结，而松山是这三块的交接之处，一切后勤保障都必须从这里通过。所以只要日军守住松山，就能将远征军逐路击破，胜利指日可待。再从远征军的角度来说，只要把松山攻下，那么就好像用一根线将三个珠子穿在了一起，三片战场不再是分散的局面，这时候就可以拧成一股绳，一举绞杀日本缅甸方面军！

所以现在所有的目光，都聚集在了地图上松山所在的那点上。

坚固工事：大战滚龙坡

而正在松山拼死攻击的远征军这时见到了一丝希望，第八军要来了。

经过一轮猛烈的炮火准备，第八军荣一师、82师、103师分头并进，轮流攻向松山。

由于拉孟以上多处的山势更为陡峭，大雨中山坡泥泞，滑腻不堪，极难攀爬。密密麻麻的中国士兵手脚并用一边攀登，一边躲避山顶日军扫射过来的机枪火力，因为不停滑落以及被击中，所以攻打暗堡像是经历一次地狱之行。此时，远征军攻击的阵地正在近乎笔直的陡坡上，这样使他们完全暴露在了日军暗堡的火力前，以致远征军付出了惨重的伤亡，而且根本不能再前进一步。结果无须预料，远征军和71军遭遇相同，一次次被日军的火力赶下了山。此时的美军轰炸机并同地面炮兵正在对着松山进行强烈持久的轰炸，松山阵地遍布弹坑青烟，焦土深达数米，但是比焦土更深的是日军的攻势。即使美军此时已经是开足马力，日军却依旧在暗堡里面丝毫无损。

相反的是远征军还在徒劳地攀爬冲锋，死伤无数，而行动却毫无进展。到了这个地步，第八军官兵伤亡已经破千，连同之前牺牲的71军将士，代价可以说相当惨重，远征军士兵的尸体还远远扑在山顶到山腰的冲锋位置，真可以说是惨不忍睹。但是此时日军的火力非常凶猛，没有人能够跃出战壕接近自己战友的尸体。这种恶劣的情形在遭遇炮火激烈或飞机轰炸的时候变得更加惨烈，尸块随着石头一起落下，有的则被高高炸上天空。山区气候多变，怒江尤为厉害，昼夜温差如同两季，晚上寒雨凄切，冻得人上下牙打架，但是到了白天却是烈日当空，恨不得把人活脱脱晒掉层皮。阵亡士兵的尸体已经开始腐烂，再这样下去恐怕会暴发大规模的疫情。

7月12日清晨，天气依旧恶劣。远征军第八军再次发起对松山日军的进攻。经过前几日对地形的侦测，炮兵对松山子和滚龙坡的三块高地进行猛烈的轰击，两个小时不停发射的炮火将地表植被烧得干干净净，日军隐藏在掩体后面的阵地逐渐露出了真面目。5点钟一到，第八军103师307团战士高喊口号冲入日军阵地。但日军反击猛烈迅速，双方进入一局苦战。远征军伤亡较重，最后艰难地占领了丙、丁高地，日军企图夺回高地，结果两次突击被打退，而后日军组织夜袭，远征军的丙、丁高地再度失手。在

★松山战斗中的中国军队阵地

这个时候第八军一部借着日军全力反击无暇顾及滚龙坡之机，一举强攻滚龙坡马家坡一线，压近日军中间阵地，对松山日军阵地形成战术包围。

战场形势一时混乱不清，第八军松山前线指挥部根据随时的事态变化机动调整炮兵战术，在地图上将日军堡垒挨个标明号码，用一炮对一堡的方式进行一对一的攻击，等到重炮、山炮对日军地堡精确打击之后，派出警戒占领日军的散兵坑以保护侧翼，然后进攻滚龙坡阵地；另以一部牵制松山、黄土坡日军。原定于20日开始精确破坏，22日步兵突击，因阴雨天气影响，攻击日期延迟了一天。

从20日到23日午后，连日阴雨中远征军炮兵部队对松山日军阵地展开连续炮击。远征军三天连续炮击的成果显著，目视距离内的日军一些地堡都已经被炸成废墟。滚龙坡上的日军几个高地表面的各种壕沟和火力点坍塌严重。

23日拂晓中国远征军步兵开始对松山发起第四次攻击。以103师307、308两个团和荣一师三团分三个方向主攻滚龙坡及大垭口日军阵地。此次远征军调整了进攻战术，改以排为攻击单位。队列呈三角形，火力组、突击组、爆破组、支援组相互掩护。迅速接近日军的火力点、地堡，然后用炸药包、火焰喷射器或者战防炮直射，一一摧毁日军火力点。尽管地面工事破坏严重，日军的战斗意志还是没有丝毫动摇，仍然给远征军造成大量伤亡，至25日三路进攻的远征军再次受到重大损失停止攻击，只有左路七百余人突破了日军的滚龙坡西南部阵地。突入阵地后两军随即展开了白刃战，在那狭长的壕沟里的格斗极其悲惨壮烈。日军将军旗护卫小队也派往滚龙坡阵地，抽出主阵地的只松茂上尉去担任滚龙坡阵地的指挥。在25日傍晚，日军死伤大半终于耗尽了精力，307团占领了滚龙坡阵地西半部。这天晚上，日军一连对滚龙坡进行了四次反击均被击溃，阵地仍然牢牢掌握在远征军手中。

激斗一周：前后夹击攻克大垭口

7月29日正在率领荣誉一师一团、二团主力在龙陵外围作战的第八军副军长李弥被调回松山接替何绍周指挥第八军继续进攻松山。李弥是云南莲山人，对当地气候、地形特征极为熟悉，是松山战役指挥的合适人选。李弥根据观察分析后，认为以往国军一味只追求速度想迅速拿下松山，部队直接攻击日军各个高地，并没有重点消灭日军前沿各个堡垒，致使攻击部队冲锋时往往受到侧面与后面日军的杀伤，随即进攻失利。这时李弥开始调整新的进攻方式，他命令各部官兵进攻时，不宜急于求成，而是要用各种方法将进攻路线上的面前的各个日军堡垒逐个彻底消灭后，方可再继续前进。

远征军长官部为配合李弥新攻势急调怒江对岸的150门重炮到松山一线以获得更好的命中精度，一旦有炮弹命中日堡即按同一坐标重复炮击，迫使日军进入下层；远征军步兵利用炮火压制的效果迅速接敌，炮火准备结束后在近距离内对日军进行火力封锁，接下来使用火箭筒击穿堡垒；最后为了配合李弥的战术，美军把一种当时最新式的武器——火焰喷射器让给中国军队使用，通过缺口一举消灭堡内日军。

督战数天，经过反复的观察，李弥认为不应以占领山头为目的，而必须将敌人的堡垒逐个摧毁，消灭其有生力量。

7月30日，具体部署为：熊俊率领的远征军开始第五次攻击。103师三307团攻击滚龙坡东半部分、308团攻击无名高地、307团与荣一师三团和二团一个营攻击大垭口、第82师攻击松山主峰。

第五次攻击过程中，远征军步炮密切协同，轻重机枪适时压制敌火，火焰喷射器发挥了效能，陆续攻破日军堡垒。当晚远征军占领了戊高地。31日将要夺取滚龙坡主阵地时，远征军大垭口方向攻击失利，日军调集兵力反扑。307团副团长陈一匡身负重伤，连长阵亡两人，排长阵亡五人，士兵伤亡二百余人。

8月1日和2日，滚龙坡甲高地和乙高地上的夺堡之战达到了白热化。为掩护喷火兵接近日军阵地，远征军动用大量炮兵竭力支援，榴弹炮弹从阴登山、竹子坡纷纷抛向松山山顶，反战车炮及各级迫击炮也倾尽全力猛轰山头两侧和反斜面，甚至连防空兵也抽调四挺重机枪进行直接火力支援。

8月7日，远征军发动第六次攻击，并突入日军中间阵地群之己高地，与日军进行了持续两个小时之久的肉搏。至黄昏，双方都因伤亡惨重、筋疲力尽而无力进击，呈胶着状态。82师246团两部分别攻击午、未高地，都遭重挫，在午高地前100米之处因遭侧方辰高地火力压制，246团谢梦熊营长中弹阵亡，攻击部队最后只有八人撤出；另一路突入未高地时已损失很大，攻克另一目标庚高地后剩五十余人，后因日军反击阵地失守，仅有十余名士兵成功撤离。当日黄昏时分，国军攻击结束。

这时远征军长官卫立煌转达蒋介石的紧急命令，严令第八军限期攻克松山，如违限不克，军、师、团长将以贻误战机问罪。远征军于8月8日下午1点马上开始了第七次攻击，连续攻击到8月10日结束，才攻克大垭口，日军大部阵亡。

惊天动地：炸翻松山子高地

松山主峰子高地的面积只有一二十亩大小，但周围有十几个高低不同的小山丘相连，互为犄角之势。若直接进攻大地堡，必遭小地堡火力的射杀。前些天两个夜袭连的部分士兵的尸体至今仍在那里，并且已经腐烂。

第八军的士兵仍然是从四周向山顶蚕食，但离主峰子高地还有两百米时，再也无法前进了。因为太陡峭了，坡度大约有60度。连射击都要仰起头，中国士兵在这里又牺牲了几百人，来自上方的日军手榴弹经常像冰雹一样砸下。

这时，82师少将师长王伯勋给李弥出了个主意，那就是挖地道——从松山下面挖通道到子高地，然后用炸药把日军送上天。李弥听后和美军顾问研究了一番觉得可行，决定实施。

地道施工是从8月4日开始，由第八军工兵营负责挖掘，美国顾问亲自测量计算。为了掩护这个重大的行动，李弥命令炮火天天轰击山顶，步兵每天佯攻迷惑日军。

地道是先挖一个平行的直洞，通到子高地的正下方。工兵分成几班不分昼夜地挖，每天美军顾问按时来测量距离。十多天后，美军顾问经过测量，确定已挖到子高地的正下方了，比画了个"好"的手势。于是工兵立刻改变方向，呈"Y"字形朝上挖。五天之后，美军顾问表示工程已经大致完工，可以开始挖凿炸药室的工作。于是工兵们就在"Y"形的两个顶端各挖出一个炸药室，左边炸药室放了三吨炸药；右边炸药室放了四吨炸药。

1944年8月20日上午9点，阳光明媚，松山在视线里十分清晰，远征军司令卫立煌和一批美军顾问以及宋希濂、何绍周都早早地过了怒江，来到隐蔽部观看。所有的部队都撤离危险区域，由工兵营长亲自摇动起爆器。工兵营

★松山战役中的中国远征军炮兵

长的手颤抖着，打了几次火才点燃口中的烟，猛吸几口烟，然后扔掉烟头，狠狠摇动那台电话机改装的起爆装置。开始似乎没有动静，过了几秒钟，大地颤抖了一下，接着又抖动几下，有点像地震，隐蔽部的木头支架嘎吱嘎吱晃动起来。同时，子高地有一股浓浓的烟柱蹿了起来，越来越高，烟柱头上也有一顶帽子，形成了一朵大大的蘑菇云。烟柱足足有一两百米高，停留在空中，久久不散。声音传过来时，像远处的云层里打雷一样闷响却并不震耳。

松山主峰炸出了两个40来米宽、30来米深的大坑。中央主地堡炸飞了，没有了踪影。由于没有主堡，冲上去的士兵第一次没有被日军赶下来，但战斗还没有结束，激烈的争夺战还在进行。

尸横遍野：最后的白刃交战

9月1日，蒋介石下了一道死命令，限第八军在九一八国耻日前必须拿下松山，否则正副军长均按军法处置。望了一眼高耸入云的松山顶峰，李弥知道这一战已经毫无退路，日本人在为着帝国军人最后的荣耀而战，中国军人也必须为了胜利舍生忘死，于是李弥抓了顶钢盔往头上一扣，亲自带领特务营冲上了松山主峰阵地。

这样的白刃战与在街巷间的争斗不同，在松山主峰，并不像街巷那样狭窄，交战双方都无所凭借，双方真正是枪口对枪口、刺刀对刺刀地拼杀。而松山主峰上的日军早已经弹尽粮绝，面对作出最后冲锋的远征军，日军首要的任务是补充能量，日军指挥官金光少佐甚至下达了让士兵去吃敌人尸体的命令。

同一时间，在日军的最后据点——马鹿塘周围，同样在进行着惨烈的激战。马鹿塘边上有一个小村子叫做黄家水井，马鹿塘与黄家水井两个阵地可以互为掎角，从9月2日夜间开始，中国远征军对这里开始进行猛烈的攻击。这是一场殊死搏斗的战事，双方都损失惨重，日军在短时间难以形成有效的进攻，而远征军的每支部队也已经损失到每个单位几乎都成为只剩编号的空单位。9月3日黄昏，在经过了几轮拉锯战之后，远征军终于夺取了一座房屋作为支撑点，而日军也难以前进一步，双方不得不处于僵持的境地。

就在马鹿塘周围的远征军和日军陷入僵局的时候，攻取松山主峰黄土坡三号高地的部队终于取得了突破性的进展，远征军的第八次攻击终于突破黄土坡日军的最后防御，当负隅顽抗的最后几个日军被击毙之后，李弥没有停歇，而是带着

246团剩余人员和103师搜索连迅速赶往马鹿塘。远征军与日军僵持的局面迅速被打破，日军在远征军的猛烈攻击下不得不逐步后退。

9月5日，负责守卫松山主峰的日军被迫退守到了一块不足200平方米的阵地上，远征军从各个方向包围过来，金光少佐心知败局已定，所以向松山师团长及河边总司令官发去了诀别的电报，当时的松山主峰日军只剩下了73人。

远征军在这段时间也并没有进行大范围的攻击，他们开始调整，为最后的决战养精蓄锐。松山主峰层峦叠嶂、怪石嶙峋，远征军方面获悉日军的兵力已经不多，但是因为山林险要，一时也难以作出准确的判断。而在主峰上激战了五天的李弥被人从主峰扶下来，胡子拉碴，眼眶充血，打双赤脚，呢子军服呈碎条状，身上两处负伤，人已经走形。

9月7日下午四五点钟，山上的枪声渐渐地稀疏。松山主峰终于被攻克。

战典回响

打通"东方的直布罗陀"之战

日军入侵中国，国民党军队一溃千里，退居西南，中国东南战场大部分被日军占据，中国军队的补给问题显得尤为重要。而美国的救援物资，此时就是从滇缅公路运进中国，因此，印缅战场的战略意义就非常重要。1942年，日军击溃了中国远征军及英美军队，切断滇缅公路，使得中国军队的后方补给出现严重问题，中国远征军不得不撤退到怒江东岸，至此，远东战局陷入从未有过的困难阶段。

1944年，为了重新打通滇缅公路，扭转盟军在远东战场的被动局势，驻印军队开始积极备战，准备从印度反攻缅甸。按照史迪威将军的计划，中国远征军分成左右两翼，分别渡过怒江，占领腾冲、松山、龙陵，再次打通滇缅公路，恢复这条交通大动脉的正常运行，解决远东战场的中国军队的后方补给问题。在这次计划中，松山的地位显得尤其重要。松山位于云南省保山市龙陵县腊勐乡，属横断山系高黎贡山山脉，扼守着滇西进入怒江东岸的交通咽喉。也就是说松山不克，滇缅公路就难以畅通。

1944年5月16日，远征军在龙陵方向作战的第11集团军71军86师262、264团在瓶夔方向的勐糯三村缴获一份日军的作战命令，才知道情报泄露的事情。此时的松山因为久攻不克，弹药粮草必须得从保山大后方翻越山路转运，而当时恰逢雨季，山路难行，前方的补给成为重要问题。此后龙陵一线被日军火力压制，腾冲攻势陷入胶着状态，松山至此成为扭转滇西战局的关键。

在整个松山战役中，远征军先后10个团20 000人参与战斗，伤亡人数为7 763人，其中4 000人阵亡，50人失踪。击毙日军则超过了1 250人，敌我伤亡比例为1：6.2。

9月9日，远征军终于攻克松山，从而打破了滇西会战的僵局，远征军的后勤补给线迅速得以修复，随后滇缅公路通车，大批后备部队和装备、物资及重炮兵通过了滇缅公路开赴龙陵前线。印缅战事立刻得以扭转，日军迅速被远征军的炮火压制，而腾冲攻坚战到此时也已经接近尾声。

★沙场点兵★

人物：卫立煌

卫立煌（1897年2月16日～1960年1月17日），字俊如，安徽省合肥人。抗日爱国将领，国民党陆军二级上将。1914年入湖南都督汤芗铭部学兵营，毕业后在上海参加"肇和"舰起义反对袁世凯。1915年到广州投粤军，由排长递升至旅长。参加了镇压广州商团叛乱和东征陈炯明的作战，在孙中山先生广州国民政府担任警卫。后参加北伐战争，入闽作战，升任第一军第十四师师长。1927年10月任国民党军第九军副军长。1928年任南京卫戍副司令，后入陆军大学校将官特别班进修。1931年任第十四军军长。

抗日战争爆发后，在忻口会战中，指挥所部奋勇作战，坚持近20日，毙伤敌两万余人，力挫日本侵略军的锐气。1938年2月任第二战区副司令长官，4月，访问延安，更增强了与八路军合作抗日的信念。1939年1月任第一战区司令长官，5月晋升陆军二级上将，9月兼河南省政府主席。1940年兼冀察战区总司令，与八路军友好相处，相互支援。1941年因主张国共合作抗战，与八路军建立友好关系而被免职，调任军事委员会西安办公厅主任。1943年11月任中国远征军司令长官。1944年，指挥所部击败滇西和中缅边境的日军，收复滇西。

武器：炸药

炸药是在一定的外界作用下（如受热、撞击）才能发生爆炸，同时释放热量并形成高热气体的化合物或混合物。而爆轰是炸药中化学反应区的传播速度大于炸药中声速时的爆炸现象，是炸药典型的能量释放形式。炸药爆炸时化学反应速度非常快，在瞬间形成高温高压气体，以极高的功率对外界做功，使周围介质受到强烈的冲击、压缩而变形或碎裂。炸药在军事上可用做炮弹、航空炸弹、导弹、地雷、鱼雷、手榴弹等弹药的爆炸装药，也可用于核弹的引爆装置和军事爆破。

在松山攻坚战中，面对着日军牢固的暗堡等防御工事，单纯地采用表面炮击的方式很难对其形成致命的打击。中国军队在伤亡重大后，吸取经验、改变战术，采用了坑道接近而后爆破的方式，这一方式有效地减少了己方的人员伤亡，亦对日军碉堡、暗堡等形成了致命的巨大杀伤。而此战术的采用也是松山攻坚战获胜的主要战术因素之一。

战术：前后夹击

前后夹击作为包抄战术的一种，并不遵从三面或者四面包围分割剿灭的做法。通常前后夹击属于两支军队合作，分别从己方所在地点以敌军为目标相向前进。前后夹击战术能够有效阻截敌军去路，前后呼应，牵制敌军的军力，从而达到对敌方力量的均衡、削弱、分化的目的。

松山攻坚战中中国军队运用了前后夹击的战术，给松山之敌以致命的攻击，最终经过艰苦的战斗攻下了松山，重新打通了滇缅公路。

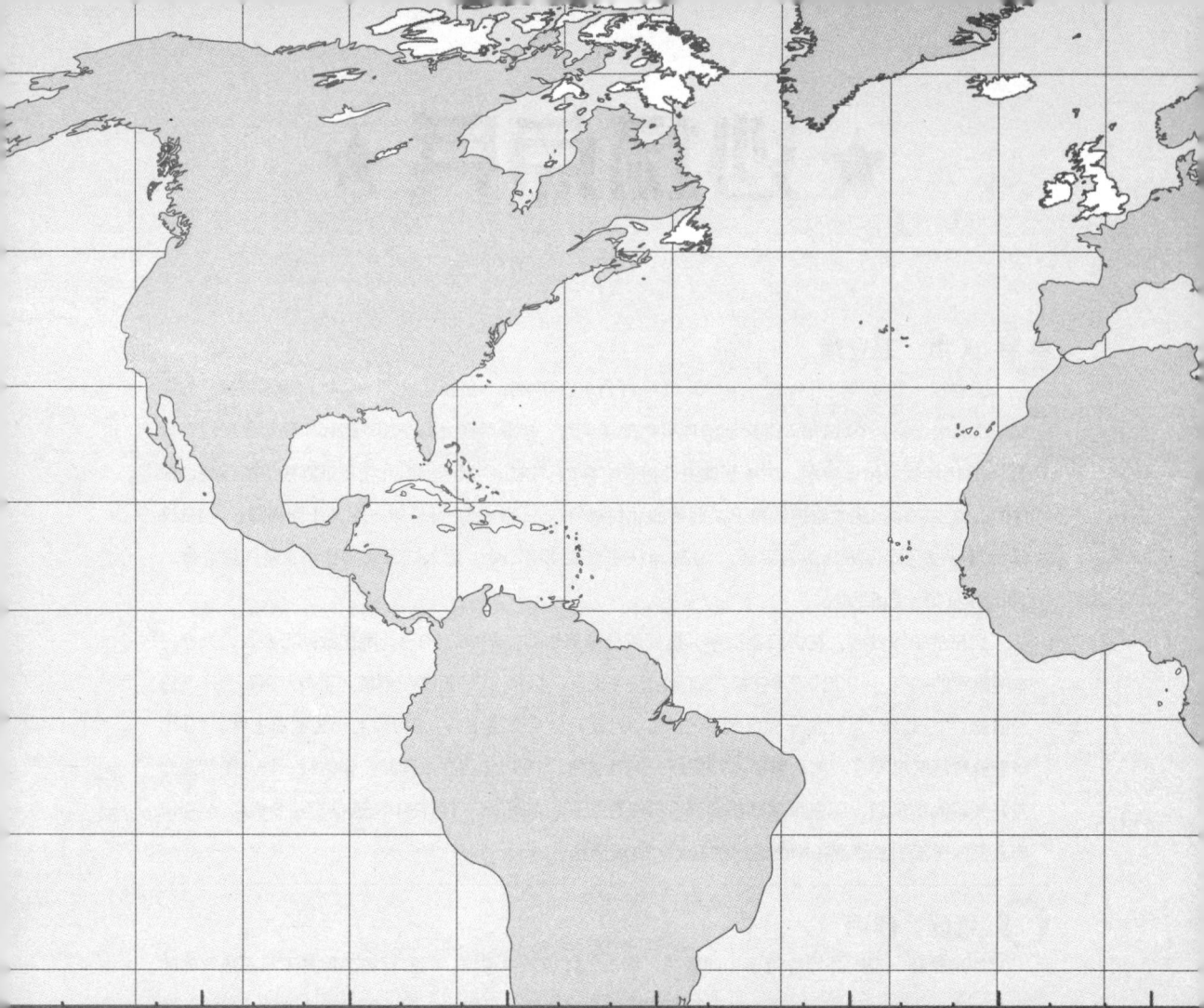

尖矛与利盾的较量
THE CLASSIC WARS

攻坚战

战典
THE CLASSIC WARS

第十五章

马尼拉攻坚战
——破坏最严重的攻坚战

▲在太平洋战场取得优势后，美军开始"从外向内"地逐渐清理日军在东南亚的据点，进而完成其进逼日本本土的战略意图。日军在菲律宾驻有大批的部队和充足的物资弹药，成为了美军必须啃下的一块"硬骨头"。而且美军还因第二次世界大战中的被动在菲律宾遗留有大批的战俘，因而攻下菲律宾对美军而言具有双重的意义。而日军的军力部署特点及战俘的存在，都使美军采取了不同于以往的战术，这也使得马尼拉攻坚战成为了第二次世界大战中破坏最为严重的攻坚战。

前奏：自作主张的岩渊三地

盟军的利刃指向了菲律宾马尼拉岛上的日军。

1945年1月9日，美军克鲁格中将指挥着美军第六军团登陆仁牙因海湾，迅速开往南方。20天后，这支大部队下属的第11军共四万人登陆吕宋岛的圣安东尼奥，圣马塞利诺机场被攻占，苏比克湾海军基地被攻占，巴丹半岛全面被美军封锁。又过了一天，罗伯特中将带领着美国第八军团第11空降师两支滑翔降落伞兵团登陆吕宋岛南部的纳苏格布，成千上万的伞兵从空中降落，情形十分壮观，这支队伍会师后即挺向马尼拉。

2月1日，当明媚的晨光洒落在菲律宾的树叶上的时候，吕宋的西北海岸附近停泊了千余艘美军船舰。这些荷枪实弹的美国大兵一路冲上海滩时，意外地没有任何阻力——没有敌军的火炮和机枪，只有菲律宾游击队热情的眼神和民众的欢呼。到了傍晚的时候，已经有五万多名美军携带着各自的装备上岸，摄影记者和欢欣鼓舞的菲律宾人围绕着麦克阿瑟将军步行踏上海滩。

在这里他表示："这场战役决定了菲律宾的解放，决定了西南太平洋的命运，而这狂风暴雨般的洗礼即将到来！"

2月4日塔盖泰山脊也布满从天而降的另一支滑翔降落伞兵旅，与此同时，所有到达地点的美军如同洪流一样涌向马尼拉。美军往内地挺进的时候，除了在第一个星期遭遇了少量日军的抵抗以外，前行从未停滞，山下不停下令日军后撤或者反扑，但是在菲律宾游击队灵活的配合下，美军还是连连占领多条交通要道以及桥梁。当山下奉文将军看到美军来势汹汹，当即下令日军由海岸撤往内陆，而他自己则亲自带领主力赶往碧瑶，因为他的计划是通过这样的战略性撤退将美军一举打垮在吕宋岛北部。

山下将军根本就不打算防守马尼拉，所以他命令他的下属岩渊三地少将，一边撤退一边把所有桥梁和城市基础设施都破坏掉，别跟美国人碰头。

但是岩渊三地却根本没听从这条命令，他已经决定要守住这座城市，无论会付出多大的代价，哪怕是拼到流尽士兵最后一滴血，他也要坚持。

在日本的军事系统里，海军和陆军自成一派，所以两个军中的部队直接受的是海军军令部与陆军参谋部的管理，所以山下奉文决定弃

★有"马来之虎"之称的山下奉文

守马尼拉也只能带走陆军人员，海军还坚守在位，岩渊三地少将断然违抗了山下的命令，也不嘱咐马尼拉海军守备部队撤进市区。和所有日本不够专业的海军官兵一样，这位少将并没有接受过正规的山地战训练，他也不打算跟随去丛林里面苦战，相反他在马尼拉附近饶有兴趣地发现了几个相当不错的防守据点，比如说因特拉穆罗斯城堡周围，而其他没有什么利用价值的地方，他就建立雷区，缠上刺铁丝网，打通沟渠，把一堆没用的废铁包括火车电车等都堵在路口充当障碍物。

同时他告诉手下的17 000名海军防守士兵："现在你们将跟剩下的4 000陆军战友并肩战斗，殊死一搏！现在就进入防卫区，时刻准备开战！"

为了表明死战的决心，岩渊三地下令将马尼拉城中的各类教堂、大楼、繁华商业街甚至贫民区都炸为平地，同时将各种桥也炸得粉碎。他用种种行为表明，为了顽守，摧毁这整座城市他也在所不惜，迎接他们的必定是一场异常艰巨的血腥大战。

营救战俘：攻入圣托马斯大学

马尼拉一直是在殖民者入侵中发展起来的城市，在它悠久的历史里面，战争似乎从来没有离开过这片土地，西班牙人、荷兰人、英国人都曾经在它身上留下殖民地的印记。而此刻麦克阿瑟心里面一直惦记着在日军淫虐下的战俘，在一边挺进马尼拉的时候他就曾经提醒第八集团军司令艾克尔伯格派出第11空降师，让

伞兵直接在尼科尔斯机场跑道降落，那里离马尼拉市中心非常近，能够尽快解救战俘。但是这位司令却认为麦克阿瑟说的简直就是天方夜谭，这种突击计划过于冒险，所以婉转拒绝了。心急如焚的麦克阿瑟又下令第六集团军的马奇少校来执行这个任务。

2月3日，马奇少校带领精悍出色的"飞虎队"乘着吉普车和重卡车以及坦克一路飞驰，撞开重重阻碍，完全不管路障，疯狂开向马尼拉城。次日黄昏，这支猎豹般迅捷的队伍来到城外，于第二天一早就直奔圣托马斯大学。根据情报显示，日军在这里关押着3 000名战俘，大多数都是美国官兵。

第八骑兵团的先锋大队第一个到达目的地，这座大学从1942年1月起就用来关押平民和战俘，在36个月间共有超过十分之一的人死亡，有的是试图逃跑，有的是受尽虐待。当晚9点，呼啸而来的威武吉普车一气冲开大闸，紧跟而上的是一辆"M4"雪曼坦克，大学围墙被直接冲倒，美军随之鱼贯而入。闻讯前来的菲律宾军队立刻配合行动，日本守军被这突如其来的冲击吓得目瞪口呆，所以美军并没有费多大力气就解救出了大批人质。

但是有日军挟持了少数战俘躲进教学大楼，叫嚣着冲美军和菲军开火，双方开始了激烈的对战，扫射的子弹十分密集，不少战俘因此被波及死去。第二天日军要求与美军谈判，经过一番讨价还价，美军同意他们安全离开，到马尼拉南边寻找日军大部队，但是条件是只能携带少量步枪和军刀。

2月5日早上，47名日军接受条件离开，这次解救一共安全迎出近6 000人，其中有3 000名美国人和500名菲律宾人，英国、澳大利亚、加拿大等各国战俘不一而足。

就在同一天，第37师与马奇少校齐头并进，这支多达4 000辆大车的亡命之师沿着三号公路飞奔，在2月5日

★被解救出的美军战俘

凌晨就赶到了马尼拉，未作停歇就直接前往比利比德监狱，解救出了大约1 000名战俘，这些战俘大多数都是日军在巴丹半岛和克雷几多岛战役中俘获的。

顽固抵抗：激烈的街巷争夺

就在第二天，2月6日，当麦克阿瑟听闻这两支派去营救战俘的部队大获全胜，已经进入马尼拉的消息以后，大为兴奋，他当即就往司令部拍出了电报，不无得意地表示美军正在迅速拿下马尼拉！

麦克阿瑟喜欢夸大其词的毛病一般人都心知肚明，这一次高调万分的胜利公报却让他陷入了尴尬，因为接下来的美军战斗，由于那位顽固的日本少将和他的海军陆战队的存在，简直残酷得像是地狱。

但几乎同一时间，在北面的美军第一骑兵师和南面第11空降师都遭遇了日军的顽强抵抗。而这时日军在城内的守军也从各个角落蔓延出来，与美军部队展开长达一个月的激战。从正面交锋大规模交火到挨家挨户逐街逐路的争夺。他们围绕着每一栋房子展开拉锯战，日军带着机枪与刺刀从暗巷中冲出被美军的子弹打倒，美军的钢盔又被日军的火炮击穿，双方你来我往，战况恶劣到让人不忍目睹的地步。

为了对付利用战壕死守的日本守军，美军开始使用燃烧弹，将马尼拉的树木草丛烧个精光，等到火海烧尽的时候战壕工事也清晰可见，这时美军连推土机都用上，没有路的地方直接自修汽车路，强行前进。

2月4日黄昏时，美军第五骑兵团第二连越过奎松桥，作为在日军大肆破坏下幸存的桥梁，它是通向巴石河的唯一途径。谁知这正是日军下的圈套，美军脚步正要踏上桥面，日军架设在浓密树林后的机枪吐出串串火舌，美军应声而倒，纷纷栽入水中，巴石河碧绿的河水瞬间被无数美军尸体染得通红。美军不得不停止前进暂时后撤，一旦美国人往后退，日本人就冲上前对桥梁和道路进行占领。

美军刚刚大捷的第37步兵师也没有好到哪儿去，神出鬼没幽灵一样的日军如同跗骨之蛆，时不时咬噬一口，美国大兵伤痕累累，一路负痛进入城区。

在巴石河的一个小型工业中心内，这支部队遭遇了数量近一个团的日本守军，这支毒箭控制着这小块战场，破坏了周围的建筑物和所有军事设施，凭借这么孤立的一个据点，对着美军进行疯狂扫射。

毫无遮蔽的美军犹如在荒原中暴露的羚羊，而始终不露面的日军就是烈性毒蛇。每当美军试图前进的时候，日军机枪总是撒下一片火网，美军成批倒下，后来者又重复前面的故事。终于到2月11日，日军因为弹药损耗完毕，火力暂歇，美军趁机一拥而上，但是突然从平地内的壕沟冲出来手持刺刀、满嘴哇啦乱叫的日军，瞪着红红的小眼睛开始近身肉搏，因为距离太近，美军的子弹不免伤到自己人，所以这一场战斗带来了第37步兵师最为惨重的伤亡。

架设浮桥：向市区进发

此时马奇少校正带领着自己的第一骑兵师往市内赶去，所幸他选择的行军路线上并没有太多日军，所以一半路程仅需要拨开日军设置的废旧障碍物就可以前行。2月10日在北面的两个供水点，第一骑兵师的第七、第八骑兵旅遇到了躲在楼房内的两股日军，从窗口冷不防射出的子弹虽然杀伤了不少美军，但终究寡不敌众，日本人这次的自杀式袭击也仅仅是稍微放缓了一下他们的脚步。

因为巴石河的众多桥梁已经在前期炸毁，两岸只剩下光秃秃的桥墩子，面对宽阔的河面，美军一时之间没有适合的渡河工具，第14军急中生智，将木板用绳子串联，排排安置在水面上，搭设出一个临时浮桥。

虽然这个桥并不稳，也不够宽大，但是骑兵师还是小心翼翼地到达了对岸。马奇少校和他的队伍就此一路往南推进。

★美军向马尼拉进军

同样在2月10日这一天，向市区发起的最后进攻的行动展开，负责这一战斗的是艾克尔伯格手中的王牌空降师。作为太平洋战区唯一的空降师。第11空降师拥有8 000名训练有素、顽强勇敢的士兵。

经过前面伞降克拉克机场的热身，这支部队如今跃跃欲试，期望能够再次在战场上建立功勋。但是这支迅速安插到前线展开挺进的部队却在伊慕斯戛然停止了。

一支老练毒辣的日本海军陆战队无意间撞上了第11空降师，拦住了他们的去路，习惯了跟陆军作战的第11空降师哪里摸得透海军陆战队刁钻的战术，双方你来我往，双方缠斗成一团，双方陷入僵持。

因为第11空降师陷入苦战，使得原本制订好的作战计划不得不一改再改，这无疑让自负的麦克阿瑟无法忍受。马尼拉一战全世界都将目光注视到了美国和他本人的身上，作为西点军校出身的美国名将，他深信"胜利与失败的不同，全在于有无干练而有效率的军官团队"。而文雅有礼却不够坚决的艾克尔伯格让麦克阿瑟失望透顶，他无数次打电话以表达自己的不满，并且最终在2月12日下定决心——他解除了艾克尔伯格的职务，指派了铁腕的克鲁格前去接替。

克鲁格本人非常冷酷，他喜欢用毁灭性的打击对待他的对手，他赶到前线之后，并没有要与日军缠斗下去的准备。他命令直接使用重炮，结果，擦亮了刺刀等待着与敌人再次白刃交战的日军，并没有等来敌人的冲锋，等来的却是呼啸的炮弹。这支难缠的日本海军陆战队瞬息之间就在炮弹的攻击下灰飞烟灭，克鲁格冷笑着看了看敌人七零八落的尸体，然后指挥他的空降兵大步前进，至此，美军对日军的合围正式完成。

完成包围：用坦克炮火挽救城市

进入市区之后的美军，很长一段时间光天化日之下居然找不到一个日军的人影，这个疑惑在美军到达巴石河岸时解开了。美军的坦克刚刚触及这里，无数日军凭空冒了出来，从地洞，从墙缝，从任何不可思议的地方开火。他们依托着12米厚和8米高的马尼拉老城墙，这种宽泛又猛烈的火力攻击自然杀伤了不少美国士兵。

肯尼当即向麦克阿瑟要求派遣轰炸机，直接投下汽油燃烧弹，让炙热的火焰和滚烫的气浪把这些缝中的日本人烧死。但是麦克阿瑟拒绝了，首先他认为轰炸

★战火中的马尼拉

机投放并不十分精确，如果把马尼拉几百年历史的古建筑也一起烧了就太可惜了。他提出倒可以用重炮一试。于是美军重炮便登场发威，155毫米流弹炮激起千丈火焰，黑色浓烟直冲云霄，连侦察机中的战士都为之惊叹。日军开始退驻到各个饭店、商场、邮电大楼分散隐蔽。其中马尼拉饭店守军最为密集。2月21日，美军开始对着马尼拉饭店进攻。几年前麦克阿瑟在菲律宾时就曾经住在这里，当时他遗留了许多私人物品在自己的房间，对这个饭店有着深厚的感情，当他带领着冲锋枪战士赶到这里时，却发现这边已经是断壁残垣，西墙粉碎性倒塌，而他曾经住过的顶楼豪华套房已经荡然无存，愤怒的麦克阿瑟毫不客气下令剿灭楼内的日军，而这些游兵散勇也迅速地被击溃了。

2月23日起，美军已经开入老城区，沿路美军用炮火开道，摧毁无数日军障碍，同时也波及了许多市内建筑，最后一撮日军躲藏的财政部大楼，在一声炮响之后也变成了一堆碎石块。2月26日，负隅顽抗的岩渊三地终于绝望，他看不到突围的可能，于是按照武士道精神剖腹自杀了。2月27日，马尼拉长达三周的激战终于结束，在这次战役里面，日本守军几乎被全歼，美军伤亡7 000人，但是城内的无辜百姓却累积了10万多具尸体。在激烈的交火中，整座城市变成一片废墟，仅剩的四栋公共建筑也被熏得乌黑。

麦克阿瑟要求菲律宾政府宣布重建，他满意地说道："靠着我们坚持信念，我们的首都已经恢复，马尼拉将成为远东最为自由的城市。"

残忍屠杀：马尼拉大屠杀

1944年12月24日的时候，菲律宾的巴拉伦战俘营就响起了尖厉的空中警报。战俘们奇怪地仰望天空却找不到任何美军轰炸机的踪影，而平时神经紧张，一有风吹草动就慌成一片的日本守军这次却镇定从容，既不紧张也不害怕，正当战俘奇怪日本人的心理素质突然大有提升的时候，150名美军战俘被驱赶进一个狭小的防空洞内，并且对他们拳打脚踢，他们不明白这妄加的拳脚是什么意思，但是他们明白事情肯定不妙了。这时日军紧紧锁上了防空洞的铁门，开始浇灌汽油，最后掷上了火把。烈焰之中只听到悲惨的号叫，带着火焰猛力冲撞铁门的战俘不是被日本人用刺刀挑死，就是亡命在乱棍之下，铁门被烧得通红，活人被焚烧的味道让人窒息。这一切的一切都只是日军为了报复美军轰炸而策划的谋杀。

如果说日军对战俘的屠杀让人瞠目结舌，那么他们在马尼拉干下的罪行更加罄竹难书！

当美军轻型坦克冲入马尼拉市区时，并没有遇到像样的抵抗。从防空洞和地下室里面拥出来的菲律宾人热泪盈眶，好像看到了期盼已久的救星，他们一边哭着一边痛斥日军的暴行。就在几天之前，留守的日本部队无缘无故围捕几万名市民，在一天之内全部屠杀，当天城内的血腥味浓得令人作呕，直到今天还弥漫着阵阵恶臭。

而根据战后统计，在这次战役中，前后死亡的菲律宾人达到了十万以上，几乎每一天都有3000平民惨遭屠杀。虽然这里面有一部分成为美日两军交战中的炮灰，但是无疑大多数都是在日军惨无人道的暴行下丧生。

在马尼拉城大屠杀中，日军曾经在圣保罗大学一次性屠杀了994名菲律宾幼童。这整件事情的经过可以说是骇人听闻，这些兽兵用点心糖果吸引孩子入内，就在小孩子欢天喜地吃糕点的时候，日军拉动了安置在灯架中的手榴弹，巨型吊灯瞬间爆炸，整个屋顶连同孩子幼小的肢体被气浪掀到天空，而日军正狞笑着用机枪扫射剩余未死的儿童。

在巴石河南岸也正上演着人间惨剧，避难所的3 000难民被锁住活活烧死，日军见到城中平民就进行围捕，按照男女分开站列在大街上，男子当场用机枪全部射死，而女子则还要承受兽欲的奸淫，经过百般凌辱之后也同样被杀死。

这样的地狱场景一次又一次在日军手下发生，他们所谓的"东亚共荣圈"从头到尾就是一场屠杀。这是一支近代史上最为野蛮残暴和兽性的军队，他们反人类的行径给一个个民族造成了难以置信的苦难。

持续一个月的马尼拉战役终于结束，日军对菲律宾的三年占领期终于宣告结束，麦克阿瑟也实现了他对胜利的承诺。

血泪遍布马尼拉

时间进入到了1945年，轴心国集团接连在欧洲战场、远东战场、北非战场受创，为了能够尽快击败负隅顽抗的日本法西斯集团，美军也加紧了在太平洋战场上的歼敌过程。美军开始对日军在太平洋上的军事基地展开大规模进攻，而素以坚韧固守、抵死顽抗著名的日军，则与美军展开激烈的交火。菲律宾是第二次世界大战期间，日军在太平洋上重要的军事基地，这里有很多的日军机场，很多日军正是从这里被运送到太平洋的各个战场。要瓦解日军在太平洋上的势力，就必须要摧毁日军在菲律宾群岛上的军事基地。

马尼拉位于菲律宾吕宋岛马尼拉湾的东面，是菲律宾最大的港口城市，也是菲律宾的首都，日军驻菲律宾的大本营也在这里。于是，美日双方在马尼拉展开了一场惨烈的攻坚战。日军再次发扬抵死顽守的作风，不到最后绝不投降，结果美军与日军在马尼拉从一条巷子、一块砖、一片瓦开始争夺，因为双方的激烈交火，马尼拉遭受了从未有过的损坏，整个城区因为这场战争变得破烂不堪。更为严重的是，因为这场战争，很多无辜的马尼拉平民受到日军的炮火的袭击，据估计大概有十万余马尼拉平民死于日军因为战争而引发的大屠杀中。日军在马尼拉奸淫掳掠、嗜杀成性，几乎是无恶不作。

但是日军近乎疯狂的反攻坚作战，并没有带给他们带来奇迹，2月12日，美军在完成对日军的包围之后，就发动了疯狂的轰炸。没有在印缅战场中那些险要的防御地带，身处城市中的日军面对美军的狂轰滥炸毫无办法。战争还没有结束，麦克阿瑟就要求菲律宾内阁成员赶往马卡拉南宫及宣布菲律宾立宪政府重新成立。3月3日，失去耐心的美军并没有跟日军在他们最后的据点财政部大楼里继续这些天都在进行的惨烈争夺战，而是直接用炸弹和炮火解决了日军最后的抵抗。虽然美军最终解放了菲律宾，但是付出的代价非常惨重，而日军在马尼拉的所作所为，也将这些最终在战火中粉身碎骨的日军官兵，永远钉在历史的耻辱柱上。

★ 沙场点兵 ★

人物：麦克阿瑟

道格拉斯·麦克阿瑟，是美军中的传奇将领，世界公认的超级英雄。他是著名的军事家，也是唯一一位参加第一次世界大战、第二次世界大战以及朝鲜战争的高级军官。他先后担任第二次世界大战期间远东美军司令，西南太平洋战区盟军司令，驻日盟军最高司令，联合国军总司令等职位。

出生在阿肯色州军人家庭的麦克阿瑟，一路表现非常优异，他以西点军校百年未遇的第一名高分光荣毕业，在第一次世界大战获得功勋之后，又被任命为西点军校校长，成为西点有史以来最年轻的领导者。他在第一次世界大战和第二次世界大战之中成绩辉煌，"跳岛战术"、"解放马尼拉"等海岛战役让他声誉大振。因为卓越的表现，麦克阿瑟在1944年晋升为军中唯一的五星上将。

武器：坦克部队

在马尼拉攻坚战中，麦克阿瑟坚持采用奇袭战术让两支集团军以最快的速度向马尼拉挺进，他的目的是使部队能够迅速打开出口进入城内，一口气把战俘解救出城。

在麦克阿瑟的这种战术思路下，坦克机动性强、装甲厚的特点发挥了出来，坦克部队的挺进使美军能最快地肃清日军的沿途骚扰，为最快占领马尼拉城提供了保障。马尼拉攻坚战中美国的轻型坦克负责开路和冲锋，日军唯一的装甲坦克师所拥有的第二坦克师团手中有200辆"97式"坦克，这种只有25毫米装甲的坦克完全不是美军"M4"重型坦克的对手，所以这支装甲部队很快就在美军坦克的攻击和飞机的配合轰炸下全军覆没。

战术：空降伞兵

空降伞兵又称空降兵，主要运用降落伞从飞机上进行空降，占领战场为作战方式。空降兵以装备轻型化、兵员精锐化、高度机动化为特点，以神兵天降的方式抢先占领有利地域。这类由多兵种高素质人员组成的空降部队能够超越地理障碍，突然插入敌军后方，配合正面部队作战，具有相当强劲的突击力量。这种超级机动能力超越了以往的机械化部队，使得以往的各种作战原则在他们面前完全失去作用，无论是多么隐蔽和艰难的战略地区，无论是多么强大密集的地面火力，都抵挡不住来自天空的直插利刃。为了完成这项奇勇艰险的任务，每一个伞兵都要经历艰辛的训练，在作战中更是要冒着极端和突变风力等不可预测的危险。

在马尼拉攻坚战中，伞兵的作用尤为明显。由于麦克阿瑟的目的是出其不意，以最快的速度结束战斗而拯救战俘，所以此战中美军多次使用伞兵部队。美军第11空降师不仅表现出了伞兵跨越地理障碍的特质，而且在伊慕斯与日军的作战中还展示了其陆战能力凶悍的特点。

第十六章

布达佩斯攻坚战
——第二次世界大战最惨烈的攻坚战

　　▲苏军在取得斯大林格勒会战的胜利后，转入了主动进攻的阶段。而在拿下罗马尼亚后，占领匈牙利，挺进德国腹地，就成为了苏军必须的选择。同时，为了在雅尔塔会议上与英美的谈判上占得先机，斯大林加快了对匈牙利的进攻。其中，强攻布达佩斯成为了击溃匈牙利德军、占领匈牙利最直接最重大的一次战役。

前奏：德军攻占匈牙利

匈牙利首都布达佩斯，这座璀璨辉煌的欧洲名城，在1944年12月底却蒙上了血的面纱。一场带着血雨腥风的战争即将卷起乌云，王宫顶上万字旗猎猎飘扬，整齐的士兵在广场列队通过，军车鸣着喇叭给城市带来悚然的声响，防御工事建筑得如火如荼，远处时不时隐隐的炮响都预示着死亡的到来。

第二次世界大战持续了四年，整个世界已经陷入战火的浩劫，而布达佩斯终于也到了这个时候。

早在大半年前的3月中旬，德国纳粹已经控制住匈牙利政府，德国驻匈牙利部长埃德蒙德博士掌握了独裁大权。

到夏天的时候，德军东线和巴尔干战事吃紧，布达佩斯的摄政王霍尔蒂海军上将趁机要求安插内阁新成员，因为局势对德国不利，埃德蒙德博士只得交出大权，新政府落到霍尔蒂手上。

这位海军上将一得到施展手脚的机会，立刻向盟军提出秘密和谈，希望盟军能够从希特勒手中救出匈牙利，甚至开始询问斯大林对匈牙利以后的打算。

10月1日，一支秘密代表团到达莫斯科签订了停战协议。但是不幸的是霍尔蒂上将的小动作不久就被德军发现了，匈牙利所有交通枢纽顿时占满德军，不容被"背叛"的希特勒下令党卫军抓住霍尔蒂的独子，要求霍尔蒂让位，但是老而弥坚的霍尔蒂还死撑着要发布停战声明，德军便再也不客气，直接攻打王宫。

让人惊异的是霍尔蒂的手下，本应忠心耿耿的匈牙利将领并没有组织反抗，他们对苏联人的恐惧超过了德国，在霍尔蒂逃亡之后，这批匈牙利政府人员死心塌地投靠希特勒，建立了匈牙利法西斯政党"箭十字党"。与此同时，匈牙利军队最高司令部也宣布归属德军最高统帅部，部分不甘做傀儡的匈牙利军官奋起

★匈牙利首都布达佩斯

反抗，匈牙利第一集团军司令甚至发出公告向全匈牙利人警告：德国是我们的敌人！但是这样的抵抗对大形势来说毫无作用。11月4日，亲德派"箭十字党"党魁萨拉西被任命为国家领袖，匈牙利正式被拉入法西斯阵营，从此再也无法摆脱魔爪。

战争前夜：斯大林苦心积虑的谋划

历史已经将它的镜头对准欧洲古城布达佩斯，无须赘言，这里将把第二次世界大战引向另一个境地。关于这一点，苏德双方的领导人和将领们无不心知肚明，尤其是在这一段时间，苏联人明显感觉到欧洲战场的局势已经有所缓解，德国法西斯再难以回到当年闪击欧洲的巅峰状态，而通过休养和调整，苏联人已经得到了充足的补给，他们已经有足够的资本和能力进行反击。

而此刻布达佩斯外部局势也是波澜起伏，从1944年6月初开始，法西斯轴心国的军队已经被苏联军队从南乌克兰压向匈牙利，日耳曼人在苏军密集炮火的逼迫下，一步一步地后退。更加雪上加霜的是在8月25日，本来是德国阵营的罗马尼亚突然不再对抗苏联，反而对德宣战，罗马尼亚的临阵倒戈使得德国南乌克兰集团军顿时措手不及，他们退向匈牙利的步伐更加匆忙。最后在9月中旬，德军和匈牙利军队勉强在德布勒森修筑了一条防线，这支南乌克兰集团军改名为南方集团军。

到了1944年10月，苏军已经全盘拿下罗马尼亚，集结军队之后大规模攻向匈牙利。苏军此战目的很明确，他们意图通过强有力的攻击使得轴心国部队来不及撤退就全部歼灭，占领匈牙利，直捣德国。

战火不可避免地蔓延向匈牙利，南方集团军仓促布防，虽然付出惨重的代价，却无力阻挡苏军前进的脚步。从希特勒府发来的电报、打来的电话数不胜数，南方集团军指挥部对于前线的将领均下达了拼死防守的命令，但是，苏联国内强大的战争机器为他们提供了足够的武器和弹药，南方集团军士兵根本得不到喘息的机会，他们必须随时应对苏军绵密的炮火攻势。

匈牙利国内狼烟四起，一个月内血战无数，德布勒森不久就崩溃瓦解，匈牙利东面大部分领土被苏军占领。而此时，苏军的战意正浓，他们根本没有停止自己的脚步，在红军军歌的鼓舞下大步向前，而南方集团军则是一溃千里，他们根本无法奈何苏军的锋芒。到10月底的时候，浩浩荡荡的苏军终于开到了布达佩斯城下。

此时的斯大林心里明白，一旦美国加入盟军，德军的最终失败其实已经只是时间问题，现在到了该为战后的势力格局作规划的时候了。对于斯大林来说，现在他迫切需要的，是谈判桌上的筹码。斯大林将匈牙利首都视为最好的选择，东欧名城布达佩斯，不仅在政治文化上有着举足轻重的地位，在战略意义上，更是贯通东西欧的枢纽。此时距离雅尔塔会议的召开仅仅剩下三个月时间，但是斯大林对布达佩斯志在必得，他甚至之前就对丘吉尔表示了自己对匈牙利首都的浓厚兴趣。

"首相阁下，布达佩斯就不劳您担心了，在圣诞节之前这个城市就会是我们的囊中之物。"斯大林如此说道。

10月底的时候，斯大林任命马利诺夫斯基元帅率领包括14个罗马尼亚步兵师在内的红军第二乌克兰方面军总共约63万人，命令他在最短的时间内攻下布达佩斯。

★苏联元帅马利诺夫斯基

斯大林因为之前就许诺圣诞节前结束战斗，所以他严格要求务必在几天内就把这座城市拿下。

马利诺夫斯基元帅接到这样的命令之后颇为为难，他手下的部队从7月开始就一直战斗，前后经过了罗马尼亚和特兰西瓦尼亚，最近又是匈牙利东部战场，部队已经疲累不堪，物资也不是很充足，他向斯大林请求用五天时间来作战前准备，起码调来物资补充不足。

但是斯大林却断然拒绝："明天立即进攻，我明确要求你马上就拿下布达佩斯！"

形成包围：地狱里过圣诞

简单看一下布达佩斯的地理环境，清澈的多瑙河将全市贯穿，把首都分成对等的布达和佩斯两个部分。西岸的布达靠山面水，处于河岸石灰岩丘陵的高地势平台。四周都是城堡山、格列特山以及玫瑰山等屏障，是抵御东面侵袭的军事要点。

但是佩斯却安置在一块肥沃宽敞的平原上，自古以来都暴露在入侵者眼中，没有任何屏蔽的佩斯屡屡成为战争的受害者。

一开始匈牙利的两个军事统帅部安排在布达佩斯，下辖两个装甲师，在布达佩斯包围圈形成之时，德军司令部下令把这两支装甲师全部集中，共同组成一支机动部队"统帅堂"装甲群。

1944年12月24日夜，这支强大的火力机动部队悄悄离开原先驻地，在茫茫夜色中穿过多瑙河，抵达了苏军主攻的布达佩斯西南部。

此时布达地区的士兵正在庆祝1944年的平安夜，虽然没有张灯结彩，没有漫天烟火，没有舞会和绚烂的鲜花游行，但是这些战壕中的士兵依旧用军用水壶代替酒杯，用压缩饼干代替烤鸡，互相祝贺圣诞快乐。

而佩斯赶来的"统帅堂"装甲群来不及和他们的战友一起庆祝，因为他们此时正在和苏军苦苦激战。就在他们向布达南区前进时，特勒克巴林科的红军阵营挡住了他们的去路，德军坦克并同自行火炮一阵猛轰，这些阵营在当时并没有给装甲群带来多大威胁，但是很快到中午的时候苏军就展开了大规模反扑。布达厄尔什南部山丘开来苏军主力部队，跟"统帅堂"装甲群狭路相逢。几个小时内炮火交织不断，千余战士血肉横飞，坦克冒着浓烟戛然止步。因为德国武器的威力，这支苏军最后只能后退，德军借助这次胜利趁机组织了一条防线。

这一天是西方人最期待的平安夜，平安夜不平安，没有大雪纷飞，只有苏军气势如虹的再度强攻。双方纠缠一时，众多地段都经过了几轮争抢，这一轮的较量还是以红军的败退告终。但是德军还没有以胜利的心情度过节日，就在圣诞节当天，红军的大炮全部集中，对着"统帅堂"装甲群进行压制性的轰炸。

因为速战速决受阻，恼羞成怒的苏军断然下了血本。当天整个天空厚厚的不是云层，而是炮弹的烟雾，地平线放射性喷出成束礼花，在夜空中绚烂夺目，整个情形既美丽又恐怖，因为这并不是节日的庆典，而是苏联人疯狂的报复！熊熊燃烧的佩斯用血红火光映亮整个夜幕，异常恐怖。

苏军已经不耐缓慢的进展，下一步就是对布达佩斯发动总攻了！

圣诞节中午，苏军的侦察部队在城堡区被匈牙利警察发现，草根出身的布达佩斯大学生突击营慌忙阻止这次试探以后，立刻撤下了他们的圣诞节欢庆贴纸，槲寄生和浆果撒了满地，学生和平民纷纷寻找避难处躲藏。正在痛饮的党卫军收到消息火速赶来，一场正在升级的血腥战役就此展开。

从一栋栋房屋到一座座山冈，从一条条街道到一个个路口，兵力还没有集结完毕的苏军只能缓慢地强行推进，德军与匈牙利军队拼上了全身力气，力保布达区军事高地。

当时的苏军因为推进受阻，便把怒火发泄到平民身上。众多无辜家庭惨遭牵连，在城外进行圣诞节采购的居民纷纷被抓。让德军士兵惊讶的是，在布达佩斯危在旦夕的情况下，城外众多平民不顾一切地拦住军车要求搭载他们回到城内而不是逃亡。

因为西面推进缓慢，红军选择掉转枪头，从另外三区突破。"统帅堂"装甲师并不知道他们这一变化，依旧在西区严阵以待，但是东北面和南部传来的消息

★驻扎在布达佩斯的纳粹军队

却让他们发现了自己的错误。东北面第13装甲师防线已经被摧毁，红军正要从这里钻入市区。

装甲师立刻向该方向调动，又是两天两夜的搏命厮杀，红军才缓缓停下。

此时为苏军着急的不只是马利诺夫斯基元帅，还有斯大林本人。为了尽快占领这座城市，马利诺夫斯基元帅按示意在12月29日对匈牙利守军进行劝降，派出了两位军官前往布达与佩斯两地发送文件。但是这次尝试并不成功，一位没有完成任务就已经被地雷炸死，另外一位虽然递送了通牒，但是在返程途中也遭遇炮击身亡。深感愤怒的苏联媒体大肆抨击了这一事件，而守军也立刻回应："决不投降！"

顿时形势更加对立，两军势同水火。29日，炮声又一次打响，苏联坦克和飞机双重压阵，步兵在火力掩护之下把匈牙利部队打了个落花流水，防线一举撕开，苏军终于杀出了一条通往布达佩斯的血路。

饱受磨难：布达佩斯变成血海

德军和匈牙利守军经过拼死抵挡，以惨重的伤亡为代价暂时顶住了苏军的攻势。但是严峻的战争形势还是摆在了这支顽强部队的面前，无论他们多么英勇，苏联人还是前仆后继，好像永远都打不完似的。而守军每天需要大量给养，如果没有空运支持，那么很可能这支装甲师将撑不过一个礼拜。

12月29日午夜，德国空军第四航空队下属的两个轰炸集团和运输集团开始第一次运送补给。苏联高射炮的危险时刻来袭，这组编队冒着炮火攻击飞行降落，卸下大批物资并且带走一批伤兵。但是更多伤兵正在地下室忍受痛苦和严寒的折磨。

此刻布达佩斯城内仅有几万名筋疲力尽、军备损坏的德军，而外部则是粮草充足、弹药丰富的20万苏军。

这种恶劣的矛盾终于爆发，31日夜晚，苏联红军万门火炮震天动地，德军阵地顿时陷入一片火海。

正在守军陷入绝望的时候，新年的第一天给他们带来了一线生机。事实上被围困的布达佩斯一直是德军统帅部为之争论不休的问题所在。此刻苏军已经形成了厚实严密的内外双层包围圈，究竟应该从北面还是南面发动救援成了将领们争论不下的问题。

支持北方进攻的主张以突击的形式快速到达布达佩斯，以最快的速度进行救援，但是虽然这个方案选择了最短的距离，却也是选了一条最困难的路，北方计划必须穿越一整片丛林崎岖的地带，这样带着大量装甲军备的队伍行进就会非常困难。

支持南边进攻的听起来有理有据，先从巴拉顿湖边东进，强力夺取赛凯什白堡，然后通过这片平坦的地带直达布达佩斯，如果进行得顺利，这份方案将达到一石二鸟的效果，不仅能够对首都里面的守军进行救援，轴心国的军队还可以把苏联整个第三乌克兰方面军撕开。这份方案确实设想周到，合情合理，但是问题是实施起来耗时太长，也许守军还没能等来他们的救援就已经支撑不住了。

在激烈的争论中，最高统帅部心急如焚，因为每一分每一秒对于城中苦熬的守军来说都是至关重要的。最后定下的方案是，越过重重困难，直接从北面进攻。

于是就在元旦当天，德军党卫军第四装甲军率领六万人从布达佩斯北面攻来，发动了解围作战。这支队伍进展神速，以突然性战术将苏军一支主力往后打退了32公里远。

援军先头部队给困在城中的守军发出鼓励电文：“坚持住！我们正在赶来！”德军欣欣鼓舞，坚信友军一定会披荆斩棘赶来救援。与此同时，德国空军也发动大量轰炸机和运输机不顾危险实施空运，他们牺牲自己的战斗机和士兵送来的物资多少改善了守军的状况。

1月3日，党卫军装甲部队排头兵已经急速行军到多瑙河南岸，所到之处苏军纷纷不敌，他们已经赶完了到达布达佩斯的一段路程。这时苏军慌忙调派大量军队前去阻挡，近十万人的部队在比奇凯勉强挡住了这支援军的步伐。而这时只需要30公里，援军就能跟守军会师。

轴心国军队的死灰复燃让苏军分外警惕，马利诺夫斯基元帅派遣了最主力的装甲部队前去缓解外部压力。而援军吉列将军也异常顽强，既然一时强

★被炮火摧毁的布达佩斯城内的建筑

行突破不可能实现，他就抽调出身经百战的维京师另辟蹊径秘密赶往布达佩斯。这支老练坚毅的维京师冒着恶劣的天气在崎岖狭窄的山路上飞驰。就在这支解围军已经看到布达佩斯教堂的尖顶时，城中空袭警报响起，苏军俯冲而来的轰炸机又把他们打退了回去。

接着德国的"贝雷特"装甲群率领着百余辆坦克又在布达佩斯的西南面发动攻击，试图牵制住苏军的攻势，但是因为苏军作风彪悍，英勇顽强，所以这支部队仅仅挺进16公里后，就被迫中止。至此德军的两次解围行动都失败了。

援军的希望眼看要破灭之际，德军又收到了第二个坏消息，根据空军气象部门预测，天气状况即将再也无法支持飞机升空，供给保障很可能马上就要中断。德军尝试利用机动艇从水路运送补给。但是气候如此恶劣，不光空中黑云翻滚，水面也是恶浪滔天，这些机动艇和驳船一路上遭受无数惨重挫折，勉强还能运送少许救命物资进城。但是后来这根最后的动脉也被苏军切断了，布达佩斯开始濒临弹尽粮绝。每日消耗大量体力的守军开始吃起战马，这点肉食来源还要小心分配，每个士兵只能拿到很少的肉块和稀汤。曾经和战士患难与共的战马悲鸣阵阵，整座城市随处可见凄惨的屠宰场面，士兵们流着泪拖动伤腿，在寒风中瑟瑟发抖。

这种情形在德国周报上如实描述了，战争刚开始的时候，布达佩斯的男女老少都还穿着皮大衣继续工作，忙着修筑路障还有避难措施。如果有炮弹落下，他们就会迅速躲避聚在一起。但是随着情况的恶化，他们要么就是受伤和伤兵一起在臭气熏天的地下室慢慢消失，要么就是因为饥饿倒在街头。这些逐渐崩溃的人躲在掩体后面，看起来凄凉又怪异，在这种情况下他们的皮大衣已经打结，丝袜满是污秽，少女苍黄的脸上还涂抹着鲜艳的胭脂。他们中有安静垂下长长睫毛的孩子，有沉默的老妇，他们都裹着华美的衣服，却没有任何食物，也没有人会感到饥饿，是的，这幅景象就是布达佩斯众多平民在街头的真实写照。

除了这些因为战争而死去的百姓，每晚还会掀起内部的腥风血雨，"箭十字党"把对苏联人的痛恨转嫁到了犹太人身上，深夜就成了这些犹太平民死亡的时候。

你死我活：当最后一颗子弹打完

城内凄惨的情形不用多说，而外围的战争还在继续，现在的苏军已经势不可当，包围圈东面防线已被撕开，"统帅堂"装甲师只能被迫撤退。而远在莫斯科的斯大林却还在发怒，他抱怨为什么对布达佩斯的进攻如此缓慢，给马利诺夫斯基施加了巨大的压力。

马利诺夫斯基施元帅于是紧急重组了攻城队，攻击火力和攻击密度都增强一倍，直接轰破障碍进入市区。

在市内的安德拉什大街上，苏军拥入了大使馆，拥入了别墅，"统帅堂"已经失去重武器掩护的士兵们开始绝望地反扑。房屋、街道、平台和地下室，血水溢满了每一寸地面，到处是野蛮血腥的巷战。苏军大炮和机枪使得匈牙利首都上空变成了一种让人胆寒的紫红色，而小心转移和突击的掷弹兵与党卫军借助不多的坦克发起一次次冲锋。他们明知已经没有突围的希望，不惜用自己的死亡来换取更多敌人的性命。

1月15日，党卫军发出电报：炮弹、火药、燃油已经告罄，伤员情况危急！

布达佩斯上空的天气状况还是极为恶劣，飞机在上空几乎就是失去方向的风筝，但是当晚德国空军还是拼死升空，为自己的战友投放补给。

这时最高统帅部认为已经没有苦战的意义，下达了撤退的命令。在深夜，守军部队伤员和物资都在最后两支装甲师的掩护下陆续撤退。在基本完成这次撤退之后，德国工兵炸毁了多瑙河最后的桥梁。但是在伊丽莎白桥那边进行的撤退却引起了红军的注意，猛烈的炮火袭向桥梁，所有人哭喊着奔跑或者滚动，努力想逃到桥的另一面。这个桥面上大多是伤兵和妇孺，每当有炮弹落在人群中，就会有潮水一般的血花溅入河中。

★被德军炸毁前的伊丽莎白桥

18日凌晨，残部撤退基本完毕，德军炸断了伊丽莎白桥，也炸断了匈牙利人再返布达佩斯的期望。

此时留在南面还未撤退的守军已经毫无指望，苏联人已经占领了这座几乎成为废墟的城市，而守军的鲜血也差不多洒落到了每一寸土地。

坚持提供补给的德国空军为这些艰苦的守军送去了最后的给养，可是这一次德国空军付出的代价让人难以承受：11架飞机当场被苏军击落，21架迫降，少数返航。

第二天，红军的多面攻击再度开始。"喀秋莎"大炮的怒吼席卷德军阵地，最后的守军集中在了仅有六百多米的微小地段里，白热化的巷战令人发指，法西斯党卫军们甚至撬开公墓，以墓穴为战壕，直到战死。杀红了眼的苏联士兵干脆也跳入墓穴，在狭小的空间内和党卫军展开白刃战，刺刀和工兵铲都沾满淋漓的鲜血，最后总会有一方的尸体重新倒在这个墓穴。

这种疯狂的搏杀使得德军最后没有了声息，而在城内凶狠拼斗的剩下了匈牙利平民部队和箭十字民兵。虽然没有受过作战训练，但是已经将死亡当做归宿的这些民兵异常顽强。苏军也变得十分犹疑，在城中出现的任何一个平民都可能是对方的士兵，当时的一个苏军少尉就记录道："当时在我前面有一个40多岁面黄肌瘦的男人，看起来是城内普通的工人，我并没有在意，但是突然就听到轰的一声，滚烫的热浪向我扑来，我面前一个坦克上的步兵全部成了火人！原来那个不起眼的男人，不知道什么时候手上多了个反坦克火箭炮！后面的士兵很快把这个偷袭的家伙打成了马蜂窝，这群法西斯疯子！"

类似这样的场景在这个曾经繁荣的城市一再上演，血腥和荒凉成了它现在唯一的面貌。

1月16日，苏军终于结束了布达佩斯攻坚战，102天的不堪记忆落下帷幕，红军的旗帜插上了王宫的屋顶。苏军解放了布达佩斯。

在这次艰苦卓绝的攻坚战中，德国失去了12.5万名南方集团军群的士兵，而苏军代价也很惨重，8万人阵亡，24万人受伤，另外有3万多人失踪。双方各损失军备无数。但是这场战争最大的牺牲品却是匈牙利平民。无辜的布达佩斯居民有1万多人死于无情的炮火下，更有2.5万人被活活饿死，另外有2.5万人死在法西斯"箭十字党"手中。

为了平息斯大林对布达佩斯久攻不下的愤怒，5万匈牙利平民穿上德国军大衣充当战俘，使得苏军有了城中戒备森严的借口。这场战役下来，布达佩斯失去了7.6万名居民。

战典回响

苏联的筹码

与同时在西线战场、太平洋战场和远东战场分别增兵的美国不同，苏联的主要兵力都集中在东线。苏联之所以无法像美国一样到处增兵，一来是东线大多为德军的主力部队和精锐部队，战事吃紧，无暇旁顾；二来是因为在苏德战争之初，苏军遭受了重大损失，此时虽然在战争期间，但同时也正在调整和恢复期，所以苏联暂时并没有多线增兵的可能。但也正因为这样，让苏联在谈判桌上跟英美盟军相比似乎要矮了一头，因此，此时的斯大林迫切需要的，是给自己的功劳簿上添加有分量的筹码。

当盟军先后解放了法国和北非之后，斯大林更加迫切意识到了这一点，所以他迫不及待地命令连日征战、疲劳不堪的苏军继续进攻，也就是在这个时候，匈牙利首都布达佩斯出现在了斯大林的面前，这实在是个千载难逢的好机会。布达佩斯是中欧历史悠久的一座名城，而匈牙利在当时也是轴心国军事集团的一员，所以，拿下布达佩斯，既打开了通往德国的东线门户，同时也掌握了东欧与西欧之间衔接的咽喉。攻取布达佩斯，对斯大林来说，具有非常重要的意义。

但是德军同样意识到了布达佩斯的重要性，所以希特勒将最精锐的部队放在了布达佩斯，这些日耳曼士兵忠于希特勒，纵然苏联人已经将炸弹扔在了他们的眼前，他们依然相信胜利最终属于希特勒。于是，在布达佩斯，苏军碰到了前所未有的激烈反击，苏军的攻坚过程进行得可以说是举步维艰，几乎是要一点一点向前推进。苏军最终攻克了布达佩斯，但是所用的时间和付出的伤亡都让斯大林愤怒不已，于是，为了平息领袖的愤怒，很多匈牙利平民穿上德军军装，冒充俘虏被关押起来。残酷的布达佩斯攻坚战，以这样一个有些荒诞的结尾落下了帷幕。虽然后世人对布达佩斯攻坚战众说纷纭，但是不能回避的是，在攻克布达佩斯之后，德国的轴心国集团已经基本瓦解，此时日本深陷中国战场自顾不暇，而德军则已经失去了外围的防御体系和纵深，柏林的大门已经出现在了盟军的面前。

★ 沙场点兵 ★

人物：罗季翁·马利诺夫斯基

有着红色闪电之称的马利诺夫斯基元帅是著名的军事家、坦克战专家，在苏德战争爆发以后他一路从步兵军长任至乌克兰第二方面军司令。在斯大林格勒会战、第聂伯河战役等一系列重大行动中展现出杰出的军事才能。

在本次战争中，马利诺夫斯基率领自己的坦克部队对布达佩斯发起了猛攻，在最擅长坦克进攻的德国人面前"以彼之道还施彼身"，用德国人最擅长的方式攻下了布达佩斯。

武器：步枪

在战争中，步枪的主要作用是：在近战、夜战中，在战斗的最后阶段，杀伤敌人有生力量和轻型装甲目标；在山岳、丛林、城镇等特定条件下歼灭敌人；在敌后袭击敌人。步枪的威力在布达佩斯攻坚战中又一次得到了淋漓尽致的展现，射杀了大量的德军士兵，沉重打击了德军的士气。

战术：强攻

强攻一般是指经过了周密的准备和计划，组织兵力对敌人进行强行进攻。强攻是作战中最为基本的进攻方式，战前准备是否缜密，主攻方向是否正确，突破口是否恰当是决定一次强攻胜利与否的关键。强攻一般适用于敌方防御坚固，或者野战工事顽强的情况下，一般用来对付防御之地。一次正确的强攻，应该在战前就考察好对方的地形兵力、人员分布以及各方面的信息，集中优势火力，以多梯队的连绵不断的部署，大力冲击对方薄弱处撕开突破口。作为掩护的炮火支持必须做到足够猛烈，强攻部队必须协调一致，持续进行有力冲击，才能突破对方坚实的壁垒。

面对德军拼力死守的布达佩斯，苏军唯一的选择就是强攻，用最为强悍的攻势瓦解德军的军事及心理防御。在强攻中，苏军重视炮火作用的战术特点起到了重要的作用，其重型火炮及"喀秋莎"榴弹炮等使得德军完全被压制，而其地面高射炮群也对为城内守军提供空中援助的德国空军形成了巨大的杀伤，在一定程度上打击了城内守军的坚守信心。而苏军装甲部队在炮火轰炸后的强力推进，也是苏军能击破外围防御而攻入城内的直接原因。

在布达佩斯攻坚战中，苏军的强攻展示了其重视利用炮火优势的特点，而其装甲部队与其他军种的协调及持续强力冲击的能力，也是苏军取得布达佩斯攻坚战胜利的一个重要因素。

第十七章

柏林攻坚战
——打入纳粹的老巢

▲ 1945 年的柏林，是希特勒最后的据点，曾经不可一世的法西斯政权已经走到了它罪恶生命的尽头。但是在柏林，希特勒决定拿出最后的血本与苏军作最后一搏。而此时的柏林市民也将保卫柏林看做了是保卫祖国的战争。面对着这块"硬骨头"，苏军再一次使出了其火炮狂轰加装甲部队强突的强攻法宝。柏林攻坚战成为第二次世界大战中欧洲战场的最后一个大战役，也是一场极为惨烈的攻坚战！

前奏：欧洲战场最后的硝烟

1945年，意义重大的一年，春天却没有显示有什么与众不同。阳光明媚，布谷鸟欢快鸣叫，树枝下掩埋着不久前战死的残尸。

这时候苏联和英美联军已经同德国在德国本土开战，苏军更是一马当先，兴致勃勃地冲到了离柏林仅有60公里的地方。在斯大林看来，这必须是对德军的最后一战，还有什么地方会比柏林更有象征意义呢？希特勒在这里，德军主力在这里，就此一决胜负吧！

约定作为辅助的英美联军也开到易北河附近，隔着100多公里的距离遥望陌生的柏林。到4月中旬的时候，列宁格勒方面军已经乘着德军备战前期先跟德军库尔蓝集团打了一仗，白俄罗斯方面军也出动把东普鲁士集团剿灭干净，同时它的第二方面军还清理了格丁尼亚地区的德军残部。苏联派出自己的支部不停地清除着周边的德军小股力量，一切的一切都是为了最后集中精力对付柏林。

在柏林外作战的德军主力其实也并不弱，察觉到苏军意图后，更是将火力集中向苏军，通过他们的战略部署就可以看出来，214个师出现在苏德战场，而对于英美联军仅仅派出了60个残弱的德军师前去抵挡。为了防守住柏林，超过一百万人的兵力和十几个坦克师分成几股力量挡住苏军，形成了一股重兵密集的纵深防御。一线有奥得河、尼斯河三道纵深30公里的防御带，再深入一点的科特布斯方向更是牢固异常，不仅建筑了强大的防御工事，更是集中了德军最为精锐的雄壮之师。

一句话来说，德军是倾其所有，力求把苏军挡在门外。

朱可夫率领着白俄罗斯第一方面军带着四个集团军的兵力瞄准了德国屈斯特

林登陆场一带。战役一打响，
第一个冲出去进行突击，保
证在一天之内扯开德军两道防
线，让近卫坦克的第一、第二
集团军能够开进来。再这样
穷追猛打到第六天，方面军的
主力应该也已经快要拿下柏林
了。这时候突击第三集团军就
不分日夜地潜到柏林的西边地
带，第46集团军过几天再往易
北河前沿赶去。这样屈斯特林
北边有着第61集团军和波兰第
一集团军，南边又有着第69和
第33集团军，一起辅助突击，
到时候柏林就是瓮中之鳖，怎

★准备渡河开往柏林的苏联军队

么也闹不出动静了。尽管苏联人这么说看似胆大狂妄，但是还是十分细心的，因
为步兵和坦克通常都利用天亮前两个钟头的时间进行预先的炮火准备，所以为了
照清敌方，苏联还特地准备了140多部大功率的探照灯。

就这样苏军兵分三路，朱可夫率领着白俄罗斯第一方面军主力和先锋把奥得
河东西两岸的防线和周边给毁了，然后东逼柏林。科涅夫元帅则带着乌克兰第一
方面军从尼斯河东岸一路往上，从南面袭击，罗科索夫斯基元帅率领白俄罗斯第
二方面军挺入奥得河下游，在北方逼近柏林。

4月16日凌晨5时，天还没有亮，但是苏联的战役已经定在这时打响。朱可
夫立即下达攻击命令，苏军的火炮率先开火，轰炸机随即升空，压着火炮射程投
放炸弹，柏林城顷刻之间便被铺天盖地的战火淹没。这样没多久，德军第一道防
线被苏军轻易撕开了，随后苏军又一鼓作气突破了尼斯河，并且迅速地渡过了尼
斯河。

朱可夫带着军队就往前赶去，还没到中午就已经抵达了第二道防线。但是这
里的德军早已作好准备，第二道防线的泽洛夫高地简直就成了一个致命要塞，这
个高地眼观六路耳听八方，占据着几条道路的汇合之处，无论苏军怎么迂回都无
法突破德军的猛烈炮火。德军的火力非常凶猛，每一道战壕每一个散兵坑都成了

他们搏命的地方，苏军进攻几次，死了一批又一批，还是没办法过去。朱可夫甚至都派来了坦克集团军，但是德军的反坦克炮弹同样也很厉害，这让苏军一时一筹莫展。

到了4月17日早上，朱可夫干脆把方面军所有炮火都集中起来，一字排开，成千辆坦克缓缓前移，前面的坦克冒烟了，后面的立刻拨开它顶上。苏军士兵满腔热血高呼口号拼命前冲，再满腔热血地倒下被后面的战友顶替。

南面的科涅夫已经把尼斯河那边的德军防守地带给突破了，一连奔出15公里，就在朱可夫还在泽洛夫高地高呼口号大把牺牲的时候，科涅夫已经抢先开始了对柏林的突击。

20日早上，朱可夫带着这支不怕死的白俄罗斯第一方面军先锋部队总算到达了柏林的近郊，此刻只要摆出加农炮和榴弹炮，就可以把整个柏林城射个对穿，当天下午苏军炮兵就迫不及待地开始试验这一攻城效果。

而当天晚上科涅夫的坦克集团军也占据了柏林郊区的南部和西南部。

一直忽略的罗科索夫斯基，他手下的白俄罗斯第二方面军干得也不赖，奥得河顺利被强渡，柏林北部守军维斯瓦集团军群此刻不敢有什么动作。

到了这一步，几乎是完全按照斯大林的打算，奥得河与尼斯河的防御体系完全溃败，苏军即将收紧自己的套子，完成合围。

形成合围：纳粹的生死一隅

苏军这三路方面军不仅视死如归而且十分勤奋，休息对他们来说是完全不需要的东西，不管白天黑夜，为了完成斯大林对时间的严格要求，他们不眠不休地往前拼命赶，努力完成对柏林的合围。

到了4月24日，朱可夫那边的白俄罗斯第一方面军的左翼部队碰到了科涅夫的乌克兰第一方面军，双方在柏林东南面的小树林子里会合了，当下几乎喜极而泣，分外激动。他们携手切断了德军第九集团军试图联系柏林的可能，二话没说就把这支德军队伍团团围住。

第二天，白俄罗斯第一方面军的另一边部队又和乌克兰的第四坦克军在西面碰头了，这算是围成了一个大圆，把柏林包在了里头。

柏林当时还有一个指望，就是北部地区的德军集团，如果它能够趁苏军这两支队伍刚刚会面还没来得及组合的时候突破，那么柏林也不会成为孤城了。可是这支集团军在哪儿呢？它正陷在和白俄罗斯第二方面军与白俄罗斯第一方面军的右翼部队的激战中。

为了作最后的挣扎，德军不得不使出一招"玉碎"战术，比如派遣自杀式坦克，或者自杀式火炮伏击，但是这样的战术只能一两次起到效果，用过一次，下一次苏军就会有所防范，而且德军当时的武器本来就已经不多，也没有足够的武器和人力去完成这样的自杀式进攻。

德军的士气迅速下滑。原德军第56装甲军军长魏德林老泪纵横地回忆道："这几天对德军来说太痛苦了，每个部队都损兵折将，体无完肤，我们都没力气了。苏联人怎么就那么顽强，我们实在是挡不住他们的攻势。"

如果说这位军长的描述不够生动，或许德军国防军统帅部的作战日志更加娓娓动人："作为最高指挥机构而言，德国军队哀号死亡的丧曲已经响起，什么都没有打算，什么都很匆忙。在柏林，我们听到远处苏军坦克的炮声，这让人沮丧。"

到这里不妨再说说这位魏德林军长，从4月20日下午开始，因为苏军的大力破坏，这位军长无法得到柏林的任何消息。此时城中久久不见魏德林回复，开始大肆揣测，要知道在那个风雨飘摇的时候，任何微小的起伏都有可能引发巨大的后果。谣言说魏德林早就带着下属逃到了柏林西边，根本没有进行抵抗。

对一向要求士兵要绝对忠诚的希特勒来说，这完全就是无法原谅的事，自己的军长居然出卖了德国，希特勒一怒之下下达了对魏德林的逮捕令。

这也不能全怪希特勒，只能说魏德林刚好撞到了枪口上——就在这天中午，苏军的炮弹开始袭向柏林。这下希特勒的情绪就好理解了，20世纪以来，作为德国的首都，柏林从来没有遭受过这种侮辱，虽然空袭中轰炸机投下的炸弹不可避免，但是如此直接的地面炮轰实在是让德国人难以置信。直到这个时候德国人才终于看清楚，苏军真的来了，而且就在门外。

柏林的广播开始播

★轰炸后的柏林废墟

送，苏军现在正在多少多少公里之外，由半天一次，逐渐变为半个小时一次。从遭受第一次轰炸开始，几万吨炮弹就没有停止过对柏林人的戏弄。

但一片狼藉的柏林此时早已经成为了一个巨型堡垒，德军最后的抵抗力量在市区里加固和修建防御工事，他们决定以血和枪炮捍卫希特勒及这个政权最后的尊严。士兵们在炮火中穿梭，德国士兵最后的进攻就在眼前。德军迅速地把城市划分成外狙击区、外城和内城。重点防御区有九个，除了没有战斗能力的市民，最特别的是政府和帝国的办公大楼以及秘密总部。市区不仅挖出了交通壕，甚至紧急构筑了临时街垒。临街的建筑不再是咖啡屋、酒吧和鲜花店、面包房，通通改成了防御工事。高楼的窗户被加固堵死，留下小孔随时狙击。在街垒后面除了安排交叉火力，还增加了反坦克障碍，浇筑众多混凝土工事。火车站、桥梁、岔路口这些关键的地方成了防守要点。因为此刻空战没有开始，许多原本用来对付战斗机的高射炮调来用于地面进攻。在城内，只要能用的武器，不管是枪托掉了还是坦克履带还没有修复，只要能喷出火，都作为火力使用，埋设在各个隐蔽的要点。

在斯大林格勒会战中失败过的德军，已经吸取了战役的教训。此刻他们焦灼地期望如蛛网一样的城市和杂乱的建筑障碍能够使得苏军放缓前进的脚步。广播已经停止，最后一段播音是警告居民作好一切准备，每间屋子、每条巷子都可能发生激战。为了准备巷战，德军不光是在地面铺设防御和火力，在下水道也构建了重重防御工事，安置大量通信器材，军队转移和隐蔽选择了地下铁道和下水道网。

进攻城区：冲锋的号角

在4月21日的时候，苏军已经离市区仅有五公里，根据原先的作战计划，白俄罗斯第一方面军应该率领突击部队转入柏林城郊的环城公路，当他们赶到以后，在城市最边缘的薄弱德军展开了最后的反击。而波兰第一集团军此刻已经从城北插过奔向易北河，准备按计划跟美军会合。经过了泽洛夫高地的朱可夫此刻心头有点儿发憷，为了确保万无一失，他要求近卫两支坦克集团军和近卫第八集团军也加入对柏林的攻城战。

4月27日，这场激烈的争夺战已经转向市中心方向。在东线战场上经过磨炼的苏军早已经对攻坚战非常熟稔，无数次九死一生的战斗让他们对这种近距离的厮杀毫不陌生。对这种在城市内的巷战他们早就想好了计划，用多兵种混合编组而成的强击部队进行猛攻。这种编组里面既有步兵、炮兵和坦克兵等，还有工兵

★苏军在坦克掩护下进入柏林城内

负责清障，喷火部队负责摧毁掩蔽物体。士兵身上挂满手榴弹，其中发烟手榴弹用来逼迫楼内守军现身，燃烧弹则直接对着小目标进行火焰摧毁，反坦克手榴弹则对付随时出现的德军铁甲力量。这种部队分工明确，行动有序，突袭中强行攻占一个据点以后，巩固部队再进行进一步清障，最后展开这个地段的防御。

但是因为柏林对苏联人来说还是一座陌生的城市，苏军此时也不再像以前一样只顾猛冲，这会儿开始小心翼翼避开直路，选择弯曲的小巷进行穿插，当然，这个经验也是在付出血的代价后得到的。

巷战之前，根据部署苏联军队的团级部队负责比较宽阔的五百米到七百米的正面街道，而营级部队则负责小范围三四百米的正面强袭。在坦克的炮火掩护下进行地毯式推进。这番打算可以说得上是周密详尽，德军防御部队也意识到苏军的火力和战斗方式空前的强大，为了应付这种压力，他们放弃硬拼的打算，而采用灵活机动的游击战术，打一枪换一个地方，利用手榴弹和迫击炮进行偷袭，成功之后立即撤退。可以说城市巷战虽然对苏军不利，但是对德军而言也好不到哪儿去。庞大笨重的88毫米高射炮因为无法灵活行动，首当其冲会成为苏军重炮的牺牲品，其次是德军的骄傲——德国精良坦克。在这种小街斜巷中行进也会磕磕绊绊，这导致装甲车辆只能成为局限性的伏击工具。

战斗进行到现在，苏军难得体现了它的不慌不忙、沉稳大气，他们心里有数，自己占有人力炮火的绝对优势，不用着急速战速决，一切求稳为主，完全可以慢慢拖着消耗德军实力。

苏军的计划是正确的，德军阵地就这样缓缓被蚕食，战斗力也在不断减弱。到4月27日傍晚，苏军已经攻克了城内的周边地区，向市中心挺进。这里的道路更加密集，路况也更加复杂，以往机动迂回的作战方式已经不起作用，只能进行每一寸土地的争夺和肉搏。苏军凌厉的进攻节奏开始放缓，最为惨烈的巷战阶段到了。

激烈巷战：寸土必争的垂死顽抗

此时的德军守军已经无路可退，只能占据市区东西向的狭长区域。崇尚重炮的苏军利用他们热衷的大口径火炮一路猛轰柏林坚固的防御建筑物，而射角更大的榴弹炮效果更加出色，这种203毫米B4榴弹炮能够穿过大多数厚实的墙壁，一旦发现德军街垒，这些炮弹可以在200米开外就瞄准摧毁目标。

夜已经渐渐深了，但是德军的空中飞行员却紧张地发现，即便是伸手不见五指的夜晚，苏联人也没有停止行动，他们点起了根根火把，像是地面的银河，沿着房屋逐个的清剿正在夜幕中展开！越来越多的德军士兵在炮火中支离破碎，石块和手脚挂着火苗被炸上天空，窗户边门旁都是士兵的尸体！

整个柏林已经是一片地狱景象，希特勒却还是信心满满，在他4月20日的生日宴上，那一天苏军的炮火正在柏林城外四处开花，他跟众多高级将领、亲朋好友一起享用了丰盛的晚宴，在美酒和烛光之中，他依旧坚定地说："苏联人会在柏林尝到彻底绝望的滋味！"在座所有人都习惯性地微笑点头，鼓掌欢呼。但是晚宴一结束，刚刚还西装革履的一些德军将领就已经如丧家之犬，带领妻儿慌忙逃亡。

而希特勒还未察觉，"他总是听到许许多多的好话，比如就在前一天，还有献媚的德国守军告诉他，苏军可真不要脸，用的还是我们德国的大炮"。

所以直到今天，希特勒还是怀着一丝希望，他总觉得命不该绝，总觉得那个时候还没有到来，但是不管怎样，现在必须要指挥战斗了。他亲自掌握了柏林的所有防务，下达全部死守直到牺牲的命令。柏林南郊受到乌克兰第一方面军的胁迫之后，希特勒还是大手一挥，要求连空军都用上，所有士兵发动反击！

但是一天过去了，两天过去了，曼施坦因怎么还没有动静？希特勒十分焦急，他反复催促，平时十分机灵的曼施坦因此刻却装聋作哑，干脆不听。这位将领可没有发疯，他相当理智，他明白纳粹的希特勒现在已经陷入了狂乱的境地，现在如果凭着仅有的四个残师去攻打苏联大股坦克军，那不是白白送死吗？

其实如果现在柏林城内高级将领趁着朱可夫受命转向柏林南部的机会发动攻击，说不定柏林还能多挺几天，但是此刻德军已经完全没有了战斗的能力，他们

★苏军坦克开进柏林市区

被苏军的火力逼得进退维谷、疲惫不堪，别说去激战，就是能在原地作好抵抗已经算不错了。就连忠心耿耿的魏德林都失去了希望，希特勒反复保证的援军好像只是一个玩笑，他所在的集团军已经溃败得所剩无几。

魏德林也发现，现在不光是兵力不如人家，战争处于挨打的地位，就连粮食弹药都撑不了两天了，尽管当晚德国空军冒着危险往城中空投了六吨粮食和几十发反坦克火箭弹，但是这点数量实在是少得可怜，几乎可以忽略不计。

正在这位军官准备着如何从苏军的包围中逃出时，苏军已经来到了提尔加登，就是德军最为致命的第九区。这个四面环水的橄榄球形沙洲包括着第三帝国军事机关、政府要地，就连希特勒本人都在该区的某个角落。

4月29日凌晨，苏军强渡施普雷河，屯聚在大本营的德军惶恐不已，经过一个小时的激战，苏军强渡成功，同时东面苏军突击第五集团军已经把政府区的德军分割完毕，西面苏联第47集团军则占据着哈维尔西岸一线，这些德军无论从哪个方向都无法突围，提尔加登犹如大海中的灯塔，四面围拢着海水般的苏军，彻底孤立。

孤海灯塔：强攻国会大厦

柏林，国会大厦。

苏军已经进入提尔加登，来到了东北角中央花园，隔着一道铁门，后面就是有着耀眼圆顶的国会大厦大楼。周围一片瓦砾，只有光秃秃的楼房尴尬地矗立在废墟中。为了守住这个大厦，德国最心腹的党卫军已经事先在四周挖出一道环形防御工事，堑壕和交通壕紧急挖好，部分注入深水，门窗更是堵上砖石，除了发射孔和观察孔以外几乎完全封闭。

4月30日中午，苏军已经完成了进攻前的炮火准备，一阵弹雨过后，第150师和第171师的先锋部队疾冲向这座关键建筑。但是残存的德军机枪和火炮立刻喷射，苏军士兵前仆后继，一层层倒在地上。德军这次背水一战，气势非同凡响，就连苏军的掩护坦克也遭到反坦克火箭炮的精确攻击，一大半冒出了浓烟。

到了13时，苏军已经基本摸清了国会大厦主要火力点的分布，安排近百门火炮对着这些部位集中猛轰。临时堵住的门窗禁不住这样的震荡纷纷掉落，墙砖和窗棂变得粉碎，整个墙面坑坑洼洼，甚至暴露出几个大洞，在这些洞后面的守军随同砖块一起摔落。

趁德军刚刚被冲击的时候，苏军强击支队集体冲锋，在障碍物和坦克残骸之间灵活穿梭，交替往大厦前进。到了14时左右，终于有三支步兵营通过炸开的大洞冲进大厦内部。

这些苏军以小组形式开始逐层扫清德军余力。于是近距离的惨烈交战开始了。房间内，楼梯上，甚至走廊中，各种轻重武器密集交错，火焰烧黑了石壁，手榴弹四处爆炸，机枪的狂扫给大厦内部添上了无数排孔。德军士兵此刻也不再管究竟什么武器才适用于室内作战，他们甚至扛出了专门对付坦克的火箭弹，在德军胡乱喷射之下，这种威力十足的武器轰开了一个个大洞，也把部分苏军士兵炸成了血雾。

因为国会大厦过于庞大复杂，所以哪怕是对这样一栋楼的占领，苏军进行得也非常艰难。既然德军用火箭炮，苏军也还以重机枪。这个空洞昏暗的楼房躯壳中烟尘弥漫，血腥味浓得让人作呕，不断有残破的尸体挂着血线跌落到地面。

18时，苏军又增派了两个师的分队，因为人数对比实在悬殊，这场残酷的掰手腕之战逐渐向苏军倾斜。德军已所剩无几，已经厌倦了己方士兵牺牲的苏军将领为了速战速决，架起了大炮，

★苏军解放柏林

与排排围住大厦的坦克冲着德军一阵猛轰，德军终于咽下了最后一口气。

夜色已深，刚经历过血腥搏杀的苏军喘息未定，但胜利的喜悦已经赶走了他们的疲惫惊悸，在一片欢呼声中，苏军爬到国会大厦的圆顶插上了红旗。

这标志着柏林的攻坚战已经接近尾声，虽然还有其他小范围的战争在继续，无论怎样，苏军确实已经取得了柏林攻坚战的胜利。

大势已去：柏林最后的顽抗

希特勒在盲目也残存着最后的清醒。他命令德军统帅部迅速撤离，至于他自己，"柏林在，我在，柏林亡，我亡"。

除了统帅部灵魂力量能够逃生，军事机关的其他人物都必须用生命来捍卫柏林。无论是大校、参谋，还是仅仅一个机关文书，有任何一个人在下达命令之后不参加战斗，立即处决。在战斗前线退缩的官兵不仅要接受死亡，尸体还要倒吊着挂上"孬种"、"逃兵"、"德意志的侮辱"等字牌当街示众。

到了4月26日的清晨，地面已经经历过钢铁炮弹洗礼的柏林又遭受了一场空袭。数千架苏军飞机遮天蔽日，上万吨炮弹遍地爆炸，汽油弹如同暴雨裹着熊熊火球。柏林每公里地面都有上千门火炮对准肆无忌惮地攻击。柏林已经没有了房子，没有了街道，没有了任何成形的人为特征，只剩下冲天火光、飞沙走石和市民悲惨的呼号。

斯大林格勒会战不仅教会了德军，也让苏军得以成长。如何在城市里面进行攻坚战，对他们来说已经驾轻就熟。苏军开着坦克，持着喷火器和爆破器材，在工兵清理路面的掩护下，小心翼翼步步为营。无论是地下室，还是下水道和地下铁，只要是可以进人的地方苏军都会钻进去，他们填塞着每一寸孔洞，侵占着每一座楼房。这样的细致精密让人叹为观止。

可惜他们遇到的是德国人，德国人的严谨和认真是全世界出了名的，这座城市的防御体系错综复杂，完整坚固，工事精心打造层层推进，苏军越是接近目标，越是失去方向。苏军以为摸到了一条街道，谁知那是德军安插的火力点；苏军以为攻占了一座楼房，谁知在窗后就喷射出机枪的火焰。所以伴随着每一步的前进，苏军都必须付出惨重的代价。

柏林的形势已经发展到这一步，任何长了眼睛的人都可以看出德军回天乏术。唯一一个不信邪的还是希特勒，他见到赶来的魏德林以后终于欣慰地笑了，

★苏联坦克驶过勃兰登堡门

说道："你没有背叛我是正确的，因为我们的局势一定会好转。还记得我们强大的第九集团军吗？只要他们跟第12集团军联合起来，苏联人再多也不是战争机器的对手。"

因为害怕希特勒而不敢阐述实情的德军将领纷纷沉默了，他们无法告诉希特勒在柏林东南的第九集团军已经被苏军团团围住，正在被一片片地凌迟。他们也无法告诉希特勒，在柏林西南的第12集团军确实也在拼命地赶往柏林，但是美军却忽然冲杀出来，接着，大股的苏军已经让这个精锐部队陷于前后夹击的艰难处境中。

4月27日，苏军进入了柏林心腹的第九区。凯特尔在这时终于向柏林发出电报，希特勒看着收到的消息，第12集团军无法前进，第九集团军无法突围，柏林城内八区沦陷。他连看三遍，始终不敢相信这是真的。

魏德林焦急地提出他准备已久的计划："元首，我们集中守军，从柏林突围，一定保证您的安全！"

希特勒纹丝不动："我安全了，柏林呢？"

魏德林继续劝道："元首殿下，我们的弹药只能够支撑两天了，粮食和药品已经没有了，再不走就来不及了！"

德军其他将领纷纷附和他的说法，按照当时的情况，如果守军奋力一搏，希特勒全身而退还是有可能的。但是此刻希特勒的心已经彻底死了，他的纳粹之梦、血统净化的理想、法西斯飘扬的旗帜，都化成了灰，变成了现在耳边的炮弹声。这场他一意发动的战争终究还是输了，既然如此，就让他在这场战争里坚持到最后一刻，真正为此作个注解。

希特勒拒绝了离开柏林的提议，在地下暗堡，已经是凌晨1时，希特勒还要做人生最后一件事，他宣布将与爱娃举行婚礼，这个深爱他的女人已经为他等待了12年。之后希特勒又指定海军元帅邓尼茨成为自己的接班人。

30日下午，只有一天名分的希特勒夫妇躺在地下暗堡的天鹅绒床上，一起服下了毒药。爱娃在抽搐的时候，希特勒掏出手枪，闭上眼睛对自己扣动了扳机。

就在当天晚上，苏军已经在柏林国会大厦的楼顶插上了胜利的旗帜。

当天深夜，德国广播再次启用，要求苏军临时停火，进行谈判。次日凌晨，德国陆军总参谋长晃动着白旗从帝国办公厅的地下掩体中走出，和崔可夫进行谈判。

这位参谋长说的第一句话就让崔可夫大吃一惊："我现在告诉你的这件事，还没有任何外国人知道，昨天晚上希特勒已经自杀身亡了。"

参谋长的要求也很简单，先停战，德国现在没有政府，等到组成新的政府体系了，自然会和苏联进行谈判。崔可夫将情况通报给朱可夫后，很快收到了斯大林的回电："告诉德国人，只能无条件投降，我们不接受任何谈判，别说他参谋长不行，任何法西斯都没有这个资格！"

于是朱可夫就按照这个最高指示，在5月1日晚上对德军发出了最后的警告：速速投降，不然苏军还会继续进攻。

5月2日，司令官魏德林前往了崔可夫的指挥所，签署了投降书。全城15万守军正式成为战俘。

到这里的时候，柏林攻坚战作为苏德战争的最后决战，也作为法西斯的最后挽歌，正式结束。在这一仗中，德军死亡100万人，俘虏约50万人，军备缴获无数。

战典回响

希特勒和帝国的重重迷雾

战争如同涨起的海浪，一浪一浪地涌向沙滩，希特勒从他的"狼穴"里抬起头来，发现海水已经浸湿了自己的鞋子。德意志闪电的光辉岁月至此戛然而止，斯大林将战火燃烧到了柏林城下，当柏林的平民终于听到苏联人的枪炮，他们才不得不相信，横扫欧洲大陆的帝国在转瞬之间已经走过了兴衰之路，和第一次世界大战最终的结果一样，他们恐怕也难逃失败的命运。但是这一次更为糟糕，因为希特勒的错误估计和偏执，苏联人打到了柏林城下，再坚固的堡垒终归还是有崩溃的一刻。

1945年4月16日，苏军开始了对柏林的最后攻击，这是第二次世界大战欧洲战场的最后一战，在这一战结束之后，世界将发生重大的变化，很多国家的政治思潮和意识形态都有可能因为这一战而发生变化。1941年的秋天，当希特勒的装甲部队将炮口放在斯大林的眼前时，西伯利亚的寒冷天气挽救了苏联人，这一次，当斯大林的军队来到希特勒的面前时，希特勒却没有等到奇迹的出现。柏林城破，苏军拥入，希特勒纳粹主义最后的信徒们用自己的血肉之躯与苏军进行着最后的激战。

这是法西斯军团的绝唱，他们在退出历史舞台之前进行着垂死的挣扎，他们想让1945年的柏林也变成1941年的莫斯科，更何况敌军已经进入了柏林，他们已经没有了路，更不要说退路。

可是，他们已经"群龙无首"，他们的希特勒早就在战争中因为盲目的自大，而失去了对战争的敏锐嗅觉，盲目相信血统论的希特勒，最终将他和他的日耳曼民族都置于孤立无援的境地。当苏联人的子弹穿透了国会大厦的玻璃，骄傲的希特勒颓然发现，帝国大厦已经轰然坍塌。

1945年4月30日，希特勒和他刚刚结婚不到一天的妻子爱娃·布劳恩走下了地下室，骄傲的希特勒不能允许在生前接受敌人乃至历史的审判。而此时，无论是苏军还是德军，都不知道希特勒已经自杀的消息，德军仍然在为希特勒对抗着苏军。但是他们已经无力阻止苏军的前进，苏联人将坦克开进了柏林市区，将战火烧到了国会大厦，希特勒的继承人邓尼茨向苏军亮出了白旗。

德国投降了，欧洲战场归于平静，但是，事情却并没有结束。虽然苏联人声称希特勒和他的妻子双双自杀，但是仍然有很多人相信那一对干尸中没有希特勒的尸体，在这些怀疑的人中，就包括苏联领导人斯大林和其后担任美国总统的艾森豪威尔。但无论如何，世界归于平静，纵然那个企图燃烧世界的枭雄不死，他也已经成为一个白发苍苍的老人，坐在布宜诺斯艾利斯或者偏远乡下的梯田边，品一口苦艾酒，想想曾经的叱咤风云，等着烧好晚饭的爱人，在日落之前来唤他回家。

★沙场点兵★

人物：伊万·斯捷潘诺维奇·科涅夫

伊万·斯捷潘诺维奇·科涅夫，苏联时期著名军事家，是第二次世界大战时期在苏德战场上升起的一颗耀眼的苏联战争明星。生于洛杰伊诺村（今属基洛夫州波多西诺韦茨区）。1916年应征入俄国军队，参加第一次世界大战。1918年参加苏联红军，历任装甲列车政委、步兵旅政委、师政委、远东共和国人民革命军司令部政委，积极参加了对日本干涉军的作战。内战后任步兵军政委和师政委。1926年于伏龙芝军事学院高级首长进修班进修，1934年毕业。后任步兵师长、军长、集团军司令和军区司令。苏德战争爆发后任第19集团军司令，率部参加斯摩棱斯克战役。后历任西方面军、加里宁方面军、西北方面军、草原方面军、乌克兰第一和第二方面军司令，参与组织实施了莫斯科会战、库尔斯克战役、科尔孙·舍甫琴柯夫斯基战役、维斯瓦河—奥得河战役、柏林战役、布拉格战役等，为解放加里宁、别尔哥罗德、哈尔科夫和波兰，以及攻克柏林、布拉格等作出重大贡献。他善于指挥大军团作战，能正确选择主要突击方向和突击时机，并能果敢地在最重要地段集中兵力。战后，历任驻奥地利苏军中部军队集群总司令和驻奥地利最高委员、苏联武装力量部副部长兼陆军总司令、军事部副部长兼苏军总监察长、喀尔巴阡军区司令、国防部第一副部长兼陆军总司令、国防部第一副部长兼华约武装部队总司令、国防部总监组总监、苏军驻德军队集群总司令。两次荣膺苏联英雄称号，获列宁勋章七枚。著有回忆录《1945年》和《方面军司令员笔记》。

武器：火炮、榴弹炮

苏联军队一向重视对炮火的使用，在柏林攻坚战中，苏军围困柏林、占据外围优势的前提，使其炮火优势得到了充分的展现。本次战役前，苏军总共准备了火炮和迫击炮约4.2万门、坦克和自行火炮6 250余辆。这比德国炮兵多三倍。这些火炮在突破、摧毁德军在柏林外围的防御时起到了重要作用，极其猛烈的炮轰使德军很多军队没有看到苏军就一命呜呼。在进入柏林市区后，崇尚重炮的苏军利用他们热衷的大口径火炮一路猛轰柏林坚固的防御建筑物，而射角更大的榴弹炮效果更加出色，这种203毫米B4榴弹炮能够穿过大多数厚实的墙壁，一旦发现德军街垒，这些炮弹就可以在200米开外就瞄准摧毁目标。火炮与榴弹炮的运用再一次成为了苏军攻破坚强堡垒的利器。

战术：强攻

强攻依旧是苏军对付坚固壁垒的战术方式，在德军成为瓮中之鳖的前提下，也唯有用此方式才能击破堡垒，完成对纳粹德国的最后一击。与布达佩斯攻坚战不一样的是，苏军此次面对的对手已经失去了外围的援助，因而苏军的炮火打击能力得到了一次全面施展的机会。柏林的防御体系在瞬间即被苏军炮火完全覆盖。

在此基础上，苏军实现了炮火的强力打击与装甲部队的强力突击相结合。朱可夫元帅以第47集团军（司令为佩尔霍罗维奇少将）、突击第三集团军（加强有坦克第九军，司令为库兹涅佐夫上将）、突击第五集团军（司令为别尔扎林上将）和近卫第八集团军（司令为崔可夫上将）的兵力从屈斯特林登陆场实施主要突击；紧接着，科涅夫的乌克兰第一方面军强渡了尼斯河后，突破了德军在尼斯河的防御地带，而后强渡了斯普雷河，前进了30公里。4月20日夜，第三坦克集团军突入了柏林市南郊，第四坦克集团军也突进到柏林市西南郊。北面罗科索夫斯基的白俄罗斯第二方面军于4月18日发起进攻，至19日强渡了东奥得河，牵制住了柏林以北地区的德军维斯瓦集团军群的兵力。

至此，柏林的防御体系在苏军颇具自我特点的强攻战术下被完全摧毁。

战典

THE CLASSIC WARS

尖矛与利盾的较量

THE CLASSIC WARS

攻坚战

第十八章

虎头要塞攻坚战
——第二次世界大战的最后一战

▲苏军在苏德战场胜局已定的情况下，开始调整策略，转过头来对付日本这个令他们恨得牙根发痒的"蕞尔小邦"。之前为了应对德国入侵的巨大压力，苏联一直对日本的侵扰隐忍不发，偶有战役也是以打换和。而这次不同，解决了欧洲战场的苏联，开始对盘踞在中国东北的日本关东军"下重手"了，而嚣张得不可一世，又犯下滔天罪行的日本关东军的末日，不可避免地来临了。苏军对日军虎门要塞的攻坚战，即是短暂的苏日战争的缩影。

前奏：末日来临的日本关东军

1933年，时任日本关东军总司令的武藤信义初到东北考察，在乌苏里江东岸的山脉之间，一眼就看中了这个地方，在回到东京大本营之后，就力主在乌苏里江边的万达山脉中修建一道坚固壁垒，也就是后来的虎头要塞。虎头要塞所在的位置，极其险要，隔江与苏联的伊曼相望，所处的位置正在苏联的伯力和海参崴中间，在此地构筑起军事要塞，正可以扼制住苏联位于远东滨海边区和东乌苏里的铁路交通咽喉，并且还可以借此封堵住苏联进攻关东军的路线。可以说，虎头要塞正是构筑在苏联进入中国东北腹地的必经之路上，所以，修建虎头要塞，本身就是为他日进攻苏联作准备的。

为了修建如此坚固的工程，从1933年到1939年耗时六年，当年日本军方就付出了巨额的资金，从我国抓来的劳工就有十多万，虎头要塞下面几乎就是用累累白骨堆积起来的。如此的要塞可谓是固若金汤。谈到虎头要塞，日本的官兵都非常自豪，他们曾形象地描述道："恰似正对符拉迪沃斯托克（海参崴）和乌苏里斯克（双城子）咽喉的匕首，又像直插苏联滨海边疆区心脏部的长矛枪尖。"而那些埋在虎头要塞下面十多万的中国劳工的骸骨，正在历史深处无言控诉着日本侵华犯下的滔天罪行。

虎头要塞的地下工事主干道全长有十余公里，纵深六公里。要塞由猛虎山、虎北山、虎东山、虎西山、虎啸山五个阵地组成。在这五个阵地中，尤其以猛虎山阵地为最大，是虎头要塞的核心重地。虎头要塞的地下军事设施一应俱全，包括指挥所、通信室、士兵休息室、食堂、浴池、粮秣库、弹药库、发电所等，并且还专门搭建了直通山顶观测所的竖井，除此以外还包括通风口、排气孔、反击口等通道。

在虎头要塞的主阵地猛虎山的一侧，日军还设计建造了一座半地下的永久性工事——巨炮阵地，他们把当时亚洲最大的火炮地从东京湾秘密运到了虎头要塞里。这门41厘米的巨型榴弹炮重达300多吨，单是使用的炮弹直径

★虎头要塞的一个入口

就有40厘米，长120厘米，最大射程可以达到20公里。巨炮的炮口正对着苏联伊曼铁路大桥和拉佐水塔，随时都准备着投入战斗，以摧毁苏军铁路运输和给水设施，将海参崴和哈巴罗夫斯克苏军的联系完全切断。

猛虎山主阵地的两翼阵地包括虎北山和虎东山，作为主阵地的东北防护屏障的虎北山东临乌苏里江，西南是大片的沼泽地。而另一面的虎东山阵地尽管规模不是很大，但是这里的设备却比猛虎山阵地的要优良很多，堪称是主阵地的东南前卫。虎西山和虎啸山两个阵地则位于猛虎山主阵地西面，可以说是主阵地的后卫阵地。而且，虎头要塞为了防止遭到飞机的轰炸和重炮的轰击，所有要塞地下设施的顶部都采用钢筋混凝土浇灌，最厚的地方有三米。虎头要塞规模庞大、结构复杂、设施齐全，被日本关东军自诩为"东方的马奇诺防线"。

以身殉道：阴魂不散的武士道精神

1944年11月7日，斯大林在苏联十月革命纪念日这天发表了痛斥日本法西斯侵略的演说。1945年2月，苏联通过西伯利亚铁路把欧洲的苏军运到远东。4月6日，苏联正式通知日本，废除《日苏中立条约》。接着，苏联的主力部队就不断南调，在东北开始集结，他们的目标不言而喻，就是要消灭日本最后的力量——关东军。关东军号称是日本陆军的"王牌"，被日本军国主义称为"皇军之花"，而驻守在东北的关东军，被视为关东军中的精锐。

其实在1945年8月10日，日本大本营就已经针对东北的关东军下达了指令，如果关东军在万不得已的情况下，可以放弃东北，撤退到朝鲜去。关东军无法接受如此落拓的命运，他们决心以战斗捍卫自己"王牌"的声誉，但是在机械化的苏联

军队面前，关东军的血肉之躯是如此的不堪一击。到了8月17日，除了少数几个地方还在顽抗之外，关东军主力基本上已经丧失了战斗力，一溃千里。

而这少数几支还在顽抗的关东军部队里，就包括驻守在虎头要塞的日军。当时，虎头要塞里面驻扎着一个守备大队，队长是西胁武大佐，下辖四个步兵中队、两个炮兵中队、一个速射炮中队、一个工兵队和一个列车炮中队。具体的兵力部署为：步兵第一中队驻防虎东山，炮兵中队和速射炮中队、步兵第三中队驻防猛虎山，步兵第四中队和工兵队驻防虎北山，步兵第二中队驻防虎西山和虎啸山。

就在1945年8月9日深夜零点左右，苏联远东部队总指挥华西列夫斯基下达了向日军进攻的命令。苏联远东第一方面军第35集团军第57边防总团率先向日军发起了全面进攻，强行渡过乌苏里江和松阿察河。随后，从伊曼方向开过来的波隆卡、萨里斯基苏军炮兵部队，开始向虎头要塞的各个阵地发起了大规模炮击，苏空军的伊尔-4轰炸机，在50架歼击机的掩护下，也对虎头要塞阵地进行了两个小时的空中轰炸。一时间，虎头要塞硝烟弥漫，各个阵地都受到了几近毁灭性的打击，西胁武大佐知道形势不妙，但还是指挥着将士们进行殊死拼战。

可是，就在苏军不断轰炸的同时，另一方面，苏军35集团军在炮兵部队与空军的掩护下，冒着日军暴风雨般的猛烈炮火，兵分三路强渡乌苏里江，一路在距离虎林县城东南60公里的倒木沟、东林子一带横渡乌苏里江支流松阿察河；一路在距虎头北面约30公里的小木河、阿布沁河口一带横渡乌苏里江；一路直插虎头西南的黄泥河、月牙一带，切断了虎头通往虎林的交通线。

但是同样在前进的苏军35集团军的步兵66师和363师在渡过松阿察河之后，被阻挡在了沼泽地，一时无法前进。之后幸亏指挥部火速调来三个工程兵营和三个步兵营，专门负责开辟道路，帮助苏军第35集团军的步兵第66师和第363师顺利通过沼泽地带。

面对苏军如此强大的攻势，驻防虎头要塞的西胁武大佐只能仓促应战，他先是在虎啸山阵地作了紧急部署，力求阻挡苏军的攻势。但是苏军第35集团军并未因此停止前进的步伐，他们一连数日以最为猛烈的炮火攻击虎头要塞阵地，西胁武大佐已抱定了"玉碎"的必死决心，所以面对连番的炮火仍然战意不止，依然站在前沿阵地上。

但在虎头要塞负隅顽抗的西胁武大佐并不知道，远在日本本岛的天皇已经于1945年8月15日宣布日本无条件投降，并且号召作战的日本兵放下武器，就在当天，日军方面负责猛虎山防卫的司令部通过无线电接收机收听到了日本天皇宣布无条件投降的"玉音广播"，但是日军代理司令官大木正大尉拒不相信这些，他认为这是盟军用来混淆视听的战术，所以命令士兵关掉接收机，继续为天皇而战。

包围要塞：对岸已经开始庆祝胜利

就在世界人民为日本法西斯的投降而欢呼的时候，此刻在这片坑洼不平的土地上，已经进行了不知几轮拉锯争夺，虽然没有造成大规模的死伤，但是局面已经相当明显，日军处于完全失利的状态下。疯狂的大木正大尉干脆下令炸毁无线电，在隧道多处角落都放上重达50公斤的炸药包，他向军官们咆哮着，一旦已经绝望，就毫不迟疑地引爆自我毁灭。

8月15日，看不到日军动静的苏联军队再度展开行动，空军炮兵和坦克都上阵投弹，整整一天炸弹都不停掉落，虎头要塞地动山摇，大量石头土块滚落下来，日军的表面工事已经全部夷为平地。狗急跳墙的齐木大尉咬一咬牙，在8月16日晚上组织士兵建立敢死队，在黑暗漏沙的地下，这群亡命之徒目光阴沉，齐木大尉竖起闪着寒光的刺刀，嘶哑地吼道："誓死效忠天皇！"

"誓死效忠天皇！"绝望凄厉的呼应声又震下一阵细沙，这支队伍开始昼伏夜出，专门趁深夜苏军已经熟睡的时候偷偷接近，他们小心敏捷地越过雷区，将苏军的通信线路一一切断，把随身携带的大量手榴弹迅速扔到苏军指挥部和炮兵阵地上。这种频频骚扰使得苏军大为困扰，不仅日间的争夺更加疲惫，连夜晚都要时刻提防。

处于虎头戒备的部分苏军将重炮集中，冲着猛虎山不间歇地猛轰，他们已经懒得跟日军讲战术斗心机，使用蛮力是最为简单有效的办法。日军的偷袭带来的小小胜利很快消失，开始在炮火中丧失实力，有的中队在这样的轰击下甚至死亡了一半以上的士兵。

在工事中还有部分日本士兵家属和日本平民，这些手无缚鸡之力的弱者无力反抗，更来不及逃跑，死伤情况比士兵有过之而无不及。

苏军见到日军已经气息奄奄，精神大勇，在这种振奋的气氛影响下，两个连直奔日军重炮阵地，迎着日军炮弹冲锋陷阵。他们高喊着红军的口号，不顾牺牲与伤痛，一举摧毁了这个重要的火力点。

★虎头要塞的内部通道

而苏军另一支连队趁前方战事正酣的时机，迅速迂回到日军背后，将日军前后围住。日军一见大事不妙，赶紧往地下防御工事钻去。面对犹如地鼠一样打不倒的日军，苏联人心痒难耐，紧急用汽车和装甲车开往江边，运输渡船上的大量毒气筒以及鼓风机。他们知道只要是人，就得呼吸，地下工事里面有的就是通风孔和换气口，所以苏军每找到一个这样的孔洞，就立刻架上机器将毒气大股大股吹入洞中。

困在洞中的日军在狭窄的通道内痛苦窒息，抓挠几下之后倒下一片。剩下还没有死亡的有幸戴着防毒面具，他们继承死去战友的遗志，还是苟延残喘地进行着死守。

这种大规模的毒气造成了日军到目前为止最惨重的损失。而在地面的守备部队也几乎被全歼，叫嚷着战斗到最后一刻的大木正大慰实现了自己的诺言，在乱军中被流弹击中倒地身亡。

8月17日，日本关东军总司令部已经向全体关东军下令投降，中国东北全境已经得到解放。但是获知不到任何外部消息的虎头要塞日军依旧在负隅顽抗，和平鸽飞满大地，独留虎头激战依旧。苏军将中型战车和自行火炮搭配，加上多支火箭炮，灵活机动地继续进行着清剿。到中午时分，苏军已经逼近了要塞洞口，甚至在外面就能看到地下龟缩的日军。

最后通牒：顽抗到最后一人

得知日军关东司令部已经下令投降的消息后，苏军也觉得没有了打的必要，想到地下要塞中还有无辜的日本平民，就决定放日军一条生路，就让当地的中国老百姓带领着苏军代表，到日军腹地传递日本天皇无条件投降的诏书。这份文件用日英俄中四国语言详细约定了次日9时双方进行军官的单独商谈。苏军军官表明了这是苏联敦促守军投降的最后通牒，但是这位勇敢的传递官却在交递文件后被日军敢死队当场射杀。齐木大慰捡起诏书，半信半疑地跟军官们进行分析，经过一番讨论后，这群冥顽不灵的军官依旧认为这只不过是苏军的一场阴谋。齐木大慰下令立刻毁掉文件，不要让士兵得知这个消息。

8月18日上午，久等传递官不来，日军第783大队也没有任何人来谈判的动静，苏军正在等待日军的最后决定，却等来了军使被杀的消息。苏军想不到日军居然干出违反《国际法》的这种丧心病狂的行径，这摆明了是拒绝投降。苏联人气愤难当，决定要给日本人一个狠狠的教训。

当晚，尽管日军军官依旧认为这只是一场骗局，可是内心却还是极端不安，为了一探究竟，他们派遣了侦察分队前往各个邻队打听情况。但是深夜返回的侦察分队面色苍白，惊慌失措地汇报说第786大队已经被全歼，阵地失守，整条防线支离破碎，现在只剩第783大队还残存着的少数力量。

而8月19日，愤怒的苏军调集了赫赫有名的"喀秋莎"大炮，向着猛虎山发动了雷霆之势的报复之击，这是守军所经历的最难以应对的恐怖的一天。如此大规模和暴烈的打击前所未有，苏军像支燃烧的火箭，一早就占领了东猛虎山的山顶，然后把所有能用的武器都摆上阵地，无论是火箭炮还是自行火炮，只要能开火的都对准了猛虎山阵地。

苏联人的复仇威力让人不敢置信，从地上到空中，已经分不清几公里内的景物，充斥着大量混沌的烟尘。随着接连不断的爆炸声，各种物体被炸成粉碎状高高抛起，地壳的战栗就像一场悲惨的地震。

日军的所有军用道路全部被封，炮塔分崩离析，混成片状块状同烟尘一起轰然落下。此时日军坚固的地下掩体已经不堪这样的冲击，出现了巨大的裂缝，随后的炮轰更加加剧了这种崩裂，混凝土层发出活着的人类未曾听过的可怕声响，开始扭曲坍塌。

到了傍晚时分，原本应该是血红色的残阳已经在遮天蔽日的烟雾中看不出颜色，只剩下模糊的一个亮点。日军地面已经毫无工事可言，各个孔洞都填上了厚厚的积土，所有逃入地下要塞的日军被彻底封闭起来。

还不甘心的苏军刨开部分出入口，往里面灌进大量汽油，扔下一包包炸药，随着火把的抛入，许多日军来不及呜咽就混着沙石成为肉泥。

8月21日，炮火暂息，西猛虎山已经被占领。但是还不能说苏军已经把日军清除得有多干净，因为在地下要塞中还有70多名最为坚忍顽固的日军。他们在遭受灭顶之灾的时候靠着各种手段顽强存活，在尸堆中爬起来拧成最后一股细绳。在外面恢复平静后，他们猜度苏军已经认为日军被全部消灭，就趁这个时机爬出洞口，拖来修复后的速射炮，对着苏军重炮阵地连发出三枚炮弹。但是因为这座速射炮虽经修复，性能却大不如前，日军这次偷袭不但没有击中目标，反而引来了苏军的注意，这股日军所在的平顶山顶成为新一轮炮火轰击的目标。趁着苏军大军未到，这支部队又躲进要塞静候时机。

此时从18日算起，苏军已经几乎不停地连续轰炸了八天，7 000多吨炮弹像给地面涂上了一层钢铁溶液，树木野草不仅被烧光，而且直接削掉了一米多高的山体，就算是三米多厚的钢筋水泥混凝土工事都被炸得看不见痕迹。

按理说战争进行到这一步，日军已经没有了任何生存的希望，但是这支出人意料的日军不仅没有投降，还在想方设法进行着顽抗。

逐个歼灭：地下的火焰在燃烧

8月26日，清晨的宁静突然被一阵吵嚷打破。正挤在地下要塞中的最后50多名日军官兵突然听到消息说苏军正开过来，准备攻击。

长期被炮火威胁的日军官兵这下被逼到了家门口，顿时就炸开了锅，不成组织。没有领导分工的小团队只能匆忙地开始搬运炮弹，锁起作战地图和机密文件，一阵手忙脚乱之后，一名岗哨冲进来气喘吁吁地汇报道："不好，虎西山下的苏军步兵正在移动！"

★被废弃的虎头要塞

这时另一个地点的岗哨也慌忙赶来汇报苏军各种重炮正开进月见台官舍背后、砂利取山的隐蔽处。此时刚刚早晨7点，还没过一个小时，苏军的阵容更加强大，几十门重迫击炮和榴弹炮呈伞状分布，放射线的中心都是日军躲避的地下要塞。另一个方向一千多名步兵也排成方阵整齐前进。不多时，绝望的日军发现就连最后一条路都挤满了苏军的重炮车和弹药车。

这剩下来的50多名官兵知道已经到了舍身报国的时候了。

上午9点，苏军的炮兵队伍已经逼近了腰营桥一带，离他们只有区区2 000米。这已经是足够致命的距离！惊恐万分的日军还来不及反应，重炮已经呼啸着一颗又一颗在他们身边爆炸。这种耀目的景象就像是天外飞来的巨大陨石，所到之处都是深深的弹坑，热焰将沙子都熔化成了玻璃。要塞中的日军像是被装进了一个破碎的瓶子，被随意晃荡着，末日的恐惧让他们都忘记了叫喊。

这时苏军收到一个消息：原本驻扎在吉林省的日本关东军第三司令部后勤参谋河野贞夫已经被俘，他即将在苏军的带领下飞到虎头要塞，亲自向最后的这些日军宣读天皇投降诏书。河野贞夫恳求苏军停止炮击，留这些日军一条生路。

经过一番考虑，苏军终于答应他的要求，炮火戛然而止。

吓得肝胆俱裂的要塞守军们突然感受不到了外界的冲击，不明所以的日军只顾低声感谢天皇，浑然不知究竟发生了什么事。

8月27日上午9点，两位中国农民带领着河野贞夫来到了胜洪山日军要塞哨所附近。日军哨兵发出警告后，河野贞夫用日语会话，要求与齐木大尉相见。为了取得哨兵的信任，河野贞夫报出了自己的部队番号和职务，并且强调他身上带着天皇的诏书，是奉着关东军司令部的命令而来。

哨兵通报之后，齐木大尉现身了，但是河野贞夫还没有来得及露出笑容，齐木就横扫一梭子，边开枪边狞笑道："别以为我不知道你是苏军间谍！给我死吧！"

河野贞夫狼狈退回之后，苏军再一次被这群死硬分子激怒了。这支苏军部队的友军已经一路打到了朝鲜平壤，而他们竟然在这个小小的山头耗了这么长时间，实在是没有了耐心。

但是在河野贞夫的苦苦哀求下，苏军还是客气地对河野贞夫说道："参谋先生，明天你可以再试一次，如果他们还不投降，那么我们就不客气了！"

28日中午，河野贞夫为了让同胞相信他，没有带任何人，独自来到胜洪山要塞，一路上他捧着天皇诏书和司令部的命令以及苏军的威胁，盯着日军所有射击口的枪口，故作镇定地往前走着。齐木大尉用望远镜一看又是这个人，二话不说正要下令开枪，一位见习士官的话及时拉住了他正要挥下的手："大尉！请稍等一下！来的确是自己人！我曾经在第三司令部和他一起工作过，他绝对不是间谍！"

灭绝人性：要塞最后的屠杀

河野贞夫就这样侥幸地又一次跟已经是半个疯子的齐木大尉见了面。又一次见到天皇诏书，还有关东司令部的投降令，齐木这次再也不能欺骗自己，日本真的投降了！

齐木大尉几乎是歇斯底里地惨笑起来，被吓了一跳的河野贞夫只好迂回地询问他究竟有什么决定，但是此时的齐木大尉已经无心应对河野贞夫，作为愿意为天皇付出生命的帝国军人，没有什么比体会到战败更难过的事情了。

★第二次世界大战终结纪念碑

中午12时，河野贞夫和来时一样，独自下了山，他一人的背影被拉得老长，投在遍地焦土上。他向苏军完完整整转达了齐木的决定："我，第783大队指挥官齐木大尉，愿意听从日本天皇、日本关东军司令部和苏联红军的命令，将带领全体士兵无条件投降。但是因为意见分歧，请留给我五天时间，我会在这段时间里面对他们进行说服，同时还需要火化将士的遗体、处理士兵的伤情。希望苏联军队能够理解我，如果不能答应我的要求，那么我等日军将士将全体玉碎，不求苟活。"都到这个关头了，还提这么多要求，但苏军指挥官只能按捺下心中的焦急和愤怒，勉强答应齐木的要求，不过苏军并不愿意白白耗着等五天，留给日军的时间缩减为两天。如果在8月30日的中午12点还见不到日军投降的身影，那么苏军的炮火将毫不留情再次轰到他们身上。

这两天时间里，胜洪山要塞一片死寂，几十名日本官兵默默擦拭着自己的刺刀，时间快到了，由齐木大尉带头，他们走向了囚禁的50多名中国劳工。一阵惨叫后，中国劳工的呼吸全部停止，接着这些红着眼的官兵又提起滴着血的刺刀，这一次的对象是他们的同胞，64名日本妇女和儿童。

这些疲惫而沉静的妇女搂住惊慌的儿童，她们知道日军是为了避免她们被俘后受到苏军的侮辱。战争中的男人能做出多么丑陋的事情，日军最为清楚。

齐木大尉不忍挥刀，掷下一颗手榴弹，这64名清白的日本人全部"家属自绝"。

1945年8月30日中午，沉寂已久的胜洪山顶终于飘起了白旗。集结在各处的共53名日本关东军第783大队官兵，终于以投降者的姿态走出了地下要塞。

战争终于结束了，这道被日军自诩为"东方马奇诺"的坚固防线只剩下烧焦发黑的尸体、惨白的骨头和萎缩枯干的肌肉。

这场战争的结束，代表着第二次世界大战终于完成了它的最后一步，战争的魔鬼吞噬了最后的生命，因为日军的顽抗，这次战役使得第二次世界大战的终场帷幕整整晚落了11天。在虎头要塞的守军除了最后的53人外几乎全部阵亡，这座阴冷幽暗的要塞恢复了静寂，从它被摧毁得面目全非的现状可以推测出这里曾经发生过怎样的恶战，但是谁又会想到，虎头要塞群这条浑身瘤块的毒蛇，曾经夺取了十几万年轻中国劳工的宝贵生命，谁会想到战争的诞生需要死亡铺垫，过程需要死亡主导，结局更要用死亡来祭祀呢？

最后一战的苦与痛

在第二次世界大战期间的诸多防线中，"马其诺防线"因为德军的迂回战术而毫无用处，加上法国傀儡政权投降，防线守军放弃抵抗，使得这条防线不攻自破。而德国人后来修筑的"大西洋堡垒"据说坚不可摧，但是因为规模过于宏大，直到盟军诺曼底登陆解放法国时，这座"坚不可摧"的防线其实还没有修建出来。所以，这两条著名的钢铁防线其实在战争中都没有发挥出它们真正的威力。

而虎头要塞本来可能和其他的两条防线一样，面临不战而降的窘境，因为就在苏联兵临虎头要塞之时，日本天皇已经在东京宣布投降，虎头要塞守军其实可以走出要塞，向苏军投降。但是偏执的日军不相信日本会战败投降的事实，因此，明明可以躲过一劫的虎头要塞就此被推入火坑。因为虎头要塞多半处于地下，苏军的装甲部队在此时基本上无法发挥威力，面对敌人的射击也没有办法进行有力的还击。

如果依靠步兵冲锋完成攻破要塞的任务，必然会付出惨重的伤亡代价，于是，苏军选择了使用强大火力的大炮来进行轰炸。虎头要塞虽然坚固，但再坚固的阵地总归都会面临被攻破的最终命运，日军在1934年到1939年间花费了大量人力物力修筑了虎头要塞。但是在1942年，苏联已经研制出了完全可以轰开虎头要塞的"喀秋莎"自行火炮，其实从那一刻起，虎头要塞的实质意义已经不大。

但狂热的战争分子到战争的最后一刻，也不会熄灭他们胸中的残忍和暴戾，在失败的命运已经注定之下，他们仍然发动反攻，导致无谓的伤亡。尤其是行将投降之际，还要残杀无辜的中国劳工及来自日本的妇女、孩子，战争让他们泯灭了人性，他们不仅将自己的身体出卖给了战争，也将自己的灵魂交付给了战争。通过虎头要塞的战斗，让人看到，人类往往是影响战争的关键因素，但是战争最终也会反过来影响人类。

无论如何，这都是第二次世界大战中的最后一战，随着轴心国集团的最后一声枪响结束，笼罩世界的战争阴云被驱散，第二次世界大战在真正意义上结束了。

★沙场点兵★

人物：华西列夫斯基

亚历山大·米哈伊洛维奇·华西列夫斯基，出生于伊万诺沃州新戈利奇哈镇一个神甫家庭，是苏联著名元帅、军事家。家境贫寒的华西列夫斯基养成了奋进和刻苦的良好品质，1915年，华西列夫斯基进入军事学校后，成绩优异，随后在青年时参加了苏联红军，并且最终成长为第二次世界大战期间的风云人物。华西列夫斯基元帅在战争中经常亲临前线进行指挥部署，传达命令。在第二次世界大战中，作为与朱可夫并驾齐驱的优秀将领，他带领远东苏军剿灭了臭名远扬的日本关东军。

武器：液体炸药

液体炸药一般具有良好的能量特性、流动特性、安全特性及使用特性。液体炸药的爆热较高，而其制造多数是使用釜式机械混合工艺，制造工艺比较简单。液体炸药的使用不受作业场地及手段的限制，可将原料成分单独运输，现场配用，也可泵送到使用现场，还可先定位安置好爆破盛器，安装工人撤离后再灌药，以避免或缩短带药操作时间，增大安全度。该炸药特别适用于野外流动作业及海洋工程作业，在军用、民用工程爆破及特殊工程爆破中也得到了广泛应用。

苏军对日本关东军的战争，是在苏军占据绝对优势的前提下进行的。而日军由于天皇宣布投降后，很多军队放下了武器，因而缺乏呼应与援助，大多是依托地下工事与掩体进行负隅顽抗。苏军在虎头要塞攻坚战中使用的武器，最为引人关注的，即是液体炸药的使用。

苏军在应对日军"东方马奇诺防线"的混凝土结构的工事时，即采用了液体炸药爆破的方式。虽然面对数千日军，苏联军队与其僵持了11天，但是液体炸药的采用，不但极大减少了己方的伤亡，亦彻底摧毁了日军孔洞设计与隐蔽工事相结合的攻防兼备的要塞。

战术：外部密集轰炸与内部爆破结合

苏军对虎头要塞的攻击同样运用了他们的一贯优势火炮，有位虎头山老人姜福顺回忆："轰炸开始以后，天都变成了红色，都分不清太阳在哪里。"可见这种轰炸的巨大威力。这种轰炸摧毁了虎头要塞的外部工事，并对内部体系造成了一定程度的损毁。但是虎头要塞的坚固程度是外部炮火轰炸不足以完全摧毁的，苏军在具体的战斗中，运用液体炸药，炸毁貌似不可摧毁的防御工事与地下掩体。通过外部密集轰炸与内部爆破相结合的方式彻底粉碎了日寇依靠坚固工事顽抗的妄想。

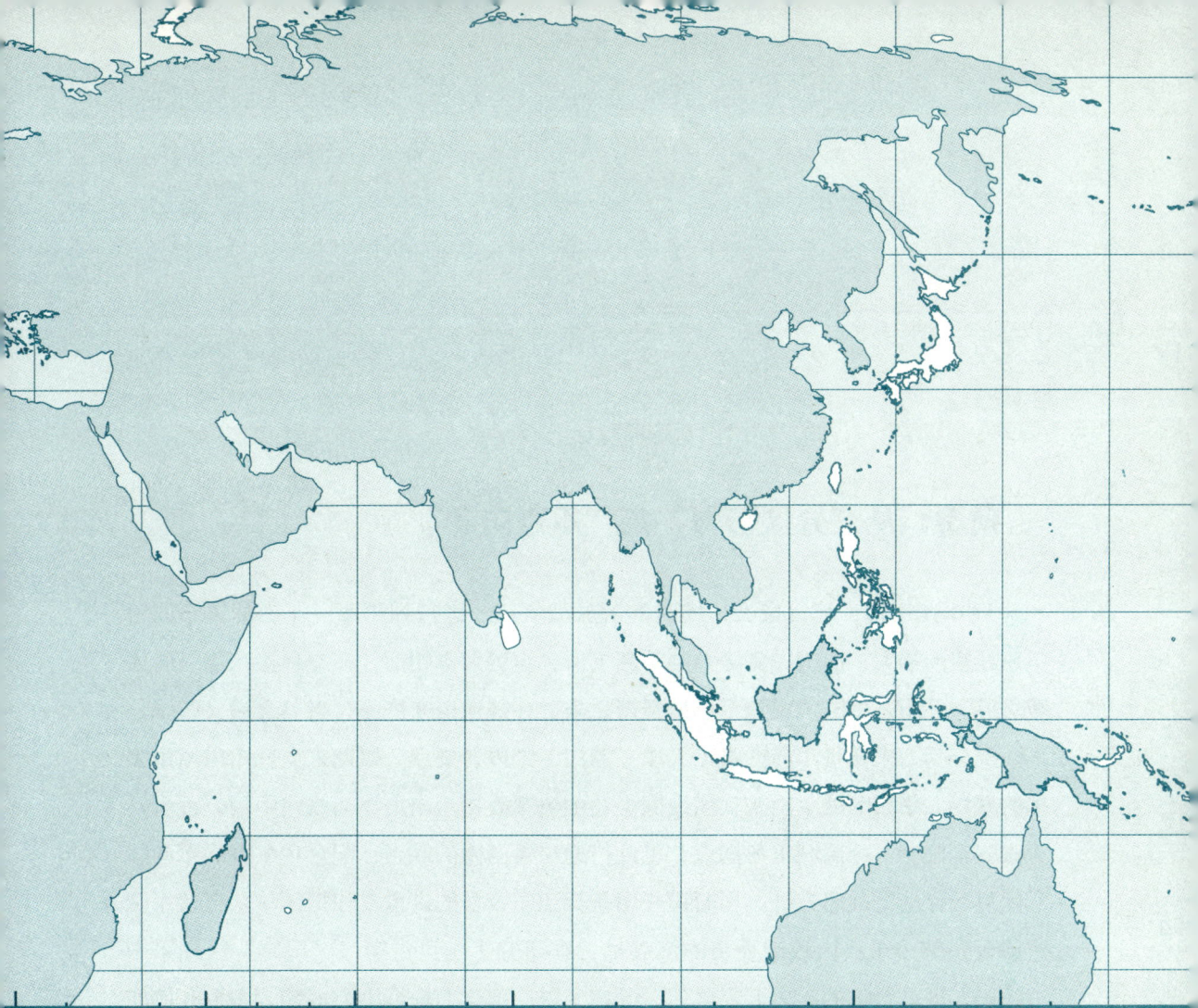

第十九章

济南战役
——为攻取大城市提供经验

▲解放战争进入第三年，中国人民解放军进入了战略反攻的阶段。拿下济南，实现山东全境的解放，使华北、华东两大解放区连成一片，为其后的大决战作好准备，成为解放战争中人民解放军这一阶段最重要的任务。而济南 11 万国民党守军依托坚固的防御工事，战斗力也不容小视。同时，国民党亦不愿轻易放弃济南，也在紧锣密鼓地筹划驰援济南。这都使济南战役成为了一次难度极大的攻坚战。而我军济南战役的胜利，不但实现了当时的战略目的，亦积累了城市攻坚战的经验。

前奏：从"分区防御"到"重点防御"

　　1948年8月，夏日炎炎，此时的解放战争已经进行到了第三年。解放军的力量已经空前强大，而国民党势力则不断下滑，声势大不如前。在遭到接二连三的失败之后，驻山东省的国民党军已是强弩之末，在被迫退守济南、青岛之后又勉强分出一部分兵力来守备津浦铁路（天津—浦口）中段各要点，以此来支撑山东风雨飘摇的残局。华东野战军山东兵团根据中共中央军委指示出击津浦铁路中段，逐步歼灭泰安至临城（今薛城）各据点，以此打通与鲁西南的联系，配合华东野战军西线兵团夏季作战的战略方针。当时担任山东兵团司令员的许世友和担任华东野战军副政治委员兼山东兵团政治委员的谭震林，在研究了国民党第二"绥靖"区和第十"绥靖"区结合部的兵力弱点之后，确定了以一部兵力配合地方武装，主力开辟新战场，攻占泰安以及南北地区，在切断济南和兖州的联系后再围攻兖州，以此吸引徐州国民党军北援予以歼灭的作战方针。

　　华东野战军西线军团和中原野战军一部于同一时间在河南开封、睢县、杞县地区对国民党军展开了城市攻坚与运动相结合的战役。为了进一步开展中原战局，中共中央军委针对中原战场国民党军的分布情况，确定了中原野战军和华东野战军的夏季作战任务：华东野战军西线兵团以陇海铁路（今兰州—连云港）开封至徐州段及其南北地区为主，争取将国民党军6~12个旅在4~8个月内歼灭；中原野战军在平汉铁路（今北京—汉口）南段牵制敌军北援，以此来配合华东野战军西线兵团；华东野战军山东兵团和苏北兵团对中原地区的战场进行战略策应，分别在津浦铁路（天津—浦口）徐州至济南段及陇海铁路东段发动攻势。

　　1948年秋，在平汉铁路沿线的孙元良兵团、张轸集团被中原野战军主力牵制，津浦铁路济南至薛城段的国民党军据点被华东野战军山东兵团清扫。蒋介石在不断丧失兵力以及绥靖区的情况下，被迫改变了军事方针，将原来的"分区防御"改为"重点防御"。美国军事顾问团团长巴大维建议蒋介石"退出济南，把军队撤出至徐州"，蒋为了屏障徐州，隔绝华北与华东解放区的联系，拒绝了巴大维的建议，决定保全济南。第二绥靖区司令官王耀武根据蒋的命令，集结徐州附近主力部队约17万人编成三个兵团，固守济南伺机北援。

攻城之争：夺取山东

兖州、豫东等地在华东野战军东西双线的合作成功之后被解放，这样一来鲁中南、鲁西南解放区连成一片，济南的国民党军被进一步孤立了。

国民党残存在山东省腹地的最后一个坚固设防城市便是济南，它北临黄河，南倚泰山，地势险峻，易守难攻，同时也是津浦、胶济铁路交会点。驻扎在济南军区的一共11万人，他们大多为王耀武嫡亲，包括三个师九个正规旅五个保安旅以及特种部队，虽然士气较为低落，但是在坚固的防御工事之下仍然拥有不可忽视的战斗力。

以济南内城为核心防御，外城和商埠为基本阵地，以外围县镇以及制高点构成外围阵地，加强要点特别是张庄机场和城区守备，控制较大预备队，支援外围据点防守，消耗华东野战军力量于外围，固守待援，这就是王耀武根据济南的独特的地理优势制定的守敌防御方针。东西两个守备区以北起洛口镇南至马鞍山一线为分界线。西守备区防御由整编第96军军长吴化文指挥整编第84、第二师和独立旅、保安第三旅、保安第八旅及青年教导总队等兵力担任；东守备区防御由整编第73师师长曹振铎指挥该师及保安第六旅等兵力担任；总预备队由第19旅、第57旅及即将空运到济南的整编第74师组成。外围防御地带和基本防御地带构成了整个防御阵地，支撑点式的永备和

★济南战役时的王耀武指挥部

★参加济南战役的解放军部队

半永备型的城市防御体系在原有的日伪军工事基础上，形成了可以独立作战的支撑点。国民党方面认为凭借这坚固的防御工事，外围至少可守半个月，市区至少可守一个月。

兵来将挡，水来土掩。华东野战军在1948年8月31日召开了扩大会议，毛泽东和军委根据战局发展制定的一系列指示被传达下来，在分析了敌我情况，讨论了战役指导思想、兵力使用和保障工作之后，根据"攻城打援分工协作"的战略方针和当时的战局情况判断，命令华东野战军集中全力攻克济南，但同时又强调指出，战斗目的虽然在于攻占济南，但是必须集中优势兵力歼灭援敌。

华东野战军代司令员兼代政治委员粟裕把兵团分成攻城、打援两部分。攻城兵团占了参战兵力的44%，由大约14万人组成，由山东兵团司令员许世友、华东野战军副政治委员兼山东兵团政治委员谭震林、副司令员王建安统一指挥，分东、西两个集团对济南实施钳形突击。为了首先夺取机场，断敌空援，主攻方面置于西面。第九纵队、渤海纵队及渤海军区一部组成东集团，第三、第十、两广纵队和鲁中南纵队四个团及冀鲁豫军区一部组成西集团，攻城总预备队为第13纵队；打援兵团由参战兵力的56%，计八个半纵队约18万人组成，在巨野、兖州等地夹运河而阵，担负了徐州北上援敌的打援阻援任务；胶东军区所属部队监视青岛之敌，阻击可能的西援和北援；苏北兵团之第11纵队及苏北、江淮、豫皖苏、冀鲁豫、鲁中南等军区地方武装，则分别担任了袭击徐州机场，破坏津浦、陇海铁路以迟滞徐州之敌北援的任务。

与此同时，中原野战军继续集结于豫西地区休整，待敌人在济南、徐州方面被迫增援时，野战军歼击其一部，使敌军不能东进作战。这是中央军委为了策应华东野战军的攻城作战而制定的方针。

在华东野战军充分的准备中，济南战役一触即发。

外围突破：济南空运联系被切断

解放战争时期山东战场规模最大的城市攻坚战，山东全境内的最后一次重大战役，济南战役，在1948年9月16日由中国人民解放军华东野战军发起。

9月9日，攻城西集团自济宁、汶上，13日东集团自泰安、莱芜、章丘等地，分别向济南隐蔽开进。两广纵队等在15日扫除了长清西南地区敌保安部队包围了长清城。与此同时，王耀武判断我军的主攻方向在西面，于是将其预备队第19旅调至飞机场以西古城方向待机，又将第57旅由张夏、崮山等地撤入市区，准备转用于西郊。华东野战军的七个战队在9月16日午夜分东西两路围住守城敌军。一时间，炮火轰鸣，喊杀声不绝于耳。战斗异常惨烈，敌机狂轰滥炸，大地在颤动，前方已是火海，炮弹的碎片四处飞溅，一层一层的气浪压下来，空中的尘埃犹如倾盆大雨一般倾泻下来，整个战场宛如修罗地狱。此时此刻的解放军，早已不再是当年的小米加步枪，每个班都有一挺机枪，班长副班长配备了冲锋枪，各种弹药充足。解放军战士们没有被这样惨烈的战况吓倒，他们英勇顽强，一个倒下去，千万个站起来；在子弹、手榴弹和手雷都用尽的情况下，他们用血肉之躯和敌人展开肉搏。从尘封的历史之中回忆此情此景，壮哉悲哉。

蒋介石于17日命令徐州"剿总"副司令杜聿明指挥第二兵团经鲁西南北援，第7、第13兵团分由新安镇及固镇地区向徐州集结沿津浦铁路北攻。粟裕在得知之后，即刻命令攻城部队继续猛攻，打援阻援军团立刻进入阵地，作好歼灭援军的准备。同时指挥员许世友指出，对于济南的外围阵地并不是要各个击破，而是集中优势兵力抓住要害，以此为据点杀开一条血路。攻城东集团在这样的指挥之下，依托有利地形，利用炮火支援，击退敌人的反击，乘胜占领了窑头、甸柳庄等地。攻城西集团一直到18日，攻克了古城、玉皇山、簸箕山、党家庄等地，外围据点被迅速扫清，济南市区被包围，济南机场被炮火封锁，敌人的空运被迫中止。

外城攻击：夜幕被点亮

华东野战军排山倒海一样的攻城气势将国民党军队的防御部署彻底打乱，王耀武部队坚守济南的信心也被极大地打击了，在这种情况之下，王耀武开始考虑弃城突围。蒋介石闻讯以后，对王耀武的想法非常生气，他接连给王耀武下达

★战壕中射击的解放军战士

急令，要求他必须坚守待援。在得到蒋介石的命令之后，王耀武心知这一战恐怕难以全身而退，但还是硬着头皮开始执行。他随即调整了战略部署，将主力部队撤入城内，仅仅留下一个营守千佛山，一个团守马鞍山，以三个旅又一个团守商埠外城。

作为抗日名将，王耀武的统兵作战能力无须多言，在军中就常有"三李不如一王"的说法，蒋介石深信以王耀武之力，绝对能坚持到援军抵达。在稳住王耀武以后，蒋介石随即下令，让南线的三个兵团分别向商丘和徐州集中。

蒋介石命令前往济南的援军上路，但是许世友却不放松对济南城的围攻，许世友的部下聂凤智在这个关头，突袭济南城东，一举拿下了可以俯瞰济南全城的制高点茂陵、砚池两山，这样，王耀武部队的一举一动都可以尽收眼底了。王耀武急忙抽调预备队赶往城东驰援，双方在城东陷入拉锯战，偏就在此时，城西的解放军主力宋时轮也开始进行攻击。

此时独守城内的王耀武所期待的，就是杜聿明能够率领援军在15天内如约而至，可是，就在9月19日晚，王耀武的部下吴化文宣布率部起义，这给了王耀武当头一棒。许世友借此机会加强了对济南城的进攻，而此时的援军还在缓慢地向济南城行进，王耀武心知已难以坚持到援军到来，就准备率部突围。

正所谓机关算尽，王耀武突围的企图被中央军委察觉。20日，中央军委下达指令：各方面加强布置防守，防止王耀武突围。并且同时指出：邱清泉兵团已经临城待命援济，打援兵团应全力集结于邹、滕地区，准备歼击北援之敌。攻城兵团在华东野战军首长的命令之下迅速向商埠以东和城垣攻击，并部署兵力防敌突围逃跑。同时在研究了徐州北援之敌的情况之后，中央军委对作战方案作出了进一步修订，作好了随时迎敌的准备。

在军委和粟裕的指示下，西集团军立即向商埠实施突击，东集团继续肃清城外残敌，作好攻城的准备。攻城集团军于20日晚向商埠发起攻击，在火炮攻击的优势下，西集团军多路突入敌方阵地；东集团军则继续肃清城外残敌。在炮火攻击和连续爆破的优势下，解放军以迅雷不及掩耳之势多路突破敌人阵地，守军不敌，节节败退。至22日下午，商埠已被解放军完全占领，我军一共歼敌两万多人，已是兵临城下，不得不发。

在商埠被占领之后，王耀武错误地估计解放军需要休整三五天才能攻城，于是他作出了置三个旅于内城、四个旅于外城的决定，并且积极加修工事，准备顽抗到底。

为了不给国民党军喘息休整的机会，攻城兵团决定一鼓作气连夜作战，并作出了以下安排：东集团渤海纵队于永固门东北角进行佯攻；第九纵队配四辆坦克突击城东永固门正面及东南角；其余兵马堵截东北区突围逃逸之敌。西集团第13、第10纵队分别突击城西南永绥门及以北地区和普利门以及永镇门、小北门。第三纵队则作为预备队留守商埠。于是22日晚，攻城兵团各纵队伴着凶猛的炮火，英勇突击，逐一拿下各目标，战士们冲锋战斗的身影在火光的照耀下显得格外耀眼。一个小时后，战士们突入外城，开始与敌军展开巷战。

攻入内城：黎明前战斗结束

解放军势如破竹的进攻，让国民党方面彻底乱了手脚。虽然战役持续了七天七夜，济南国民党第二绥靖区司令王耀武却一直摸不准解放军的主攻方向。西郊机场告急，王立刻把两个原本是预备队的主力旅调往西郊。两个旅尚未抵达西线，东线又有急报：茂岭山和燕翅山被一夜抢占。王心惊胆战，连问三次，确认无误后，又把两个主力旅往东调。在他犹豫不决之时，解放军已经集结于内城之下，济南战役已到最后关头！

退入内城的国民党第15、第19、第57旅等，妄想依靠内城的坚固工事与高大城墙作垂死挣扎，蒋介石也指令空军对已攻占区实施轰炸，商埠和外城大片民房被炸，居民财产损失和死伤情况极为严重。 内城南部，高8~12米，顶宽8~9米，底宽10~11米，另有上中下三层火力点。攻城兵团决定立即进攻，迅速拿下济南。以第3、第13纵队向西、西南方向进攻第9、渤海纵队向东南方向进攻。

23日18时，攻城兵团的全部火炮参与了战斗，一个小时后，开始总攻。王耀武率其残军作殊死抵抗。19时53分，第九纵队第79团突破东南门，一个连与敌军战于城头，但因桥被守军损毁，一个小时的激战因后续不足，全部阵亡；第13纵队第109团两个营突入城头，遭到连续反击，只有两个连突入城内，其余大部分伤亡。突破口仍为守军所占，其余部队未能成功突入。

东西线集团杀伤了大量敌人，但在攻击内城时依然遇到不少阻力，始终没有找到突破口在哪里。此时的战局已经形成了僵持状态，攻城部队已接连抗战七个昼夜没有进展。

攻城的部队决不能在这个节骨眼上产生动摇情绪！统观整个战局，敌军面对四道防线尽失的事实，必是慌乱不堪，况且已被团团围困在内城，已没有反败为胜的可能性。而华东野战军依然具备很强的战斗力，不少的团、营的建制基本完整。如果撤军休整，只会事倍功半，而已占领的外围阵地也会重新丢失；此时的王耀武会抓住华东野战军一时慌乱的时机进行反冲锋，这样只会使得解放军人员伤亡大增。解放军在攻撤之间进退两难。斟酌再三之下，绝对不可撤军，只能继续攻打。

"敌我两方都有困难，但是敌军的困难要比我们大得多。现在就看谁可以坚持到最后的几分钟，我们要以我们的顽强毅力和坚持到最后的后劲战胜敌人。"指挥员许世友不断激励着大家。直至深夜，在力排众议的情况下，许世友和兵团政委谭震林终于下达了命令——继续攻城！

在此危急的战局下，解放军对炮火、爆破、突击三者的协同进

★解放军突破济南城垣

行了严密的组织同时加强后续部队的跟进，各攻城部队进行了积极的调整部署。济南城的防御，最终是敌不过解放军的步、炮、爆的协同作战，土崩瓦解。9月24日2时25分，济南城的东南角在第九纵队第73团的反复攻击下被攻占。已入城的两个连接应了第13纵队第109团，城头在拂晓时分也被攻下。一位战士率先跳上了城头，屹立在济南城墙之上，犹如巨人一般。守城部队在呛得喘不过气来的硝烟和火药味中，向先锋部队猛烈地冲来。战士们脑海中只剩下了攻打，将手中的手榴弹、机关枪一阵乱扔乱射。突破口终于在先锋部队冒着枪林弹雨的情况下，在城墙上撕开。随即，主力和第三纵队得以入城，攻击向纵深发展着。攻打至21时，守敌被解放军全部歼灭，解放军获得了全面的胜利，宣告解放济南！

国民党在济南战役中受到了极大的震慑，驻守在临沂、烟台、菏泽的敌军闻讯后纷纷弃城而逃。除了青岛等少数据点外，山东各地均获得了解放。

兵败如山倒：胆怯的援军

国民党在济南战役中，为了打断攻势猛烈的攻城兵团，对华东野战军出动了战斗机375架次，轰炸机71架次，战斗轰炸两用机50架次，实行了疯狂的轰炸；同时空运部队及物资的运输机也出动了27架次，但是，济南王耀武守军的覆灭命运终是未能避免。

但就是在济南城破之时，解放军并没有找到王耀武，就在24日济南城即将被攻破之时，王耀武已经悄悄突围出城了。当日王耀武已经知道败势难挽，自己只剩下大明湖北岸巴掌大的一块阵地了，他下令提前开饭，要与他的部下们作别。在"成仁祠"前，王耀武手指祠堂的牌匾对属下们说，"此不同于抗日，不必萌生轻生的念头"，他叮嘱在场的人都要珍重，而自己则必须带人回去见蒋介石。

告别之后，王耀武就带了第15旅高子曰团的一个营，趁着局势混乱，猛然向城北沼泽地带突围。在奔驰了0.5公里以后，伏在当地村庄的一家民房里。等到解放军惊觉，他已经让其他士兵向南边撤退，而他自己则换上便衣，冷静地去向解放军打听路线，往东而去。狡猾而又冷静的王耀武几乎就要这样从战场上逃离了，可是，一个细节最终毁掉了他的所有布局。

在逃跑的路上，他路过一个村子上茅房的时候，按照日常习惯，拿出白色的草纸擦屁股，正是这张草纸泄露了他的身份。如果是现在，这并不是什么大不了的事情，但是在当时的中国，用草纸，尤其是白色的草纸上厕所，并不是一般的

★解放军昂首进入济南城

老百姓能够有的待遇。当时就被老农发现了，这个老农提着裤子追赶他，并且把消息报告给了解放军。王耀武就此被擒获，一经查问，王耀武倒也不避讳，"我就是王耀武"。

在这里值得一提的是，在王耀武逃跑的路上，他是走过一段"冤枉路"的。他往东走，是想先深入解放区，然后寻机向西走。但就在东行的路上，他听谣言说国民党的援军到了，就又往西边走了一阵，后来获悉援军并没有到，就再次折返东边。那么，奉了蒋介石的命令来驰援济南的国民党援军在哪里呢？

蒋介石虽再三督促徐州地区的国民党援军，但面对华东野战军打援兵团的严阵以待，援军的推进速度并不如预料的那么顺利。而此时驰援的国民党军官也知道济南恐怕支撑不了几天，深怕自己到了济南，没有救成王耀武，反而把自己的部队搭进去，所以国民党援军都行动缓慢，不敢贸然前进。直到济南被攻克，集结之中的第七、第13兵团还未能派上用武之地。而此时的第二兵团听闻济南守军已被全歼，在进抵城武、曹县地区之时，军心动摇，毫无再战的士气，溃败回撤。

济南的攻克，使得驻守菏泽、临沂、烟台的敌军纷纷弃城而逃，对于解放军的声威，闻风丧胆。除去青岛及南部边沿少数据点被敌军占领外，山东境内全获解放。中原野战军在济南战役期间，通过辗转活动在南阳、确山间及大洪山、桐柏山和许昌、缫河以西地区的战略，钳制住了白崇禧集团各部，同时国民党军也被严密监视中，在攻济作战中起到了重要的作用。华东各军区及豫皖苏、冀鲁豫军区在此次战斗中对主力作战也进行了积极有力的配合，逃敌4 700人被截歼，百余公里铁路被破坏，沭阳、泗阳、民权等十余处的城镇也被攻克。

战典回响

解放军的第一场城市攻坚战

在解放济南的战争中，人民解放军的无比强大表现得尤为突出，尤其是攻坚能力。地形险要、易守难攻是济南地形的特点。坚固的防御工事在日寇占领期间就已具备，国民党接手之后又对其进行了全面系统的防御建造。昌潍解放后，济南的防御工事又再次被王耀武所率领的部队日夜加修。从而导致了济南更是难于攻克，在其周围百里之内，遍布着千余个钢筋水泥碉堡，地雷阵无数个，电网密集，石墙、壕沟数不胜数，并有十多万兵防守。然而，在面对人民解放军八昼夜的激战后，这些工事便遭到了毁灭性的打击。人民解放军的炮兵以及其他兵种的建设在战争形势的发展之下，壮大得极其迅速。在济南战役中，华东野战军炮兵部队个个训练有素，英勇善战，和步兵完美地配合着进攻。

炮兵在攻击济南市外围据点时，为了掩护步兵顺利进攻，以密集炮火猛轰抵抗的敌军以及各种强固工事，为我军步兵攻击的方向打开一条通路，击退了敌军的反扑；敌军的飞机场被我军的远程炮轰炸，摧毁了敌军的空中威胁，使得敌机无法参战；与此同时城墙被我军密集的炮火炸开，为我军攻城部队迅速突破敌军防线创造了良好条件；敌军的疯狂反扑被我军的纵深射击的火力击退，突破口得以巩固，战果得到扩大。这种运用火力突破一点的战术，使进攻速度得到了很快的提高，同时也大大减少了我军进攻部队的伤亡。人民解放军无论是在运动战中还是在攻坚战中，都能在很短的时间内歼灭大量的敌人。就此次的济南战役歼灭敌人的数量来说，全国各战场一个月内歼敌的总数也没有这么多。

同时，华东野战军的指挥员也借鉴了各种城市攻坚战的作战方法。在济南战役中，我军采取的攻击部署是"四面合围，多路突破，向心钳形攻击"，西区为我军的主攻方向。这样的部署是因为济南北临黄河，南依泰山，敌防御重点在东郊，而西区防守相对比较薄弱。这样，机场被华东野战军迅速地抢占下来，敌军唯一的空援道路被切断。敌军在我军多路突破口的迷惑下难以分辨解放军的主攻方向，从而顾此失彼，逃不过被歼灭的命运。

★ 沙场点兵 ★

人物：粟裕

粟裕，侗族，湖南会同人，粟多珍是其原名。中国现代杰出的军事家、无产阶级革命家。中国人民解放军高级将领，1955年授予中国人民解放军大将军衔。曾担任中国人民解放军总参谋长、中国人民解放军军事科学院第一政委、全国人民代表大会常务委员会副委员长。集这些荣耀于一身的就是粟裕！

一名无产阶级的优秀战士，他的非凡的军事才能在解放战争期间展现得淋漓尽致。济南战役中，在粟裕的指挥下，十万余敌军被歼灭，坚固设防的大城市济南被攻克。1948年9月24日，指挥华东野战军结束济南战役的当天，粟裕便立即提出了淮海战役计划，中原、华东野战军经中央军委批准进行了并肩作战，并于1948年11月6日发起了后来被国共视为战略决战的战役，也是三大战役中最大规模的战役——淮海战役。

武器：火炮

济南战役中，我军集中了大量的火炮，并辅以我军特有的爆破技术，首次在炮火打击上占据了上风。从9月16日开始攻城，到17日东集团军利用炮火优势击退敌人的反击，我军首次在大战役中，合理、有效地利用火炮予敌以重创。而我军良好的爆破能力及梯队突击能力也使火炮的每次使用都发挥了极大功效。

战术：攻城打援

为了达到打击增援敌人并达到歼灭援敌的战役目的，采取围住一个城镇的敌人作为吸引其他地方的敌人来增援的诱饵。打援是围点打援的重心，故打援的力量是兵力部署的重点，辅助的力量是围城的。但事有两面性，围点攻击力的大小决定着敌军的主力是否采取增援部队，如果围点力量不够，打援力量便派不上了用场。所以很容易混淆的两个概念是围点打援和攻城打援。两者很接近但主要的区别还是有的，两个目的是攻城打援：攻下城池、歼灭敌人。只一个目的是围点打援：歼灭敌人。

在济南战役中，解放军一边派重兵对济南进行猛攻，另外抽出相当一部分兵力布置在敌人援军将要经过的地方对赶来救援济南的敌军予以迎头痛击，在歼灭敌人有生力量的同时保证了济南战役的顺利进行。

尖矛与利盾的较量

THE CLASSIC WARS

攻坚战

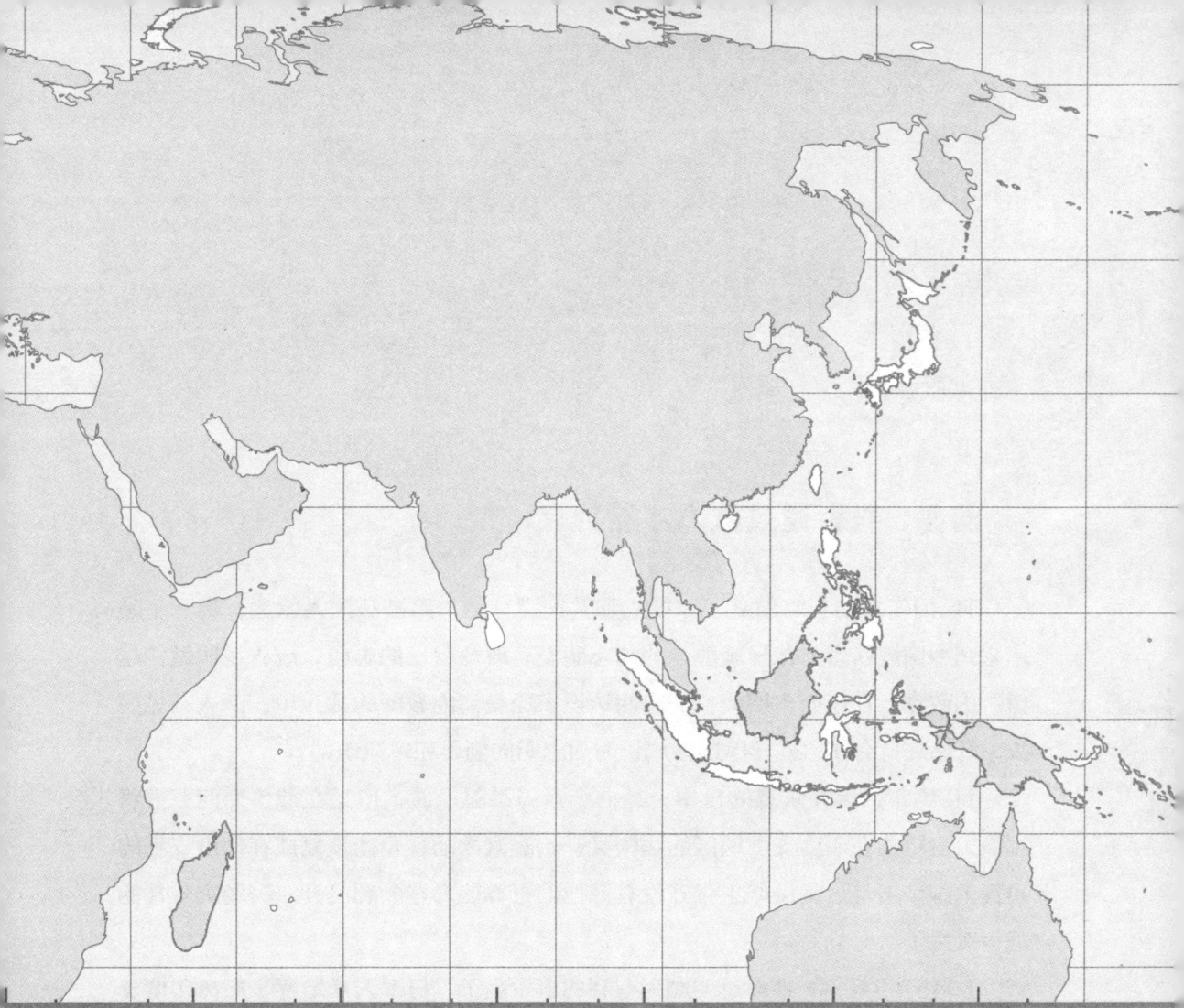

第二十章

奠边府攻坚战
——捍卫越南主权

▲第二次世界大战之后，帝国主义列强的殖民体系开始崩溃，民族独立运动的高潮在世界范围内蔓延。越南自 19 世纪沦为法国殖民地后，又遭受了日本军国主义的侵略。在 1945 年日本宣布投降之际，法国殖民者妄图卷土重来，于是一场民族独立战争不可避免地到来了。其中的奠边府攻坚战，不仅是此民族独立战争的转折点，亦是可以被载入战争史册的极为漂亮的攻坚战。此战中，越军从战前的谋划，到具体的重炮的运用，都显示了其良好的军事素养，保证了此战的胜利。

前奏：只有通过武力才能独立

1930年，胡志明创立了印度支那共产党，他一路被法国人驱逐，离开了越南来到中国广西省。在异域他乡的胡志明没有改变自己的志向，成立了叫做"越盟"的政党。在广西省期间，胡志明认识了原是河内教师的武元甲，两人一见如故，开始进行合作，武元甲逐渐成长为胡志明的副手和军队统帅。

1945年，远在东瀛的日本已经向全世界举起白旗，但是在战争期间一直将军事力量屯扎在印度支那地区的法国又开始蠢蠢欲动，企图恢复成在印度支那的殖民大国。但是这番侵略主张并没有像他们打算的那样顺利展开，一场灾难性的战争发生了。

1945年3月，一件对越盟颇为有利的事发生了，日本人开始逐步撤离印度支那地区，胡志明趁机在河内建立了临时政府，宣布自己成为政府首脑。当时他的力量已经发展壮大，武元甲指挥着五千人的游击队控制了东京湾和安南山脉北部。

在受法国军队迫害时，中国国民党一度对胡志明进行了保护，封锁了勒克莱尔带领的西贡登陆法军。但是当时的中国国民党除了给越南共产党提供少许武器资助外，没有余力帮更大的忙。1946年，中国国民党受形势牵制，撤消了在越南的力量。

失去朋友的胡志明心中明白，以自己目前的游击队实力根本无法对抗强大的法军，为了先稳住对方，他决定接受谈判。但是最后达成的决议条件十分勉强，双方都不满意，无法取得一致的意见。脾气暴躁的武元甲认为不如武装抵抗，一边嚷嚷着一边开始扩大游击武装，加紧士兵训练。但是胡志明却一直没有发表意见，他生性冷静深沉，他想得非常清楚，现在不是打仗的时机，和平对他队伍的发展壮大非常关键，不管这和平多么的短暂，都要努力争取。

胡志明和法军的谈判在继续，但是到1946年秋的时候，谈判终于破裂，法国人非常不满胡志明的要求，无法同意越盟独立。从此，长达八年的抗法战争拉开了序幕。

由于胡志明的拖延，越盟的武装力量已经趁机赢得了一些时间，武元甲的武装力量已经相当强大，部队人数已达三万人，分布在越南多个地区，受武元甲统一指挥。

★越南共产党领导人胡志明（前排右二）

两位好友立刻开始投入到游击战作战计划的研讨中。1949年中华人民共和国成立以后，对越南进行了大批的物资援助，这股强心剂下去，使得武元甲的部队成长更为迅速，到了1950年初，越南北部地区已经有了一支包括四个步兵师在内的正规部队，这支不同于草台班子的严格部队达到了一万人，庞大的农民队伍踊跃地为士兵们提供后勤补给。

在这种情势之下，武元甲不免扬扬得意，觉得自己的翅膀已经硬了，不管是法国远征军还是最近成立的越南国民军都不会是他的对手。于是他开始了对这两支力量的进攻，刚开始作战的时候他小心翼翼地选择地区巧用战术，在自己兵力占优势的地区进行分割突破，这番作战效果显著，很快就在东京湾北部赶走了法国侵略者，此时的河内和海防也已经植入了武元甲的力量。

正当武元甲的军队势如破竹之时，当年年底传来了一个坏消息。法军派遣了他们一流的军事家德拉特·德塔西尼前来担任越南地区法军的元帅。在这位伟大的将领的指挥下，法国人很快扭转了劣势，到了1951年，越南共产党不仅没有得到进一步的发展，反而越打越艰难，连势力范围都大幅缩小。

★越南军事统帅武元甲

1951年1月，红河三角洲爆发了这两支队伍的大规模攻击战。德拉特元帅亲临前线调兵遣将，法军面貌焕然一新，开始运用灵活的战术。在这场战役中，武元甲的兵力占据了绝对优势，几乎是法军的三倍，但是毕竟德拉特是世界级的名帅，所以经过三日苦战，武元甲以六千人伤亡的结果告负。在这一年里，武元甲还组织了两次类似的进攻，但是结果并没有好转。大批越盟战士死亡之后，武元甲已经没有能力再发动大规模进攻，到了1951年底，武元甲带领剩余的将士转入了地下游击战争。立下卓越战功的德拉特元帅见此情况，也就返回了法国，由谨慎小心的萨朗将军接替元帅的职位。指挥官更替的时间差总算给武元甲一个喘息的机会，在萨朗领导法军的时候，武元甲经过重整填充，又掌握了战争的主动权。

谷地空降：占领奠边府

见到萨朗将军进展不顺，而德拉特元帅又身患癌症去世，法国指挥部最后派遣了出身于骑兵部队的纳瓦尔将军前来接手战局。这名指挥官虽然经验丰富，精明强干，但是对印度支那地区的战斗却非常陌生，怀着忐忑的心情，纳瓦尔抵达了越南，他此行的任务是尽量改善战局，遏制住日益张狂的越盟部队，最后进行再一次谈判。

纳瓦尔当时手中的兵力约有19万人，大多数都是外籍军团，而且这些部队大多数都必须在红河三角洲防线进行警戒，全部力量几乎都在组织防御。而此时的武元甲至少拥有八万人以上的素质精良的正规部队，除此以外还有屡建奇功的二线游击队，更不用提虽然没有组织，但是规模庞大的后备部队。当时的越盟因为德拉特的离去而卷土重来，控制了东京湾和安南山脉制高点。

纳瓦尔经过详细了解之后暗暗叫苦，这局势对法军来说显然极为不利，而且他长期从事的都是骑兵方面的指挥作战，不擅长印度支那的地形。为了克服自己的指挥弱点，他和参谋们反复商量之后制订了一份计划。这份长期计划中包括了增强兵力和机动能力、争取美军援助等内容。但是当纳瓦尔满怀希望地带着计划回巴黎时，法军总指挥部却冷冰冰地拒绝了："将军，你现在要做的不是要条件，而是返回越南，马上行动！"

经过他的竭力争取，巴黎最后勉强增了10个营的兵力和少数美军援助，总算有所收获的纳瓦尔将军立刻返回，并且还取得了小小的胜利。

因为此前萨朗将军曾经成功地利用伞兵空降，在越盟后方建立了一个己方营地并且获得了成功，那个复杂纵横的堡垒给越盟造成了极大的伤亡，所以纳瓦尔认为这种方法应该是可行的，同时为了保护法国属下的老挝，他决定在越盟从北部通往老挝的咽喉要道上建立一个更大的筑垒营地，这个地点选在了奠边府。

奠边府是越盟手中重地，处在一个肥沃富饶的谷地中央，丛林覆盖的高山起伏连绵，高耸入云。如果越南有意入侵老挝，这里毫无疑问就是前沿基地。

但是从军事战略角度来看，这里的地形易攻难守，并不适合建立营地，尤其空运补给会相当困难。

但是纳瓦尔的指挥部显然不这么认为，1953年11月20日上午，山谷雾气萦绕，阳光正照在高高的山顶上。法军伞兵部队的飞机已经来到了奠边府谷地的上空，这次空降行动代号为"卡斯特"，两个营的伞兵将执行空降建营的任务。

飞机慢慢压低，可以看到奠边府的状况非常平静，农民正忙着干活，越盟部队也懒懒散散毫无警戒。随着朵朵伞花绽放，第一伞兵团第二营的士兵抢先着陆，他们的进展算相当顺利，但是这个不小的举动还是惊动了越盟部队，于是紧接着降落的第六殖民伞兵营就遭到了激烈的抵抗，但越盟部队毕竟没有准备，很快到中午的时候法军已经又陆续投下了炮兵连、迫击炮连等部队，越盟部队付出一些伤亡后暂时撤离。第二天，纳瓦尔的营地工事正式开始修筑了，推土机等大型装备都装上了飞机，准备空袭。工兵开始紧张有序地建立简易机场，开始一个据点一个据点地建立堡垒。生性浪漫的法国人用不同女子的名字来称呼这些据点。按照纳瓦尔的防御体系构筑计划，各个据点的支撑点应该能够相互支援联系，但是最后法军建成的防御线北边是加布里埃尔据点，隔着老远则是东南面的阿特丽斯据点，它们相互孤立，遥遥相对。而中心地带的于盖特据点集中了主要机场和重点防御工事，往西是安妮玛丽据点和克罗迪娜据点，依次往外有多米尼克、爱利亚纳等安插着不同国家军队和炮兵连坦克部队的分支据点。

如此多而复杂的据点算起来无论是设备还是兵种，以及武器配给，都算是种类繁多，但是当时谷地里面所有的兵力也不过5 000人而已。

接下来的一段日子，法军不断挖战渠，架铁网，埋地雷，一片忙碌的景象，这种情形让前来探视的巴黎高官相当满意。纳瓦尔将军表示法军如此经营的阵地，起码会牵制住越盟整三个师的兵力。

虽然表面上法军相当乐观积极，但是纳瓦尔对自己一向摸得很清楚，他一边对着上级拍胸脯，一边让心腹科尼秘密准备撤退计划。

占领奠边府谷地并且初步建成工事之后，法军开始频繁出击，利用各种武器对着越南纵深开始狂轰滥炸，竭力破坏武元甲的运输线和联系枢纽。但是这样的骚扰因为空中补给的困难而没有收到多大的效果，越盟部队也警惕地展开了一系列伏击，潜入越盟后方的法军通常都是有去无回。到了1952年，奠边府担任法军跳板的战略价值显然没有得到体现，但是看到越盟部队也盯上了这块谷地，正加紧收缩包围圈，法军决定不妨干脆就将这个地方作为一块诱饵，加派兵力把越南人打个正着。他们这么打算是对的，只是他们主意改变得已经太晚了。

武元甲不仅学习了中国共产党的优秀对敌经验，而且已经结合越南实际地形，自己形成了独特的战术打法。现在的武元甲已经不再是以前莽撞好勇的散兵头子，而是依旧勇猛却更加成熟的大军将领！

夺取高地：越盟的火炮威力

3月13日，法军正在酝酿对越盟的围攻，此时纳瓦尔与科尼都没有想到法军每个据点都围着越盟四个步兵师与一个重型师。在奠边府营地建造的后期，法国人也意识到自己人数太少，调拨了12个营的兵力前去支援。这时法军总兵力为1.3万人，而武元甲的兵力则达到了5万人，是法军的三倍还多。

当不足7 000人的法军第一线部队发现他们已经被越盟士兵团团围住时，脸上露出了不敢置信的表情，更让他们震惊的是，越盟居然拥有比法军多两倍以上的重型武器。在这陡峭的丛林小路里面拖动重武器，进行武装，再转移到前方阵地的斜坡上，这不仅需要惊人的体力，还需要非比寻常的经验和耐心。这些越盟士兵甚至挖出了掩体将火炮定位隐藏，避开法军火力的同时将炮口直接对准法军指挥机构和营地弱点，这种居高临下的战略运用得拿捏自如，让法军惊觉此时的越盟已经不是以前的乡村门外汉，而已经拥有了操纵火力的精湛技术。

3月13日，奠边府周围滚雷阵阵，惊慌失措的法军发现这些炮声正是来自制高点的越盟重炮师。这种喷薄有力的火焰一直稳定地持续着，法军试图回击，可怜的炮兵连的炮弹却像是石沉大海。从伊莎贝尔到阿特丽斯，法军据点都陷在蒸腾的烟雾中，这时几个据点的指挥官相继死亡，法国士兵借助工事狼狈防御。到了下午5点半，越南人大声喊着口号，像潮水一样拥向阿特丽斯据点，漫山遍野的越南士兵以汹涌的气势扑向了铁丝网，千余人牺牲之后，更多的援军又踩着他们的尸体冲上。这种不要命的勇猛的冲锋一直持续到了午夜，法军的外籍军队虽然也是勇敢尽职，但是始终不敌大量越南士兵，阿特丽斯守军被全歼。

这个据点对整条防御阵线有着极其重要的意义，阿特丽斯是众多据点中最为薄弱的一个，一旦它被攻下，其他据点都将处于越盟的直接火力之下。

果不其然，到了第二天的傍晚，最为孤立的加布里埃尔据点成为了新的目标。和上一次战役一样，越盟精准的重炮直接轰掉了法军指挥所，驻守此据点的皮罗上校下令瞄准对方炮兵射击，但是法军的炮手却没能瞄对方向，越盟军队依旧前仆后继，一层一层地扑上据点。法军的部分阿尔及利亚外援也没有能够避免被全歼的命运。

当安妮玛丽据点成为下一个越盟攻克的对象的时候，这里的泰军没有重复上面两军的命运，他们草草抵抗一下后就悄悄消失在了夜色中的丛林里。

★斗志昂扬的越南人民军

才过了两天，法军三个据点已成为越盟的战利品，连炮兵指挥官都在战乱中死去。战前信心满满的皮罗因为羞愧而紧握手榴弹自杀身亡。

此后的战斗没有这么激烈的硝烟，虽然小规模的战斗依旧频繁活跃，但是因为前面双方都损失了大量人手，所以一方面武元甲也要休养生息，另外一方面法军守卫者也力求加强防卫，等待反击。

武元甲明白自己的后勤部门虽然缓慢，但是做事踏实有保障，此刻千万名民工正用最简单的方式穿梭不停地忙碌着，所以他耐心地等待弹药储备的完成，同时不动声色地收紧自己的包围圈，毕竟下一次进攻也不会太远了。

围困法军：慌乱的法国人

而法军这边，后勤补给的困难进一步凸显了，指挥部明白这次赢的希望是很小了。小小一块谷地开辟出来的机场根本就不够用，飞机在这种高山耸立的地形中也找不到其他就近可以停靠的地方，更何况现在的法军阵地完全处于炮火的包围圈中，所以飞机数量远远不够。物资运输，伤员处理都会是极大的问题。

此时卡斯特里也处在麻烦之中，皮罗上校的死亡给他带来的打击还没有过去，参谋长的负伤也让他焦头烂额。奠边府营地缺少指挥官的情形已经相当严重，科尼将军忧心忡忡的，甚至要亲自到前线进行指挥，奠边府已经不可救药，没有人值得前去牺牲。

还没等卡斯特里想好安排，越盟军队已经准备好开始第二轮战斗，猛烈的炮火不仅没有停歇的趋势，反而越来越强盛。朗格莱将军临危受命，来到奠边府坐镇这场战役。

法军剩余力量并没有气馁的表现，但是形势显然已经不是主观积极就能扭转的。尽管法军直升机在越军的炮火中歪歪斜斜地冒险飞来投放物资和士兵，但由于前面说的种种原因，大局未有改变。

3月30日开始，朗格莱将军投入了大量物资，重新往各个支撑点派遣精锐部队。而越盟的战士依旧发挥他们让人魂不附体的无畏精神，无视铁丝网和雷区，攻退了多米尼克据点的守军。

这时之前的空降部队伞兵营发挥了作用，伞兵连同空降部队联合反攻，很快夺回了两个据点，但是多米尼克据点最终还是被越盟部队占领大半，并且越军还在不断深入。包括多米尼克据点在内的这轮艰难的拉锯战役，后来被称为"五高地之战"。

争夺高地的战争还在激烈地上演，爱利亚纳的摩洛哥人见势不妙也跟泰军一样溜之大吉。而其他支撑点的守军坚守岗位，这个据点的战火一时僵持。

法军曾想用坚决的手段夺回正在被吞噬的多米尼克，但是又收到消息说于盖特据点遭袭。越盟来自西北方向的第308师的两个团夺走了于盖特据点部分的简易机场。法军心急如焚，多米尼克和爱利亚纳是当前最为重要的两个据点，于盖特的情况再紧急也只能再作考虑。

4月2日、4月3日，伊莎贝尔等据点都发生了激烈的争夺，残酷的肉搏战发生在法军临时挖的战壕中，发生在挂满尸体的铁丝网边，发生在每一个支撑点的发射孔前。

4月4日的凌晨，越盟第308师在占据于盖特机场以后，久久无法扩大战果，残留的为数不多的守军坚持着开火，越军的攻势开始渐渐平缓下来。武元甲损失了几千人也没能够突破法军阵地内的防御火线。"五高地之战"走到这一步，武元甲也算是投入了大量兵力，进攻之势相当凶猛，但是胜利却没有如计划中一起到来。法军防守的顽强也超出了越盟的预想，等到4月底战斗告一段落的时候，多米尼克据点和爱利亚纳据点各有几个支撑点失守，这为法军带来了严重的后果。越盟军队已经离中心阵地只有一公里左右，而法军的防御体系则处处受制，无法动弹。

而此时，越南的雨季到了。黑灰的阴云仿佛是沉甸甸的铅块，定在天空不停倾泻大雨，泥土逐渐变成洪流，越南人对这种湿热的环境早就已经习惯，但是法

★越军攻占的法军阵地

国人却无法适应灌满泥水的壕沟驻地被夹带着烂树叶和死去动物尸体的浊流冲刷着。伤员被抬到没被水淹的高地，但是潮湿的空气加快了伤口的恶化，士兵们的断肢截面很快感染化脓，枪伤刀伤则变成了可怕的溃烂的大洞，昏暗的掩体内部充满了恶臭和伤兵的呻吟。此时的飞机在越南人的高射炮下无法前进，法军的食品供给开始告急，如果没有救援部队的话，这些法军和战俘最后都会成为水沟中肿胀的尸体。

孔多计划：无奈下变追击为营救

科尼将军准备已久的秘密备案计划——"孔多计划"终于到了不得不实行的时候了。当初纳瓦尔要求科尼以追击为主要方向，撤退为其次考虑制订了这份清剿越盟军队的计划。如今全力营救，紧急撤退成了计划的主题，但是纳瓦尔却又开始犹豫，奠边府的守军本来就是他派去的，既然奠边府这个营地已经没有利用价值，那么是不是有必要付出更大代价来营救守军呢？科尼将军已经不满纳瓦尔既无前瞻性又无战友情的作风了，他强烈表示，如果迅速执行营救计划，那么处于困境的守军还有得救的可能，如果再这样拖延下去，恐怕到时候损失的不止是万余人的军队，而是整个军心！

纳瓦尔没有听到科尼的义愤填膺，还在一旁细细琢磨。为了缓解奠边府守军的绝望，科尼宽慰卡斯特里说救援部队正在赶来。而事实上，直到27日纳瓦尔才决定执行救援，但是不仅没有加派部队，甚至连空降兵也取消了。

负责救援的克雷福柯日夜兼程，带着纳瓦尔分配给自己的一小股士兵拼命赶往守军所在地，但是因为这支队伍的组成实在是太不适应丛林作战了，在碰到越盟军队的包围圈之后，这支救援队伍就慢了下来。

为了参加在日内瓦举行的国际会议，武元甲决定速战速决，可以用漂亮的胜利为印度支那地区的形势做个注解。所以到了5月1日，法国据点又一次遭到了武元甲部队的猛攻。这一次越盟不再像以前那样不慌不忙慢慢吞噬，而从上阵就展现出大规模快速度的气势。不仅在进攻前不进行炮火准备，甚至士兵们直接挂着炸弹冲锋陷阵，用自己的生命为代价炸掉层层铁丝网和堑壕。越盟士兵的牺牲换来了可喜的效果，战线前方的防卫性工事基本被毁，越盟士兵已经逼近法军，可以直接进行近战。从火炮到机枪，整个战场充斥着隆隆的炮弹低音和高亢激烈的阵阵枪声。

越盟士兵称得上视死如归，法军的表现也可以当得起英勇无畏，在这样艰险的时刻，他们依旧斗志昂扬绝不言败。但是这个时候法军已经弹尽粮绝，缺失的后勤保障使得法军的奋战成了无用的挣扎。

弹尽粮绝：迷失在越南的雨季

战役显然已经接近尾声，越盟已经攻克了大量据点，恶劣的雨季也迎来了它的高潮，乌云已经把天空挤得透不出一丝光线，暴雨没日没夜地溅落成水流。衰弱的法军只能慢慢放弃自己的据点，每一步的退让都是以绝望的肉搏战宣告法军的宁死不降。当背水一战的法军遇上不怕死的越盟士兵，那种惨烈和残酷的程度，简直骇人听闻：一个士兵的手被砍断，还用脚在踢打，当脚腕也挨了一枪后，他在倒地之前用最后的力气咬住了敌人的耳朵。5月7日凌晨，无穷无尽的越盟士兵犹如汹涌的潮水，往爱利亚纳据点最后一个支撑点扑去。这时候的法军残兵已经分不清哪里是暴雨，哪里是越盟士兵，这种疯狂的胡乱扫射砍杀一直持续到了夜晚，眼看这样打下去只会是徒劳的牺牲，卡斯特里宣布停止战斗。

孤星一般零散的法军目光呆滞地撤退集结到一起，现在只剩下还没有经历过越盟士兵重炮猛攻的伊莎贝尔据点了。不过法军也并没有抱多大希望，因为伊莎贝尔据点本来就不是防线的主力，它原本的任务只是提供侧翼火力支援，之所以

★法军准备从越南撤军

伊莎贝尔会残留下来，完全是因为它太不重要了，所以越盟士兵还没有来得及对付它。

果然，在占领爱利亚纳据点以后，越南人也发现自己漏了一个不起眼的伊莎贝尔据点。当时所有退守法军都集中到了这里，所以接下来的战斗就是真正的最后生死之战。

越盟的炮火以前所未有的猛烈冲着这个小小的据点狂轰滥炸，摧毁部分支撑点之后，当天的战斗以伊莎贝尔主阵地仍在，越军稍稍停歇结束。类似的情形接下来的几天都在发生。

到了5月7日，卡斯特里发出"信天翁"撤退计划，这个计划要求伊莎贝尔守军断后，其余守军从后方撤离。但是此前指挥官拉朗德上校认为这个计划会影响士气，从未对士兵提起过，如今没经过演戏仓促执行，并没有达到效果。守军仓皇地被截击分散，有的返回，有的慌不择路逃进密林，而伊莎贝尔的掩护防御已经显得没有意义。到了5月8日凌晨，拉朗德上校投降，这次奠边府战役宣告结束。

这次越盟军队的胜利，一方面是因为军队构成单一，由一个愿意为了自由而献身的民族构成，但是大帅武元甲在此战中展示出了他灵活多变的指挥才能。武元甲依靠两万多名同胞的伤亡取得了奠边府战役的胜利，而法军伤亡近万，另外7 000人被俘的结局也是损失惨重。

战典回响

结束法国对越南的统治

奠边府是越南奠边省的省会，位于越南西北部，紧邻上寮。从1884年开始，法国军队就开始对越南西进行统治，在这段时间内，奠边府曾是法军最大的军事据点，约有两万名法国士兵驻扎在这里，可以说是驻越法军的大本营。但是在第二次世界大战期间，法国因为在欧洲战败，此后的傀儡政权维希政府受命于法西斯政权，越南实质成为日本的殖民地，日军扶植亲日的傀儡国家越南帝国。

此后，随着第二次世界大战接近尾声，日本成为战败国，越南领导人胡志明趁机领导了越南人民起义，从越南帝国手中夺取政权，成立了越南民主共和国。但是好景不长，随着第二次世界大战结束，曾经长期统治越南的法国军队在英国的庇护下，组建远征军重新返回越南。1945年9月23日，法军在西贡对越军发动武装挑衅，越南人民在胡志明的领导下奋起反抗，从而拉开反法战争的序幕。

1946年12月20日，胡志明号召全国抗战，抗法战争自此全面爆发。法军在战争初期投入了10万兵力，随后从1950年开始接受美军的大批援助，于是在1954年春将兵力增至48万人。而越南军队则根据自己的特点，广泛开展游击战。在战争开始阶段，越军基本上处于战略防御阶段，而法军处于战略进攻的阶段，但是在游击战的过程中也损失了不少兵力。

1953年，法军已经厌倦了这种旷日持久的拉锯战，于是在5月，决定以奠边府为基地，要在18个月以内将越军主力彻底歼灭。对于法军的意图，越军方面早已经有所掌握，为了粉碎法军的阴谋，越军决定实施战略反攻。同年12月，越军在解放莱州以后，先后集结了四个步兵师、一个炮兵师和其他兵种的部队共四万余人，从南北合围奠边府，然后向驻扎在奠边府的法军发动总攻。

这是越军发动的规模最大的攻坚战，而法军则完全没有料到越军居然有反击的能力，在越军的打击下纷纷后撤。从1954年3月19日至5月7日，越军在奠边府战役中共歼灭法军一万六千余人，击落、击毁法军飞机62架，并且俘虏了法军司令卡斯特里及其全部参谋人员，同时也加快了战争进程，这对于签订恢复印度支那和平的《日内瓦协议》有着非常关键的作用。

★ 沙场点兵 ★

人物：武元甲

武元甲是越南人民军的创始人之一，越南著名大将。1911年出生于越南广平省的武元甲，从小家境贫寒，中学时就参加学生运动，展现了他对革命运动的激情，大学毕业后他担任了中学教师并于1938年成为了印度支那共产党员。流亡中国的途中武元甲认识了胡志明，从此一起投入解放越南的事业中。

在1945年越南抗法战争时期，作为大帅的武元甲负责全部战役指挥，最后在奠边府一战中决定了法国殖民者的出局，迫使法国签订《日内瓦协议》，此战之后武元甲威名大振，获得了"奠边府之虎"的称号。

此后武元甲参与抗美救国战争，同样为越南的独立自由作出了重大贡献。1958年，武元甲被授予大将军衔，从1981年起在越南中央任职，著有《奠边府战役》、《人民战争和人民军队》等书。

武器：重炮

在奠边府战役中，法军防御体系的崩溃，其直接的原因即是越军重炮的精准打击。

由于法军防御体系是由多个相互支援的据点构成，因而越军指挥阶层动用了大量的重炮，并且在数量上占据了绝对的优势。在战役开始后，越军重炮的精准打击，直接使多个法军据点的指挥所被摧毁，使法军处于了混乱的无指挥状态，这保障了之后越军的强力步兵冲击的成功。

战术：掩体进攻

掩体和进攻是一对相互独立又相互联系的常见组合。

在越军和法军这一战中，武元甲精锐的重炮师将重炮拖入密林小道，通过掩护之后安置在斜坡上，通过挖设掩体的方式，使得重炮能够隐藏在掩体之后定位。这些掩体在厚实土层外蒙上树枝和土等天然材质，使得法军一时不会发觉，这样可以避开法军火炮威力，同时居高临下，实施战略打击。

而在后来对法军阵地的进攻中，面对法军各种掩体和阵前布置，越南军队实行了强硬的突破策略，士兵身上带着可塑炸药直接将掩体炸毁，从而迅速展开进攻。

后记 Afterword

　　战争是残酷无情的，中国有句古话，"战场无父子"，就是说战场会湮灭人的情感。在所有的战争中，攻坚战是最残忍的：要攻陷一座城池，进攻者要以付出无数生命为代价；而要坚守一座城池，防守者也要以付出无数生命为代价。就像古代那个著名的"自相矛盾"的故事，利盾与尖矛的对抗势必是两败俱伤，胜利的人也难言胜利，失败的人也难言失败。

　　所以，没有人能够真正讲述一场真实的战争，即便是亲历者，所能看到的也只是历史中的一面。在这本书里，我也只是力求从一个讲述者的视角，告诉大家我所知道的战争。但我之所以与大家一起感受这些战争，感受战争中的荣耀和凄凉，感受战争中的宿命与机遇，并非是痴迷于征战与杀戮，而是希望这个世界能够远离战争，告别战争。

　　城市是人们居住的地方，而战争最后也是人的战争。我们从战争中看到苦难，更应该从战争中得到启迪。我的文字尚显笨拙，并不能够给喜欢研究战争的朋友提供翔实的记述，但若是你碰巧看到了这本书，碰巧又将它读完，那不如一起探讨一下生命，一起探讨一下战争给我们的世界带来的所有变化。在写作的过程中，我觉得自己也如那些战场上的人一样，穿过滚滚狼烟，穿过历史的冗长隧道，回头看去，只觉得时光那么悲壮，也难以挽留住英魂的殇歌。

主要参考书目

1. 邓贤著：《大国之魂》 人民文学出版社2006年版。

2. 刘峰编著：《兵临城下——中外历史上的经典攻坚战》 哈尔滨出版社2010年版。

3. 丛正理编：《济南攻坚战——国共生死大决战》 军事科学出版社2007年版。

4. 侯小河等编著：《略海攻坚——二十世纪岛屿战争成功实录》 中国民航出版社2001年版。

5. （俄）索科洛夫著：《二战秘密档案——苏联惨胜真相》 江苏人民出版社2009年版。

6. （美）威廉·L·夏伊勒：《柏林日记——二战驻德记者见闻（1934—1941）》新星出版社2007年版。

7. 马浚著：《为将之道——二战名将的成长之路与管理艺术》中国青年出版社2006年版。

8. 王幸生著：《中国解放战争》 解放军出版社2001年版。

9. 邵雍著：《抗日战争与中国社会》 合肥工业大学出版社2010年版。

10. 陈诚著：《陈诚回忆录——抗日战争》 东方出版社2009年版。

导弹
MISSILES
千里之外的雷霆之击
THE CLASSIC WEAPONS

火炮
ARTILLERIES
地动山摇的攻击利器
THE CLASSIC WEAPONS

潜艇
SUBMARINES
深海沉浮的夺命幽灵
THE CLASSIC WEAPONS

枪械
FIREARMS
经典名枪的战事传奇
THE CLASSIC WEAPONS

坦克
TANKS
陆地驰骋的铁甲雄狮
THE CLASSIC WEAPONS

战车
CHARIOTS
机动作战的有效工具
THE CLASSIC WEAPONS

战机
WARPLANES
云霄千里的急速猎鹰
THE CLASSIC WEAPONS

战舰
WARSHIPS
怒海争锋的铁甲威龙
THE CLASSIC WEAPONS

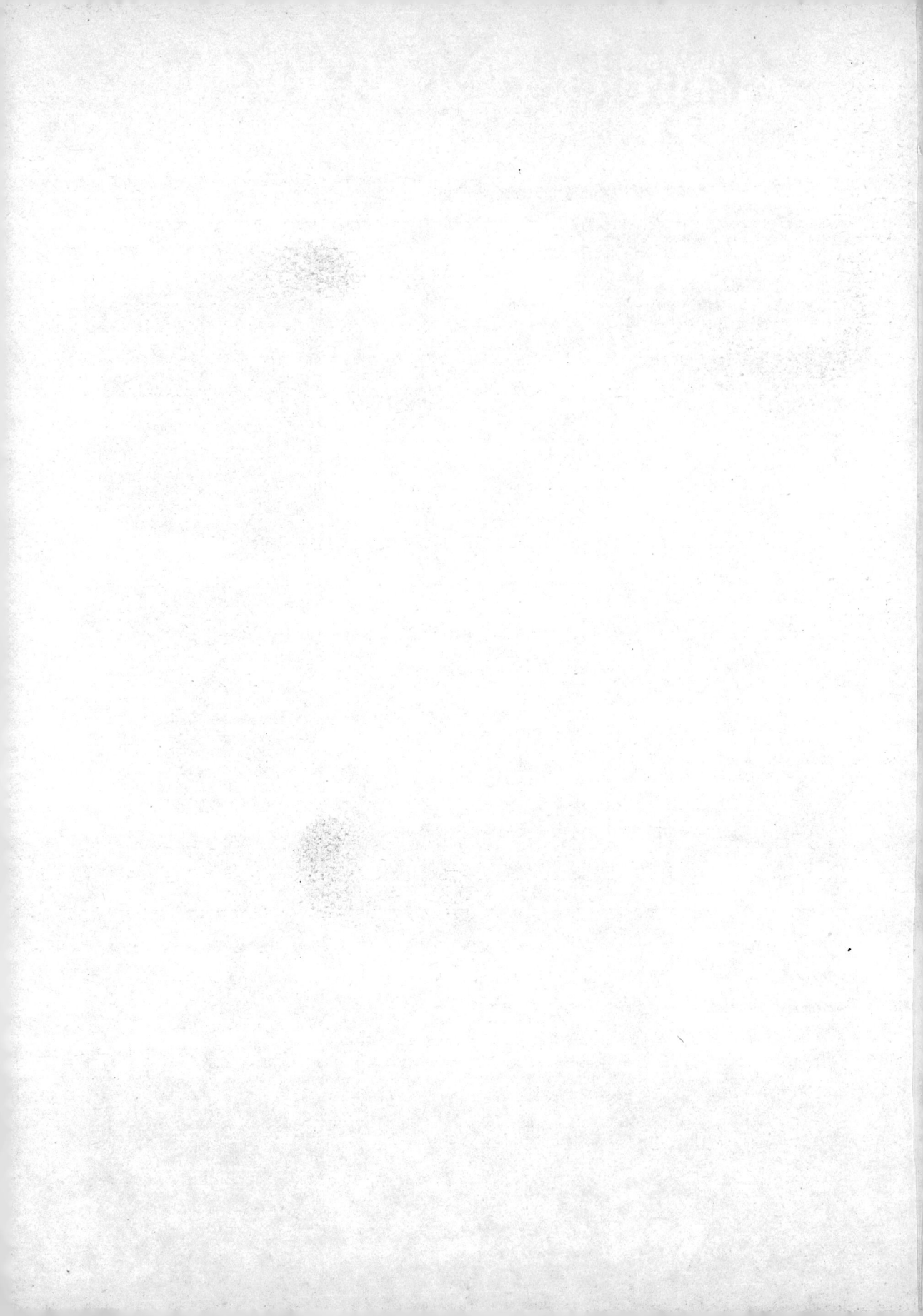